2024 敦煌學國際聯絡委員會通訊

2024 Newsletter of International Liaison Committee for Dunhuang Studies

高田時雄 柴劍虹

策 劃

郝春文

主 編

陳大爲

副主編

敦煌學國際聯絡委員會
中國敦煌吐魯番學會
首都師範大學古文獻研究中心

主 辦

上海古籍出版社

2024.8.上海

敦煌學國際聯絡委員會幹事名單：

中　國：樊錦詩　郝春文　柴劍虹　榮新江　張先堂
　　　　　鄭阿財（臺灣）　　汪　娟（臺灣）
日　本：高田時雄　荒見泰史　岩尾一史
法　國：戴　仁
英　國：吳芳思　高奕睿
俄羅斯：波波娃
美　國：梅維恒　太史文
德　國：茨　木
哈薩克斯坦：克拉拉・哈菲佐娃

敦煌學國際聯絡委員會網頁：
http://www.zinbun.kyoto-u.ac.jp/~takata/ILCDS/
敦煌學國際聯絡委員會秘書處地址：
日本國　京都市　左京區北白川東小倉町 47
　　　　　京都大學人文科學研究所
　　　　　高田時雄教授　Tel：075—753—6993
INSTITUTE FOR RESEARCH IN HUMANITIES
KYOTO UNIVERSITY KYOTO 606—8265,JAPAN

2024

敦煌學國際聯絡委員會通訊

目　録

其他方面

2023 年敦煌學研究綜述

徐　航　陶志瑩　李銀濤(上海師範大學)

據不完全統計,2023 年度中國大陸地區出版與敦煌學相關的學術專著 70 餘部,公開發表研究論文 300 多篇。兹分概説、歷史、社會文化、宗教、語言文字、文學、藝術、考古與文物保護、少數民族歷史語言、古籍、科技、書評與學術動態等十二個專題擇要介紹如下。

一、概　　説

本年度,敦煌學概説性研究主要涉及敦煌學術發展總論、敦煌文獻的刊佈與整理以及敦煌學人等方面。

敦煌學術發展總論方面。鄭炳林主編《敦煌通史》(甘肅教育出版社)共有七卷,分別是兩漢卷、魏晉北朝卷、隋及唐前期卷、吐蕃卷、晚唐歸義軍卷、五代宋初歸義軍卷、西夏元明清卷。本書充分利用史書典籍、考古資料、敦煌文獻、石刻碑銘、河西漢簡等,細緻考究了敦煌各個時期的建置沿革、族屬人口、經濟結構、職官體系、軍事制度等歷史脈絡,全面反映了敦煌的政治、經濟、文化、社會、民族、宗教等各個方面的歷史發展變化,展示了敦煌歷史的整體面貌,是我國史學研究取得的重大成果。榮新江《三升齋三筆》(甘肅文化出版社)收錄二十餘篇文章,系統地梳理了以往敦煌學、吐魯番學和絲綢之路研究的學術成果,分析了敦煌學、吐魯番學研究面臨的新問題,並提出了新的研究方法,同時介紹了寫本學的基本知識、整理和研究出土文獻的方法,以及古籍數字資源的利用等方面的內容。柴劍虹《敦煌學十講》(浙江古籍出版社)是作者關於敦煌學的十篇講稿的合集。十篇講稿分別爲:敦煌文化遺産的人文環境和文化特性、敦煌學與敦煌文化、怎樣讀懂敦煌、敦煌寫本的"約定俗成"、敦煌方志寫本的地域特色、中國民俗傳統體育的文化內涵、敦煌學研究的"舊材料"和"新問題"、浙江學人與敦煌學、簡論絲路人物以及"敦煌人""莫高精神"的主體。書中對浙江學人與敦煌學等一些問題也提出了獨到見解。郝春文《敦煌學史概説》(《文史知識》2023 年 8 期)將敦煌學的發展概括爲"興起""曲折發展""騰飛""轉型期"四個階段,分別從"敦煌學史""世界的敦煌學"等方面介紹有關"敦煌學"的發展和現狀,對敦煌學的未來發展與展望提出了自己的見解。榮新江《談談敦煌學研究的新問題與新方法》(《華中師範大學學報》2023 年 2 期)對一百多年來的敦煌學研究進行了學術研究方法的總結,同時提出隨著學術研究的進步,應該不斷提出新的問題,及時關注學術研究的問題點,採用新的研究方法,增進跨學科研究,讓敦煌學開拓出新的學術天地。劉進寶《敦煌學的世界意義》(《文史知識》2023 年 8 期)指出,敦煌學具有國際性,敦煌在中國,但是敦煌學卻在全世界;敦煌文化是世界人民共有的財富與寶藏,敦煌學要更好地走向世界,發揮敦煌學的世界意義。趙聲良《敦煌文化與文明交流互鑒》(《當代中國與世界》2023 年 4 期)呼籲重視敦煌精神,並且應該發揚這種精神,爲重振絲綢之路的繁榮、爲世界文明的交流互鑒與發展、爲建設人類命運共同體,貢獻敦煌的力量。

敦煌文獻的刊佈與整理方面。榮新江主編的《法國國家圖書館藏敦煌文獻》(上海古籍出版社)是以高清全彩方式編纂印製的新一代敦煌文獻圖集,是上海古籍出版社 1992—2005 年出版的《法藏敦煌西域文獻》34 冊黑白圖錄本的升級版。首批出版第 1 冊至第 10 冊,目前已出版 70 冊。高清彩色圖版極大地方便了讀者閱讀和利用敦煌文獻。過去難以辨識的朱筆句讀和點勘、朱書文字、朱筆修改和朱印現在大多清晰可辨。《法國國家圖書館藏敦煌文獻》將掀開敦煌文獻整理與研究新的一頁,有助於敦煌學研究者譜寫出更多新的篇章。西北民族大學、上海古籍出版社、英國國家圖書館編纂《英國國家圖書館藏敦煌西域藏文文獻》第 18—20 冊由上海古籍出版社出版。此三冊藏文文獻主要爲佛教文獻,其每張圖版均由西北民族大學海外文獻研究所專家定名,書前有中文、藏文對照目錄,能使利用者快速檢索到有用之材料。本書是對 1906 年以來以斯坦因爲主的英國探險隊從中國甘肅省敦煌莫高窟及新疆維吾爾自治區等地所獲、現藏英國國家圖書館內的敦煌西域藏文文獻公開工作的繼續,爲學術界研究吐蕃歷史文化提供了第一手資料。方廣錩、林霄主編《香港藏敦煌遺書(上、下)》(廣西師範大學出版社)首次對香港地區的敦煌遺書進行系統收集、整理並編目成冊,爲敦煌古籍普查和保護貢獻了力量,必將對敦煌學的研究起到重要作用。方廣錩、李際寧主編《伍倫經眼古經圖錄》(國家圖書館出版社)刊佈的二十餘件中國藝術品市場上流通的古寫、刻經精品,在時間上涵蓋魏晉南北朝、隋唐、五代、吐蕃統治河西時期、歸義軍時期,從文物、文獻、學術、藝術價值上堪補國內外館藏敦煌寫經、早期刻經之遺,爲古寫、刻經的研究與鑒定提供了極大的便利。

劉波《敦煌西域文獻題跋輯錄》(上海古籍出版社)首次全面對敦煌西域文獻題跋進行系統性整理,涉及中、韓、日、歐、美,國內各收藏機構以及各家拍賣行收藏敦煌西域文獻四百餘件,輯錄一千餘條敦煌西域文獻的題跋。本書整理時不僅作了精確錄文,交代了寫卷的來龍去脈,還對相關人物、事項作了詳細的箋證,並編纂了方便讀者查閱的人名索引,是勾稽敦煌文獻早期流散歷史的重要成果,有助於早期敦煌西域文獻的流散史研究。定源《日本杏雨書屋藏敦煌遺書補綴——兼論遺書真偽問題》(《敦煌吐魯番研究》第二十二卷)主要考察杏雨書屋藏敦煌遺書的綴合情況,就前人尚未言及的杏雨書屋藏敦煌遺書與其他散藏的綴合部分進行梳理並附解説,指出以往報道包括杏雨書屋藏敦煌遺書在内的日藏敦煌遺書 98% 以上屬於偽造是不符合事實的,其大部分都是值得信賴的真寫本。魏美强、李文、史梅《廉泉、吳芝瑛舊藏敦煌寫經來源、真偽及流散考——以南京大學博物館藏爲綫索》(《敦煌研究》2023 年 6 期)在搜集散見多處的廉泉、吳芝瑛舊藏敦煌寫經的基礎上,以南京大學博物館所藏兩件廉泉、吳芝瑛舊藏朱書(血書)寫經爲綫索,結合相關史料、檔案,通過考證其題跋、印鑒,指出了這批寫經係 1910—1911 年前後經孫寒厓之手得自敦煌藏經洞,真偽應無疑義。

敦煌學人方面的成果也非常豐富。樊錦詩《樊錦詩文集》(文物出版社)收錄了樊錦詩先生在敦煌石窟保護、管理與開放、敦煌石窟考古等方面的重要論文,同時還收入了部分紀念文、序、講座的記錄等學術成果。郝春文、寧欣主編《寧可文集》第七卷、第八卷由人民出版社出版。第七卷主題爲《流年碎憶》,第八卷主題爲《地理環境與歷史發展》,其既有回憶往事的文章,又有學術論文,多角度、多層次地闡述了相關史學問題,内容豐富,可讀性强。關友惠《莫高畫語》(甘肅教育出版社)講述了關先生從年少學畫,到畢業後來敦煌莫高窟從事臨摹、測繪、研究壁畫的豐富人生經歷和感悟。程希《新見任中敏致唐圭璋敦煌學論劄九通考釋》(《文學研究》2023 年 1 期)利用揚州大學檔案館藏著名學者、教育家任中敏致唐圭璋的九通信劄,對任、唐兩大家之間的學術往來、著述出版、敦煌學史之建構進行了考察,對任、唐兩先生全面綜合之研究均不無裨益,也可對以後任中敏年譜與全集之編纂起到幫助作用。

劉克敵《敦煌學與陳寅恪之中國古代文學研究——以陳寅恪有關〈敦煌零拾〉讀書劄記爲中心》(《敦煌研究》2023 年 6 期)以陳寅恪《敦煌零拾》讀書劄記爲中心,展現了陳寅恪獨特的治學方法和嚴謹的治學態度,以及他對中國文化、文學的發展演變所具有的寬廣視野和悲天憫人的胸懷,肯定了陳寅恪對敦煌學學科建立作出的重大貢獻。王琪斐《關於饒宗頤與戴密微合著〈敦煌曲〉〈敦煌白畫〉的研究》(《敦煌學輯刊》2023 年 3 期)輯釋出《戴密微教授與饒宗頤教授往來書信集》中有關敦煌學的内容,還原《敦煌曲》《敦煌白畫》兩部巨著成書的歷史細節,爲了解二位學者的治學方法及這一時期國際敦煌學的發展軌跡提供了幫助。閆麗《夏鼐與常書鴻——以敦煌學爲中心》(《考古》2023 年 12 期)梳理了夏鼐和常書鴻兩位大家相識並建立深厚友誼的歷程,指出他們的交流自始至終以敦煌學爲中心。袁勇《李征與新疆文物考古研究所藏敦煌寫本〈大乘入楞伽經〉》(《敦煌學輯刊》2023 年 2 期)記錄了李征在《大乘入楞伽經》寫本研究中的貢獻,認爲其遵照文書整理的科學規範,完成了寫本的錄文,並對紙張進行了科學檢驗,爲後續的研究工作奠定了堅實基礎。張兵、楊東興《范振緒〈敦煌訪古圖〉及其題詠考釋》(《敦煌研究》2023 年 6 期)聚焦於范振緒所作《敦煌訪古圖》,指出其是在中國內憂外患,文物古跡遭受極大破壞,敦煌莫高窟劫後餘生的背景下,爲感念張維訪存敦煌文物的高尚情懷而爲其繪製。此畫還保存了于右任、張大千等大批名家的題詠,是在保護敦煌石窟歷史過程中產生的重要文獻資料。任怡君、張如青《中尾萬三對敦煌〈食療本草〉殘卷的研究》(《中醫藥文化》2023 年 6 期)回顧和梳理了日本學者中尾萬三對敦煌《食療本草》殘卷的研究,認爲其對進一步全面研究、輯復中國古代食療學名著《食療本草》具有一定的參考價值。

二、歷　　史

本年度有關敦煌歷史的成果主要集中於政治史、家族史、經濟史、法制史以及西北史地等研究領域。

在政治史研究方面,以歸義軍史研究的成果居多。敖特根、袁嘉《S.389〈肅州防戍都狀〉文本研究》(《敦煌學輯刊》2023 年 3 期)在前人研究的基礎之上,對《肅州防戍都狀》進行了全文抄錄、標點以及注釋,考證了唐末甘州脫離歸義軍控制的過程,補充了相關歷史細節。[日]阪尻彰宏著,鞏彥芬、楊富學譯《三身索勛像所見歸義軍史事》(《絲綢之路研究集刊》第十輯)考察了第9 窟、第 196 窟、第 98 窟三身索勛像,指出這些供養人的形象表明索勛對歸義軍政權從第二代向第三代轉移來説,是一个關鍵性人物,也反映了索、張、李三氏的合作和對立、權力移交和以血統維持的正統性,其有助於考察供養人的政治地位、人物彼此間的關係,是非常重要的史料。黃孟鋆、鄭炳林《敦煌歸義軍時期功臣像讚源流初探》(《美術》2023 年 11 期)對漢唐以來功臣像進行了溯源,指出通過敦煌莫高窟、榆林窟甬道兩壁節度使供養像的寫實特徵及其搭配的身份榜題,可以看到歸義軍時期功臣的真實面貌,體現了晚唐五代敦煌地區接續了漢唐功臣像讚的傳統。李浩博《張議潮收復肅、甘二州繫年再議——兼論大中時期歸義軍與尚婢婢等吐蕃勢力關係》(《唐史論叢》第三十六輯)認爲肅、甘二州在大中時期的歸屬和張議潮與尚婢婢等吐蕃勢力的關係密切相關,在此基礎上重新考訂張議潮收復肅、甘二州的繫年,對大中時期歸義軍與尚婢婢及其部將的關係進行申説。沙武田、尹瀟《歸義軍地方王權意識在洞窟中的體現》(《敦煌學輯刊》2023 年 1 期)對歸義軍時期洞窟營建過程中所受政治影響極大,供養人地位上升跡象十分明顯這一現象進行說明。王使臻《敦煌所出北宋歸義軍節度使官告檔案解讀》(《地方檔案與社會治理》第二輯)對敦煌文獻 P.3438V 進行了解讀,認爲其與北宋朝廷授予敦煌歸義軍節度使曹延禄官告有關,反映了北宋中央朝廷意圖經營敦煌地區的有關重要歷史事實。張豔玉《歸義軍時期敦煌的鄉族與社會》(《敦煌研究》2023 年 2 期)對歸義軍時期敦煌的鄉族力量在組織集體活動、倡導公共建設、推行社會教化、調解民事糾紛、參與政治活動等方面的功能進行了探究。

其他政治史方面。雷聞《官文書與唐代政務運行研究》(上海古籍出版社)充分利用敦煌吐魯番文書及傳世文獻,對論事敕書、關文、帖文、牒文、牒子等唐代官文書的形態與功能進行了細緻討論,揭示了官文書的變化與制度演進之間的互相影響,也闡述了文書行政對維護唐王朝從中央到鄉里政治秩序的重要意義。朱旭亮《唐代"清官"制度與文武關係之演進研究——以 P.2504〈天寶官品令〉爲中心》(《西北大學學報》2023 年 6 期)著重研究了敦煌文獻 P.2504《天寶官品令》,利用敦煌文獻與唐人墓誌突破傳世文獻的限制,更加立體且動態地展現出唐代"清官"制度的演進過程,認爲唐代清濁觀念的流變以及"清官"制度的興衰不僅反映出唐代文武關係的此消彼長,也折射出唐王朝"文武之道,各隨其時"的政局變遷。馬托弟、王晶波《吐蕃時期敦煌瘟疫考論——兼論"長慶會盟"的歷史背景》(《中國藏學》2023 年 2 期)聚焦 9 世紀初敦煌發生嚴重瘟疫這一事件,認爲瘟疫的爆發是吐蕃面對內外危機時改變對唐政策,進而達成在唐蕃關係史上有重要意義的"長慶會盟"的重要因素和歷史背景,爲我們瞭解 9 世紀初吐蕃與唐朝、回鶻等周邊勢力的關係提供了新的認知角度。尹瀟《武周時期敦煌與中原王朝的關係——以莫高窟第 332 窟涅槃圖爲中心》(《甘肅開放大學學報》2023 年 3 期)著重考察了與第 332 窟涅槃圖極其相似的《大雲寺涅槃變相碑》,發現其完全是迎合武周政治宣傳的產物。焦樹峰《莫高窟第 332 窟營建的政治隱喻——基於武周政治視角的觀察》(《安陽師範學院學報》2023 年 3 期)說明了第 332 窟對於敦煌李氏家族和李唐王朝來説具有"紀念碑"性質的意義,指出聖曆元年(698)武則天駁回武三思等人的立太子請求,在狄仁傑等朝臣的堅持下準備立盧陵王李顯爲太子,在這一背景下,作爲有建窟傳統的敦煌李氏以第 332 窟的修葺完工來慶賀此事,並且舉行了禮懺祈福等佛事活動。司豪強《東漢與北匈奴殘部在西域的對抗——以永元八年繫囚減死"詣敦煌戍"爲綫索》(《秦漢研究》2023 年 1 期)以和帝永元八年(96)敦煌增兵一事爲切入點,進一步探究於除鞬部、逢侯部、呼衍王部等北匈奴殘部在北匈奴政權瓦解後的發展情況,對漢匈關係史研究具有一定價值。馬智全《敦煌懸泉置牆壁題記中的醫藥詔書》

(《敦煌研究》2023 年 2 期)對懸泉置出土牆壁題記中的一組漢代醫藥詔書文獻進行探討,指出壁書的性質是朝廷詔令,其要求各地"爲民和良藥""省約市藥",反映出朝廷對民衆的醫療關懷。路旻《唐代敦煌官方祭祀新探——以 S.1725V 所載祭品爲中心》(《敦煌研究》2023 年 1 期)以 S.1725V 等敦煌文獻祝文中所言祭品及實際祭品,同《開元禮》中相關内容爲主要研究對象,並結合歷史背景,對二者差異進行深入探討,重新對部分存在爭議的問題進行論證。

家族史研究方面。馬振穎、鄭炳林《新見青州出土〈唐敦煌令狐弁墓誌〉考釋——敦煌相關金石整理研究之四》(《敦煌學輯刊》2023 年 3 期)利用青州的令狐弁墓誌並結合傳世文獻考證了令狐弁的生平、仕宦及家族遷徙等問題,爲研究唐代敦煌令狐氏的外遷及其在山東地區的發展提供了重要綫索。馬振穎、鄭炳林《與敦煌有關的北周隋代裴氏墓誌三種集釋》(《敦煌吐魯番研究》第二十二卷)以裴映穆、裴繹、裴長茂三種裴氏墓誌爲主要研究對象,認爲三種墓誌出土地爲甘肅敦煌,對墓誌分别進行録文,從世系、仕官履歷、婚姻子嗣等方面對三人進行考察,並利用敦煌漢簡著重探究了墓誌中葬地壽貴里的位置,彌補了北朝至隋代有關裴氏人物記載上的不足,也爲北周到隋代敦煌歷史地理沿革提供了資料,對家族史的研究起到幫助。馬振穎、鄭炳林《出土碑誌與敦煌文獻的互證——以〈陰叔玉墓誌〉與 P.2625〈敦煌名族志〉爲中心》(《敦煌學輯刊》2023 年 2 期)將《陰叔玉墓誌》與敦煌文獻 P.2625《敦煌名族志》進行綜合比對,爲判定 P.2625 的抄寫時代、莫高窟第 217 窟始建時間等,提供新的佐證。王晶《敦煌姓氏書 BD08679 郡望性質再探:以〈元和姓纂〉與 BD08679 對校爲中心》(《唐史論叢》第三十七輯)借助《姓纂》及其他傳世典籍,對 BD08679 所録郡望反映的是唐前期的郡望這一觀點進行重新審視。

經濟史方面。張榮强《從户版到紙籍:戰國至唐代户籍制度考論》(科學出版社)綜合利用出土文獻與傳世文獻,融通簡牘學與敦煌吐魯番學研究,全面系統地整理了戰國至唐代中期户籍文書,從簡紙更替這一全新視角揭示中古時期伴隨著書寫材料的改變,國家行政制度和社會控制方式相應發生的重大變化。鄭炳林《西漢敦煌郡釀酒業研究》(《敦煌研究》2023 年 5 期)利用懸泉漢簡對西漢敦煌郡酒的釀造、銷售和流行情況進行研究,認爲西漢敦煌地區酒的釀造和飲用非常普遍,受飲酒風氣影響,酒的銷售也非常普遍,酒在當時是敦煌市場上常見的商品。鄭炳林、司豪强《西漢敦煌郡錢幣的使用與調配——以敦煌出土簡牘文獻爲中心》(《敦煌學輯刊》2023 年 1 期)通過分析懸泉漢簡記載,證明西漢敦煌郡錢幣的使用範圍極爲廣泛,指出爲滿足敦煌郡錢幣需求,西漢政府往往利用國家力量從錢幣鑄造地區或錢幣庫存充裕地區調配大量錢幣作爲支持,表明西漢敦煌郡經濟的發展對中央政府有著較强的依賴性。鄭炳林、張静怡《西漢敦煌郡廄置傳馬的配置、損耗與補充研究——以懸泉廄置傳馬爲中心》(《敦煌學輯刊》2023 年 3 期)借助懸泉漢簡對懸泉置乃至敦煌郡傳馬配置的數量進行研究,運用傳馬名籍、傳馬出入簿探討西漢敦煌郡對廄置傳馬的管理情況以及敦煌郡傳馬損耗、補充狀況,爲研究西漢敦煌郡的畜牧業的發展提供補充。陳麗萍《跋國圖藏敦煌文書BD15777 號》(《隋唐遼宋金元史論叢》第十三輯)對國圖藏敦煌文書 BD15777號進行初步的錄文和釋讀,認爲這組文書對敦煌田籍和訴訟、契約類社會文書的整體研究有所裨益。穆永强、王鋭《敦煌契約文書擔保責任制度論析》(《天水師範學院學報》2023 年 4 期)著重考證了敦煌契約文書背後所代表的制度,認爲敦煌契約文書擔保責任制度由當時政治、經濟、文化發展狀況所決定,體現了自然經濟、家族主義及熟人社會的歷史特色。王斐弘《樣本與意涵:敦煌特别借貸契約研究》(《天水師範學院學報》2023 年 4 期)對藏經洞所出的勞力還貸契、請貸牒、分期償還契和便物曆四種敦煌特别借貸契進行了考論,認爲其不僅具有同類事項可資套用的普適性,更具備了超越文化時空的"活法"特質,彌足珍貴。

法制史方面。鄭顯文、王蕾《敦煌西域出土的法律文書與中國古代法制研究》(中國法制出版社)包括三方面的内容:一是對絲綢之路沿綫新發現的漢代法律簡牘和敦煌吐魯番文書的研究;二是對絲綢之路沿綫新發現的古代各政權法律文書的研究;三是對新發現的法律史料與中國古代法律制度的研究。該書的出版,對推動中國古代法律史學研究的深入展開以及中國的法治現代化建設具有促進作用。李并成《敦煌唐五代時期"物權"文獻研究》(《石河子大學學報》2023 年 6 期)解讀了敦煌遺書中"物權"方面的文獻,揭示出我國古代有關物權方面的法治狀況和人們的物權觀念,使我們認識到當時人們對於私有財産的重視和爲保護私有財産所作出的努力。巨虹《傳統社會分家析産及糾紛規避探究——以敦煌契約文書爲中心》(《中原文化研究》2023年 6 期)以敦煌文書爲中心觀照中國傳統社會的分家析産情況,將法典、傳世文獻與敦煌文書相互印證,進一步深入分析其反映的經濟内容,探討家庭成員的身份與家産析分之間的特定關係。羅將《制定法與習慣法:唐宋與西夏的比較研究——以敦煌、黑水城契約文書爲中心》(《天水師範學院學報》2023年 4 期)通過對敦煌、黑水城出土的唐宋與西夏契約文書的比較研究,結合制定法探討唐宋和西夏契約實踐中制定法與習慣法之間的關係與異同,探討不同政權統治下,不同政治文化、民族文化影響下的不同契約文化,以開啓從比較法學角度研究敦煌契約文書的新視野。

西北史地方面。戴春陽《敦煌的早期開發與有關問題(一)——〈堯典〉中"三危""三苗"的考古學觀察》(《敦煌研究》2023 年 5 期)從考古學角度觀察,以大多數學者所信奉的"竄三苗於三危"的話題切入,對敦煌早期歷史進行研究。王子今《漢代絲綢之路的敦煌樞紐》(《敦煌研究》2023 年 2 期)認爲敦煌漢簡所見來自各國"客"的活躍,也可以看作體現交通文化面貌的現象;指出敦煌人才群體的跨地域影響,敦煌與"高原絲綢之路"的關聯,都可以通過交通史考察予以理解和説明。鄭炳林、司豪强《西漢敦煌郡長城的修築——兼論酒泉都尉、酒泉候官的設置》(《敦煌學輯刊》2023 年 2 期)對敦煌郡長城的修築時間作出了考證,並以此論證了酒泉都尉、酒泉候官的設置時間與職責所在。黄銀洲、孫治等《漢敦煌郡之昆侖障、昆侖塞新考》(《敦煌研究》2023 年 2 期)對昆侖障、昆侖塞的位置進行考證,爲學界認識該地區漢長城的建設形式、漢代敦煌郡的行政區劃以及交通地理提供了新證據。劉振剛《敦煌所出〈沙州伊州地志〉的中古西域史地研究價值》(《古籍整理研究學刊》2023 年 1 期)利用《沙州伊州地志》對鄯伏陀事蹟進行研究,認爲對比其他文獻可以看出鄯善人遷入納職的傳説在唐代後期並没有凝固,該文書在中古西域史地研究方面具有重要價值。

三、社 會 文 化

本年度有關社會文化的成果主要涉及童蒙教育、社會生活以及民俗文化等方面。

童蒙教育方面。任占鵬《敦煌蒙書校釋與研究》(文物出版社)"習字卷"與"算術卷"出版,對敦煌文書中的蒙書進行了分類整理、校釋與研究,豐富了中國古代傳統蒙書的數量與内容,有助於中國古代童蒙文化史研究。李慧國《敦煌吐魯番文書所見"側書"義證》(《出土文獻》2023 年 2 期)從《側書》詩的字面本義、情感語境及敦煌吐魯番文書學郎詩抄的整體面貌和唐代寺學教育的特點進行探究,認爲這些常見的"側書"不僅反映了學郎們普遍具有畏難心理,同時也體現了唐五代敦煌吐魯番寺學教育中學郎抄經之艱辛。李殷《敦煌蒙書〈辯才家教〉的成書與傳佈》(《首都師範大學學報》2023 年 3 期)對敦煌本《辯才家教》的來歷與抄本作者進行了深入考察,認爲《辯才家教》的寫卷性質與敦煌地域文化屬性相互契合,它的成書與傳佈當是中原漢地與敦煌社會文化聯結的重要寫照。

社會生活方面。馬燕雲《唐宋時期敦煌社會消費研究》(甘肅人民出版社)從消費角度切入,提供了敦煌社會研究的新視角、新路徑,開啓認知唐宋時期敦煌社會生活史的一扇窗口,多方位、深層次動態展現唐宋時期敦煌民衆的消費生活。王東《金銀(飾品)與吐蕃統治敦煌時期敦煌民衆的社會生活》(《敦煌研究》2023 年 5 期)通過對金銀(飾品)與民衆宗教信仰和日常生活關聯性的研究,較全面地認識和把握吐蕃統治敦煌時期的社會文化内涵,多角度呈現該時期吐蕃金銀之風的動因,從而補充晚唐五代河隴地區民衆社會生活變遷的架構。王禹浪、吕志敏等《敦煌變文〈杖前馬球飛〉再釋讀——兼談敦煌變文中的西北民族馬球體育運動》(《黑龍江民族叢刊》2023 年 4 期)對敦煌藏經洞中《杖前馬球飛》所反映的唐代打馬球體育運動的背景、經過、規則、體育運動服飾、道具、場景等進行了系統梳理,特别是對這首敦煌變文中所運用的馬球體育運動專業用語進行了一一考證,同時對敦煌唐代馬球體育運動及其與之相關的問題進行了探賾。王倩倩《敦煌古代農業生產與飲食風俗考論》(《農業考古》2023 年 4 期)通過正確認識古代敦煌地區的農業生產特徵及規律,瞭解了敦煌農業發展對當地飲食風俗的影響,從中考察古代敦煌農業生產生活的整體面貌。張豔玉《唐五代時期敦煌宴飲的社會功能》(《敦煌學輯刊》2023 年 1 期)對於宴飲所具有的人際交往、娛樂、社會教化、維護政治秩序的社會功能及蘊含的禮儀進行研究,認爲宴飲活動是歸義軍節度使進行社會治理、維持政治秩序的重要方式,拉近了與僚屬及百姓的距離,營造了内部太平的景象。武紹衛《五代宋初絲路上遊方僧的境遇與應對——以敦煌本"乞衣類"〈秋吟〉爲中心》(《中國邊疆史地研究》2023 年 1 期)指出敦煌文獻中的"乞衣"類《秋吟》很可能是五代宋初西行求法僧帶至敦煌的,反映了絲路上遊方僧的生活形態,對瞭解他們的生活境遇和應對措施有一定價值。

服飾文化研究方面。董昳雲《絲綢之路視域下敦煌石窟天王衣袖袪口的來源及演化考略》(《絲綢》2023 年 8 期)以敦煌壁畫中半袖加袪口的袖形結構爲研究對象,通過絲綢之路上中亞、新疆、中原等地的圖像、文獻和實物等多重證據對相關袖形的來源及演變進行探究。趙茜、吳波《敦煌莫高窟唐五代經變畫中天女服飾之雲肩式領型考釋》(《敦煌研究》2023 年 3 期)著重分析了敦煌莫高窟唐五代時期經變畫中天女雲肩式領型的變化,梳理其款式及對應形制特徵,揭示了天女雲肩式領型現實與象徵的雙重文化屬性。吳波、趙茜《敦煌榆林窟第 29 窟之雲鏤冠冠式考釋》(《裝飾》2023 年 5 期)以敦煌榆林窟第 29 窟壁畫中具有代表性的雲鏤冠爲研究對象,對其冠式形制進行鈎稽考證,通過整理出清晰的綫描圖與款式圖分析紋樣結構,比較異同,逐步展開冠式形制變化背後的推測探源。

民俗文化方面。沙武田、陳璇《莫高窟 B47 窟所反映的葬俗與觀念初探》

(《文博》2023 年 5 期)根據 B47 瘞窟中的兩件告身推測窟主爲唐代戰死歸鄉的低級軍官,因敦煌戰死不入家族墓地習俗,親屬選擇佛教喪葬觀念與形式,將其送入莫高窟北區瘞埋安葬,以期爲其除罪升天;指出佛教石窟寺允許世俗人單獨開窟入葬並隨葬世俗文書與紙錢,説明佛教葬俗逐漸受到世俗葬俗的影響。馬洪連《敦煌新出曹魏朱書鎮墓文考釋》(《敦煌研究》2023 年 2 期)對敦煌新出土的曹魏朱書鎮墓文進行考釋,豐富了河西地區曹魏墓葬的考古資料,對研究敦煌地區曹魏時期墓葬習俗、墓葬特點、分期斷代等提供了可對照的標本,還爲我們認識和研究早期道教在敦煌的傳播發展提供了重要的文獻資料。米文靖《中古敦煌本土民俗與外來佛俗的對峙與合流——以臘八民俗爲例》(《石河子大學學報》2023 年 5 期)認爲臘八民俗便是敦煌地區傳統民族民俗與外來佛俗對峙、合流的集中體現,並聚焦於對敦煌臘八節定型過程及本身承載的文化整合意義的研究。朱國立、王晶波《時間・秩序・政治:節俗行事與歸義軍政權》(《蘭州大學學報》2023 年 2 期)指出歸義軍政權通過對各類節日及其行事的掌控、主導和管理,進一步明確了社會等級,維護了倫理制度,强化了權力秩序,並"再確認"了歸義軍政權的合法性與權威性;其不僅是歸義軍有效統治的重要途徑和手段,並以之維護了敦煌地區社會穩定,還在某種程度上推動了中華優秀傳統文化的傳承與發展,影響深遠。

四、宗　　教

本年度敦煌學宗教研究的相關成果主要涉及佛教、道教以及三夷教方面。

佛教方面的研究主要涉及佛寺與僧尼、佛教文獻文本考釋以及佛教文獻綴合研究等。佛寺與僧尼方面。鮑宗偉《敦煌寺院建置沿革考》(《敦煌學輯刊》2023 年 2 期)主要討論了吐蕃與歸義軍時期敦煌寺院的建置與沿革情況,對於研究敦煌佛寺歷史以及寫卷斷代具有一定的參考價值。米文靖《〈金光明寺故索法律邈真讚並序〉讚主考辨與研究》(《絲綢之路研究集刊》第十輯)以《金光明寺故索法律邈真讚並序》爲源,考察了索法律建窟造龕、抄寫教藏之功德,及其度化信衆、施醫救人諸多活動,還原了其真實境況。周玉茹《5—6 世紀敦煌高昌比丘尼的寫經與信仰》(《中國佛學》第五十一輯)以 5—6 世紀敦煌高昌地區有明確紀年的 23 例比丘尼寫經題記爲研究主體,對比丘尼寫經時代背景、經目種類、出現頻次、受福對象和祈願内容等進行了探討,認爲比丘尼寫經受到當時敦煌高昌社會文化環境的影響,較高的經濟地位爲她們寫經供養提供了物質基礎。馬麗亞・艾海提、林梅村《元大都智全寺畏兀兒高僧考》(《敦煌研究》2023 年 5 期)對元大都智全寺的畏兀兒高僧進行考證,敘述了元朝滅亡前夕,智全都統離開元大都赴敦煌,並將智全寺大藏經殿中的大批回鶻文佛經攜至敦煌這一歷史事件。

佛教文獻文本考釋方面。段小强、劉暘《敦煌本〈父子互托〉芻議》(《敦煌研究》2023 年 3 期)解析了《雜緣起抄》中《父子互托》故事的特點,指出其以日常生活中的事例來宣傳佛教教義,反映了佛教在中國傳教過程中的本土化特點。紀應昕《敦煌本〈四十九種壇法儀則〉與〈壇樣圖〉發微》(《敦煌研究》2023 年 2 期)對敦煌特有的密教壇場文本,即敦煌本《四十九種壇法儀則》的使用作了研究,認爲 P.2012、P.4009《壇樣圖》是與之相互配合使用的壇場圖樣,同時也是古代敦煌密教壇場的珍貴資料與真實寫照。景盛軒《敦煌南本〈大般涅槃經〉寫卷考辨》(《敦煌吐魯番研究》第二十二卷)對敦煌寫卷中南、北兩本《大般涅槃經》都有存留的情況進行論述,對其中的南本進行辨析研究。屈直敏《敦煌寫本〈大唐中興三藏聖教序〉考釋》(《敦煌學輯刊》2023 年 4 期)對敦煌遺書中保留的《大唐中興三藏聖教序》進行全面考述,進而結合傳世藏經中保存的序文對序文題名進行考辨。伍小劼《敦煌遺書中的〈金藏論〉相關新資料小識》(《文獻》2023 年 1 期)通過考證,認爲敦煌遺書中的斯 04336 號應爲《金藏論》卷五《像緣》部分,這些文獻爲復原《金藏論》提供了新資料,同時也展現了《金藏論》傳播和影響的多樣方式。伍小劼、張喆妤《敦煌本〈沙彌五德十數〉研究》(《中國佛學》第五十期)對敦煌遺書中的《沙彌五德十數》進行整理、錄文,指出敦煌本《沙彌五德十數》是寺院説戒時所用的文範,其應用於授沙彌戒、布薩時,沙彌在日常學習中需要熟知並念誦。敦煌本和明清以來授十戒儀式程式中“五德十數”的演變,展示出了文本和實踐的動態發展過程。嚴世偉《南北朝成實論學新證——P.2335〈成實論義疏〉考》(《中華文史論叢》2023 年 4 期)認爲失名 P.2335 文書實際上是一份久已失傳的南北朝時期《成實論》注疏,並且很可能是梁代三大法師之一僧旻的《成實論義疏》。宛盈《隋代佛教經典寫造流傳的層遞呈現——以敦煌寫經題記爲中心》(《中華文史論叢》2023 年 4 期)指出隋意圖以佛教統合國家意識,襄助鞏固南北歸一的政治成果,經藏的寫造流傳正是宣揚佛教的重要手段。敦煌文書中的隋代寫經題記呈現了都城大興、敦煌及諸大都邑之間佛教寫經層遞式的寫造流傳。楊祖榮、陳心怡《敦煌寫卷 S.1170 補校及定名》(《敦煌吐魯番研究》第二十二卷)對 S.1170 號敦煌寫卷進行校補,並將其重新擬名爲“佛教論義設難問疑致敬語”。周郹《泰山無字碑新見題刻考——兼述其與敦煌遺書〈大雲經疏〉之聯繫》(《世界宗教研究》2023 年 12 期)利用此前未使用過的投光顯影技術對泰山無字碑進行了再次考察,映照出其未見前人著錄的兩則題記及其他部分殘字,例如“帝”“極”“震”“乾”等字,與敦煌遺書《大雲經疏》有許多關聯之處。

　　佛教文獻綴合研究方面。竇懷永、徐迪《敦煌本〈普門品〉殘卷綴合十一例》(《敦煌吐魯番研究》第二十二卷)認爲在目前公佈的所有《普門品》寫卷中,能夠予以綴合的、内容較爲完整的寫卷,基本實現了全部綴合,同時在綴合的基礎上,各號寫卷的性質也能得到進一步釐清,從而有助於形成更爲準確的定名。郭丹《遼寧省博物館藏敦煌〈大般涅槃經〉綴合研究》(《敦煌吐魯番研究》第二十二卷)以遼寧博物館所藏 10 個編號的《大般涅槃經》爲中心,進行館内與館外寫卷的綴合研究,爲深化敦煌《大般涅槃經》的相關研究提供參考。徐浩《從兑廢稿的綴合看敦煌寫經的修復——以含有兑廢稿的敦煌〈大般若經〉寫本爲例》(《敦煌研究》2023 年 3 期)從敦煌寫卷實例出發,嘗試對古代敦煌的佛教徒如何處理含有兑廢稿的寫經作出解答,對所有包含兑廢稿的敦煌《大般若經》寫本長卷全部加以匯總分析,認爲等待它們的也將是同樣的加工修復程式。楊剛《S.6348+P.4912 文書的綴合及相關問題研究》(《敦煌學輯刊》2023 年 4 期)將英藏 S.6348 號文書與法藏 P.4912 號文書進行綴合,認爲其是一幅完整的佛教壇城式符印,該符印將壇城圖樣與佛教經呪相結合,佩帶此符印即可趨吉避凶,此類符印在唐五代敦煌地區極爲流行。袁勇《〈賢愚經〉敦煌寫本綴合研究》(《中華文史論叢》2023 年 4 期)綴合了八組《賢愚經》敦煌寫本殘卷,並且嘗試據此復原《賢愚經》寫本的卷次和品次,由此也揭示出早期《賢愚經》寫本與日本古寫經系統(十七卷本)之間的密切關聯。鄭阿財《〈真言要決〉卷次篇第與作者新論》(《敦煌研究》2023 年 5 期)將日本石山寺藏古寫本、英藏、法藏、遼博館藏及俄藏等十號殘卷綴合爲九件,認爲這些珍貴的遺存,可豐富三教融合的具體論著,提供三教會通發展之參考。

　　道教方面。部同麟《拘校道文:敦煌吐魯番道教文獻研究》(中國社會科學出版社)在比對敦煌吐魯番道教文獻與傳世文獻的基礎上,對敦煌道教文獻的形態及復原、道教文獻文本生成演變方式、佛教道教關係、道教儀式文範的發展及結構、道教文獻語言文字研究等方面進行了研究。部同麟《再談敦煌本"靈寶經目錄"的分類和時代》(《世界宗教研究》2023 年 1 期)從語言學、文獻學的角度重新審視陸修静《靈寶經目序》《太上洞玄靈寶授度儀》以及"靈寶經目錄"中一些模糊表述,對學界在《靈寶經目序》上存在的誤讀提出自己的見解。姜春蘭《古代的道教講經及其啓示——以敦煌文獻的道教講經文爲例》(《中國宗教》2023 年 9 期)深入研究了敦煌文獻中的道教講經文,還原了古代道教講經的真實情況,認爲這些講經原則實際上也爲後世所遵循,對於新時代的道教講經活動也可以提供有益的借鑒,對於瞭解古代道教講經活動,乃至於敦煌道教史也都大有裨益。劉志《唐玄宗御本〈道德經〉考——敦煌寫卷與唐代經籍典範探析》(《世界宗教研究》2023 年 9 期)介紹了唐玄宗御本《道德經》,歸納了其收藏地、寫經人物以及功用,認爲唐玄宗對《道德經》十分推崇,御本《道德經》在唐代經籍叢書繕寫製作中具有崇高的地位。尚飛《BD11193 道教〈靈書紫文〉寫卷研究》(《敦煌吐魯番研究》第二十二卷)利用《道藏》本《紫文上經》對 BD11193 進行修補,認爲 BD11193 寫卷可能是道教類書的引用,亦有可能是單篇的經文。朱天助《唐代〈老子〉的義疏學——敦煌寫卷〈老子〉BD14677 重探》(《宗教學研究》2023 年 2 期)指出敦煌寫卷 BD14677 是佛教徒以佛性論義疏《老子》的殘卷,寫卷並非道教重玄學派的著作,雖然二者皆據佛理,但仍存不少差異,認爲此寫卷對於理解隋唐佛道思想和佛道交涉關係具有重要意義,直接影響了隋唐思想史的研究。

三夷教方面。胡曉丹《摩尼教離合詩研究》(上海古籍出版社)指出西方學者利用德文、英文翻譯的漢文摩尼教《下部讚》時,未能準確理解漢文詩歌的特點,而本書結合吐魯番出土中古伊朗語字母離合詩的文體特徵,復原了敦煌發現的幾乎完整保存的摩尼教東方讚美詩集漢譯本《下部讚》中譯自字母離合詩的漢語詩偈,對摩尼教原始文獻研究進行補充。楊雪、吐送江·依明《回鶻景教研究述評》(《海交史研究》2023 年 4 期)涉及吐魯番、敦煌、黑水城等地的景教文獻,從回鶻景教文獻、文物與遺址的研究以及回鶻和操突厥語族語言族群景教信仰歷史及其活動的研究兩方面對回鶻景教研究進行述評。

五、語 言 文 字

本年度有關敦煌語言文字的成果主要集中在字詞考釋和音韻研究方面。

字詞考釋方面。張涌泉《"只者這爪行路絶"及其他》(《敦煌研究》2023 年 5 期)對敦煌吐魯番社會經濟文書和通俗文學作品中的疑難詞句,通過原卷核查、字形比較、詞義分析等方式進行釋讀。計曉雲、張涌泉《敦煌佛經注疏文體類詞語匯釋》(《中國俗文化研究》第二十三輯)對孤本佛經注疏寫卷進行梳理,且將注疏體例典型的視爲考察對象,在結合注疏文本的基礎上,對表示其文體的詞語進行匯釋,揭示這些佛經注疏體例的獨特性及其學術價值。張小豔、邰同麟等《敦煌文學疑難字詞輯釋》(《敦煌吐魯番研究》第二十二卷)摘取"菜菽""巢蓮"等二十四個字詞加以考釋,爲我們正確理解文本内容提供幫助。邰同麟《敦煌變文字詞補釋》(《中國語文》2023 年 1 期)對敦煌變文中部分字詞不同於前賢的理解作出補正。王閏吉《〈敦煌變文疑難字詞校釋〉商補》(《中國語文》2023 年 6 期)從"訓詁之順"入手,對《敦煌變文疑難字詞校釋》一文中的 10 條疑難字詞一一重加考察,對可商之處略加闡釋。周思敏、吳宗輝、沈秋之《敦煌變文校讀劄記》(《勵耘語言學刊》2023 年 1 期)

圍繞一篇舊有變文 S.6836 號《葉浄能小説》和兩篇新見變文羽 153 號背《妙法蓮華經講經文》和 P.3944 號《妙法蓮華經變文》,就其中部分疑難字句的校釋,展開討論,以期有補於敦煌變文的整理與研究。姬慧《敦煌文書"宴請"類語詞之"看""洗饌"考析》(《敦煌學輯刊》2023 年 2 期)通過類同引申、詞義沾染、縮略等構詞方式,分析"宴請"類動詞中的"看""洗饌"等詞在文獻中的使用情況,考辨該類詞的語義演變過程,探究其演變模式,爲敦煌文書的進一步研究提供參考,爲漢語表達的豐富性提供例證。吳昌政《敦煌寫本 S.2506V 等〈失名史書〉疑難草書校釋》(《中國語文》2023 年 4 期)對敦煌寫本 S.2506V 中可商榷的八個疑難草書字形進行考辨,以期爲該寫本及敦煌草書文獻整理的進一步完善提供參考。張璐茜《敦煌寫本 P.3333〈菩薩蠻自從涉遠爲遊客〉"金瓶"一詞考釋》(《漢字文化》2023 年 8 期)對敦煌寫本 P.3333 中《菩薩蠻自從涉遠爲遊客》中"金瓶"一詞進行考釋,認爲其不僅對還原詞作的本來面貌有意義,也對研究中國中古時期的社會風俗、地域特色、遣詞造句習慣、意象使用上有意義。劉顯《〈中華道藏〉所錄敦煌道經中的幾個問題》(《中國文學研究》2023 年 4 期)通過覆核敦煌文獻真跡,將問題歸爲"臆改通假字""臆改底本用字""俗字保留失當""簡繁轉換失誤""校勘材料收集不全面""錄文疏誤"六類,並提供相應訂補方案,供該書修訂時參考。李洪財《談談肩水金關漢簡過所文書中的釋字問題》(《漢字漢語研究》2023 年 1 期)對肩水金關漢簡中 42 枚過所文書簡牘的釋字問題作了討論,按照常見文例、俗訛字、人名用字等幾個方面對文書進行分類,新發現和解決了 50 多處釋字問題,對材料的解讀和進一步利用有一定作用。

音韻方面。李正宇《匈奴、單于、撐犁、祁連、閼氏、居次等譯音詞誤讀千載而不知》(《敦煌研究》2023 年 5 期)關注古匈奴語譯音詞,認爲譯音詞的讀音當與古匈奴語原音相對應,否則便失去了譯音詞的職質及作用,不堪稱之爲譯音詞了,在此原則上對誤讀譯音詞作出糾正。譚興富《俄敦〈大方廣佛華嚴經音〉殘片三題》(《敦煌研究》2023 年 3 期)經比勘發現:一是殘片所存音義與高麗藏再雕本《八十華嚴》卷末所附音義源自同一祖本;二是殘片所存多條音義爲高麗藏再雕本所無,其中有 4 條當是在傳寫過程中糅合底本多條音義;三是 Дx.18982 殘片亦來自於《大方廣佛華嚴經音》,所存字目出自《八十華嚴》卷六二,可與 Дx.19007 殘片綴合。

六、文　　學

本年度有關敦煌文學的研究成果主要集中於總論、詩歌、變文和其他俗文學方面。

文學總論方面。伏俊璉《敦煌文學總論》增訂本(上海古籍出版社)通過對敦煌文學作品的分類、分析和解讀,對敦煌文學的發展進行了全面的總結和研究,爲學界系統地瞭解敦煌文學的内涵與發展提供了幫助。

詩歌方面。戴瑩瑩、鄒知《王梵志詩的文學史意義》(《敦煌學輯刊》2023年3期)立足中國詩歌中"前人没有注意的傳統",探討了王梵志詩的詩歌史、文學史意義,考察其對文學史、學術史產生的深遠影響。郝雪麗《敦煌王梵志詩寫本綴合拾補》(《敦煌吐魯番研究》第二十二卷)也關注王梵志詩,從寫本學角度調查每件王梵志詩寫本研究學術史,釐清王梵志詩寫本的編號情況,重點考述了三種王梵志詩的綴合寫本。張先堂、李國《莫高窟第108窟題壁詩新考——敦煌石窟題記系列研究之一》(《敦煌研究》2023年4期)對莫高窟第108窟所存兩首五代題壁詩作了新的校録、考證,認爲一首據原壁題記可知作者爲歸義軍節度押衙張盈潤,第二首詩的作者爲五代敦煌僧人靈俊,由此瞭解五代敦煌地區的題壁詩創作活動,爲古代題壁詩研究提供了珍貴史料。伏俊璉、郝雪麗《劉商〈胡笳十八拍〉與李唐〈文姬歸漢圖〉圖文關係研究》(《文藝理論研究》2023年5期)梳理了《胡笳十八拍》詩歌和繪畫創作的流變歷史,選取唐人劉商的《胡笳十八拍》與宋人李唐的《文姬歸漢圖》進行比較,分析兩部作品指向同一主題的歷史原因以及詩人、畫家對於相同主題的不同生命體驗。劉明《敦煌唐寫本〈西京賦〉注文校理》(《中國典籍與文化論叢》第二十七輯)以敦煌P.2528李善注《西京賦》殘卷與刻本諸如北宋本、明州本、尤袤本和贛州本《文選》進行比勘,考察《文選》經抄、刻轉換而產生"變異"及"定型"的情況。

變文方面。王心竹、萬宜之《舜歌〈南風〉與敦煌變文〈舜子變〉的"南風"意象》(《敦煌學輯刊》2023年3期)以敦煌變文《舜子變》爲切入點,以舜歌《南風》的文化蘊義與歷史價值爲核心,對舜文化從歷史之長度、地域之廣度、思想之厚度等幾個方面予以探究,爲中華民族的文化認同、國族認同,提供有益借鑒。李悦、鄭煒明《從敦煌卷子〈伍子胥變文〉看唐代民間"忠"倫理》(《敦煌研究》2023年3期)通過研究《伍子胥變文》,瞭解了唐代對於"忠"真正的倫理價值取向,並發現唐代民間所倡導的"忠"的獨特之處,有助於推進敦煌學和中國倫理思想史的研究。周思敏、張涌泉《敦煌本〈葉淨能小説〉校注》(《中國俗文化研究》第二十三輯)以S.6836爲底卷,對敦煌變文《葉淨能小説》進行彙校和彙注,推動了對唐代道教信仰與話本小説的進一步研究。屈玉麗、劉若楠等《論敦煌寫本〈茶酒論〉與儒釋道文化之關聯》(《石河子大學學報》2023年6期)通過對《茶酒論》基本概況的介紹,茶、酒、水與儒釋道之關聯的具體分析,來深刻揭示《茶酒論》的故事内涵,展現《茶酒論》中的文化融合現象。巫鴻《唐代藝術、文學和講唱表演的寶貴證據——再談發現於莫高窟藏經洞的〈降魔變文畫卷〉》(《敦煌研究》2023 年 5 期)從卷子的形態和内容、卷子正面所載畫像、卷子背面抄寫的文字,以及可能的演出方法四個方面對《降魔變文畫卷》進行討論,認爲其是研究唐代文化中結合了繪畫、文學和講唱表演的"綜合性藝術"的一份寶貴材料。

其他俗文學方面。葉汝駿《"詞文"文體性質榷論——以敦煌寫本〈大漢三年季布罵陣詞文〉爲中心》(《敦煌學輯刊》2023 年 2 期)選取敦煌文獻中出現"詞文"題名的唯一文本——《大漢三年季布罵陣詞文》作爲界定詞文文體性質的中心文本,經由與學界既有關於"詞文"文體性質的若干觀點的商榷辨析,展開詞文文體性質的討論,希冀能爲詞文的研究以及敦煌文體的分類提供一種新的認識視角。李博昊《唐五代敦煌佛教的隆盛與曲子詞的流播及詞調的衍生》(《唐都學刊》2023 年 2 期)認爲曲子詞常被在佛教活動中歌唱,以吸引民衆前來進而宣傳教義,在一定程度上促進了詞調的衍生,且從敦煌寺學的繁榮及佛教活動樂舞表演的熾盛等角度切入,審視曲子詞的流播及詞調的發生發展問題。王志鵬《信仰與文學——以敦煌齋願文爲中心的考察》(《敦煌研究》2023 年 5 期)通過對這批願文類作品的分析考察,探討信仰與文學之間的關係,進而揭示佛教文學作品的内容特徵,指出佛教已經廣泛深入到當時敦煌社會各階層的日常生活和民俗娱樂之中。何劍平、計曉雲等《羽 153 號背〈妙法蓮華經講經文〉校注》(《中國俗文化研究》第二十三輯)以《敦煌秘笈》刊佈的彩色圖版爲底本,參考朱鳳玉的録文,重新校録羽 153 號背《妙法蓮華經講經文》,並對其内容詳加注釋。鄭阿財《從物質形態與文本構成論敦煌寫本僧傳文學》(《中古中國研究》2023 年 1 期)描述了敦煌僧傳文學的物質文本,以早期西域來華的高僧佛圖澄爲例,針對與其有關的僧傳文本以寫本原生態的視角進行考察,展開寫本物質形態、文本構成情況的析論及現象解讀,論述敦煌物質文本所見僧傳文學的流佈。

七、藝　術

本年度有關敦煌藝術的成果,主要涉及石窟壁畫、造像藝術、敦煌樂舞、敦煌書法等方面。

石窟壁畫方面。劉人銘《敦煌沙州回鶻洞窟研究》(甘肅文化出版社)對莫高窟和榆林窟沙州回鶻洞窟壁畫題材、窟中供養人像内容與特徵、説法圖取代净土變的原因、菩薩像的類型與特點、裝飾圖案、回鶻王像身份屬性等問題進行了研究。陳培麗《絲綢之路上的獨角仙人本生圖研究——以克孜爾第 17 窟和莫高窟第 428 窟爲中心》(《西域研究》2023 年 1 期)通過對絲綢之路上獨角仙人本生圖表現形式和主題的分析,並結合相關壁畫和文獻闡釋了克孜爾第 17 窟和莫高窟第 428 窟獨角仙人本生圖所反映的思想意蘊。陳文彬《東西方交流視野下的獅牛搏鬥藝術圖像研究》(《敦煌研究》2023 年 1 期)從敦煌莫高窟勞度叉鬥聖變中的獅牛搏鬥圖像入手,梳理其在古代中國的發展,認爲其沿著絲綢之路傳入中國,該圖像母題廣泛流行於古代歐亞大陸,其產生於動物生態中的獅子捕食場景。本文從絲綢之路向外延伸,梳理了獅牛搏鬥圖像的發展脈絡,並試圖解釋其象徵含義。李康敏《敦煌壁畫的色彩及其歷史流變》(《藝術傳播研究》2023 年 1 期)闡述了敦煌壁畫的色彩表現具有高超的水平,將“圖像”向“色彩”推進,是對“敦煌色彩”追根溯源的“歷史回答”;以“單色”切入,再延伸至“整體色彩”,是對這一課題行之有效的研究方法。李思飛《希臘瑞鳥在東方——敦煌及克孜爾石窟壁畫含綬鳥圖案源流新探》(《敦煌研究》2023 年 1 期)對敦煌及克孜爾石窟壁畫含綬鳥淵源再作追索,認爲含綬鳥形象應源自古希臘,最初被賦予王權和勝利的寓意,後隨東方希臘化傳入波斯和中亞,其在中國的流播與粟特人有關。趙聲良《敦煌壁畫與唐前期流行色》(《藝術設計研究》2023 年 5 期)選取了唐前期敦煌石窟中幾個有代表性的洞窟來分析壁畫用色的風格特徵,從流行色的角度總結出唐朝前期色彩審美的一個大致演變歷程,認爲其反映了唐朝前期隨著經濟文化的高度發達,長安文化強烈地影響到敦煌地區,使內地流行色得以迅速傳播的藝術發展傾向,體現了唐人的色彩審美觀。趙曉星、阿不都日衣木·肉斯台木江《敦煌莫高窟第 152 窟初探》(《敦煌研究》2023 年 4 期)對莫高窟第 152 窟進行實地調查,對洞窟營建與重修情況進行了系統梳理,並對現存的回鶻風格壁畫與回鶻文題記進行解讀,此窟隱藏於後甬道的不成熟的回鶻風格壁畫的出現,似乎也暗示了從吐魯番地區傳來的高昌回鶻藝術形式在這時剛剛流入敦煌。

陳凱源《圖像的轉變與重構:敦煌“佛陀波利與文殊老人”圖像研究》(《中國美術研究》2023 年 2 期)梳理出敦煌“佛陀波利與文殊老人”圖像的兩種表現形式,認爲圖像表現形式轉變應與 10 世紀後半葉開始的佛教藝術重構運動有著密切關係,圖像重構的現象亦體現出西夏時期佛教藝術複雜多變的一面。高晏卿《敦煌莫高窟唐代裝飾紋樣探析——以尊像頭光寶相花中的對葉形紋樣爲例》(《中國宗教》2023 年 7 期)發現敦煌莫高窟唐前期洞窟壁畫中現存對葉形紋樣實例衆多,特別是在尊像頭光寶相花中對葉形紋樣表現形式極爲豐富。李國、沙武田、王海彬《莫高窟第 465 窟曼荼羅八大屍陀林圖像志》(《絲綢之路研究集刊》第十輯)以圖像志的形式對莫高窟第 465 窟八大屍林圖像進行介紹,認爲其是研究藏傳佛教美術八大屍林圖像最完整、最珍貴的文物遺存之一。李薈《佛國祥瑞:唐五代敦煌壁畫中的“勝”形飾》(《藝術設計研究》2023 年 6 期）提到"勝"作爲一種裝飾在中國歷史上已經綿延千年，並且衍生出豐富的内涵。李昀《莫高窟 220 窟新樣文殊像粉本流傳脈絡新解——敦煌所見長安畫樣個案研究》（《西域研究》2023 年 4 期）探討了 220 窟新樣文殊像的畫樣引進、區塊更新問題，並對其追本溯源。馬莉《敦煌石窟晚唐以降素馨花花鬘圖像考》（《敦煌研究》2023 年 1 期）從佛教典籍所載花鬘者"天竺多用蘇摩那花"入手，考證出蘇摩那花即素馨花。並將敦煌石窟壁畫晚唐以降的花鬘圖像與自然界中的素馨花進行對比，認爲圖像花鬘就是素馨花花鬘，對此類花鬘圖像在五代、宋時期的敦煌石窟壁畫中大量出現的原因進行探討。史忠平、石自良《從"試慈神祇"到"獵殺工具"——敦煌壁畫中的"鷹"圖像研究》（《南京藝術學院學報》2023 年 5 期）闡述了敦煌石窟中鷹圖像的基本面貌、鷹畫圖式的表達與傳播、鷹由"試慈神祇"到"獵殺工具"的内涵轉變及其與我國翎毛畫的關係等一系列問題。

姚志薇《敦煌莫高窟第 254 窟薩埵舍生飼虎（北魏）》（《石窟與土遺址保護研究》2023 年 1 期）以莫高窟第 254 窟主室南壁的《摩訶薩埵本生》爲研究對象，認爲畫家以高超的綫描、暈染技巧對故事情節佈局、構圖處理、色調佈置等進行了精心經營，達到"意美以感心、形美以感目"的美學境界。張元林《來自西亞的"神聖性"象徵——莫高窟第 249 窟凸形雉堞的圖像探源》（《敦煌研究》2023 年 4 期）通過對莫高窟第 249 窟窟頂西披所繪的天宮建築城牆上的凸形雉堞圖案進行研究後認爲，其完全模仿了西亞地區的神廟、宮殿建築上特有的上下二方連續的凸形雉堞形式，其直接的圖像來源是西亞—波斯地區，推測粟特人也可能參與了該窟的營建。彭漢宗《西夏敦煌水月觀音像中山石風格演變與圖式探析》（《美術觀察》2023 年 7 期）對敦煌水月觀音像中太湖石圖式的源流和演變進行探究，認爲其充分體現了西夏民族從被動接受中原審美觀到主動培養本土審美觀的歷史性轉變，西夏民族自主建設出了一套獨立於中原宋王朝之外的審美體系。

經變畫方面。焦樹峰《儀式與背景：基於莫高窟第 148 窟藥師經變的視角觀察》（《西夏研究》2023 年 1 期）認爲莫高窟第 148 窟藥師經變爲瞭解盛唐時期敦煌地區的藥師道場及藥師法會提供了圖像參考，同時也是對唐蕃戰爭背景的一個側面反映。李静傑《敦煌石窟經變畫發展情況的總體觀察》（《敦煌研究》2023 年 4 期）總結了敦煌石窟經變畫的基本變化情況以及組合情況，認爲敦煌石窟經變畫反映了以净土信仰爲主，上求菩提思想爲輔，將下化衆生思想作爲必要補充的設計邏輯。梁尉英、梁旭澍《莫高窟的賢劫千佛誕生變——從第 197 窟所謂的多子塔説起》（《敦煌研究》2023 年 4 期）論證了莫高窟第 197 窟主室西壁佛龕帳門南北兩側中唐繪製的壁畫非多子塔，應是賢劫千佛從蓮花中誕生的本生變,對敦煌佛教史乃至中國佛教史、佛教美術史等具有史料價值和研究價值。龍忠、陳麗娟《隋唐時期敦煌壁畫中山水畫的嬗變——以彌勒經變爲例》(《中國美術研究》2023 年 2 期)以敦煌壁畫中的彌勒經變爲綫索,分別從隋代敦煌壁畫山水畫藝術範式的轉變、唐代中後期敦煌壁畫中水墨山水興起和山水畫審美範式的轉變,分析隋唐時期敦煌壁畫中山水畫的嬗變。魏健鵬《北朝、隋至唐前期敦煌維摩詰經變空間結構的演變》(《絲綢之路研究集刊》第十輯)嘗試對不同時期維摩詰圖像中毗耶離城方丈室内、方丈室外、諸佛國土三個板塊内部以及板塊之間關聯度和演變過程進行梳理,以有助於更好地認識維摩詰圖像在不同時空的發展演變過程,並期望能爲該類圖像的分析方式提供借鑒。

紙畫、版畫方面。葛承雍《帝后禮佛圖:大唐石刻綫畫與敦煌紙墨畫稿》(《敦煌研究》2023 年 1 期)利用近年新出的大唐帝后禮佛供養綫刻畫和斯坦因劫走的敦煌晚唐帝后禮佛紙墨畫稿,進行對比研究,並結合在敦煌壁畫中多次出現的帝王形象,揭示了皇權統治者的形象對宗教藝術表現的深刻影響。馬德、胡發強《敦煌出雕版墨印填色版畫芻議》(《敦煌研究》2023 年 4 期)指出敦煌莫高窟藏經洞出土的美術品中有一定數量的雕版印畫,其中的幾幅墨印填色者,以獨存的填色《大悲救苦觀音菩薩》色彩最爲豐富和完整;敦煌填色版畫是中國套色版畫的先聲,也是影響日本浮世繪的中國版畫藝術淵源,在世界美術史上具有重要的意義和作用。

造像藝術方面。[日]八木春生著,牛源譯《敦煌莫高窟唐前期諸窟造像的形式變遷》(《敦煌研究》2023 年 4 期)以初唐前期(唐前期第 1 期洞窟)至盛唐後期(唐前期第 4 期第 2 類洞窟)的代表性洞窟爲例,分析了敦煌莫高窟初唐(唐前期第 1 期洞窟和第 2 期洞窟)和盛唐(唐前期第 3 期洞窟和第 4 期洞窟)諸窟造像各自的形式特點,可知敦煌莫高窟唐前期造像不斷地受到中原(長安)新的流行樣式、形式的影響。郭俊葉《莫高窟第 161 窟中心佛壇上塑像及相關問題考》(《敦煌研究》2023 年 3 期)對莫高窟第 161 窟中心佛壇上兩身塑像進行研究,認爲第 161 窟中心佛壇上現存的兩身塑像不具備吐蕃服飾因素,並對此窟的主尊、年代、窟主等相關問題進行重新探討。陳菊霞、馬丹陽《莫高窟第 254 窟五佛、白衣佛和八佛題材考辨》(《故宫博物院院刊》2023 年 6 期)對第 254 窟中心柱五佛、西壁的白衣佛和南北壁的八佛組合題材作進一步的辨析和考證,認爲中心柱五佛是現在賢劫千佛之前五佛,即賢劫四佛加彌勒佛;白衣佛是現在賢劫千佛的"代言人";八佛是過去七佛+彌勒佛的組合造像。陳培麗、寧强《莫高窟第 428 窟影塑千佛相關問題考述》(《敦煌研究》2023 年 1 期)在分析影塑千佛佈局與構成情況的基礎上,探討了莫高窟第 428 窟的影塑千佛的性質和功能,認爲該影塑千佛與西壁五塔圖中央大塔上層的白衣佛構成三世三千佛,其在第 428 窟中的造作與北朝時期僧尼坐禪觀像和僧俗信衆禮拜供養三世三千佛的活動有密切關係。焦樹峰《净土選擇與現世救渡——莫高窟第 172 窟營建理念探析》(《絲綢之路研究集刊》第十輯)從敦煌石窟造像思想的角度,結合全窟造像及盛唐時代背景,對第 172 窟造像及其營造理念作出探究。楊懷彦、楊文博《莫高窟一佛二弟子造像組合在北周出現的歷史背景與淵源探究》(《蘭州文理學院學報》2023 年 6 期)簡述了北周一佛二弟子塑像的概況,對二弟子造像在北周出現的歷史背景及淵源等相關問題進行研究。張小剛《再談唐代倚山立佛式"聖容像"——從開元二十五年賈元封等八人造玉石聖容像談起》(《敦煌研究》2023 年 4 期)發現敦煌石窟中涼州番禾縣聖容像的標準形象是右臂直垂於體側,右手掌心朝外作與願印,左手於胸前握袈裟衣角,身後表現山岩的立佛造像。

敦煌樂舞方面。史敏、秦堃洲《敦煌舞蹈教程:伎樂天男子舞蹈形象呈現》(文化藝術出版社)以敦煌男性伎樂、天王、力士金剛等樂舞形象爲研究對象,以宗教典籍、實地考察等研究方法,研究男性樂舞的舞姿及動作規律,對敦煌地區的舞蹈文化作了詳盡的研究與探討。史敏、蔡均適、陳奕寧《反彈琵琶舞探源與創新》(《敦煌研究》2023 年 2 期)基於對反彈琵琶舞姿形象多年的理論研究與舞蹈實踐,提出"反彈琵琶源爲舞"的基本觀點。關櫻麗《敦煌石窟世俗樂舞的三重敘事語境》(《西部文藝研究》2023 年 3 期)借鑒圖像學經驗,分別從敦煌石窟世俗樂舞的圖像、文本、當代遺存與舞臺創演的三個緯度進行探討,梳理出敦煌石窟世俗樂舞的獨特的話語表達。吳亞萍《論〈蘇幕遮·五臺山曲子六首〉在敦煌的表演形態》(《五臺山研究》2023 年 4 期)對《蘇幕遮·五臺山曲子六首》在唐代敦煌的具體演唱形態加以考察,認爲其主要在佛教節日行像節上演出,表演者是軍隊樂營、官府樂營或寺屬音聲人,以戴"渾脱"、踏歌的形式邊歌邊舞,實際上是禮佛活動與百姓娛樂、禳災行爲的結合。林素坊、李小榮《敦煌舞譜"節拍型"新解》(《敦煌研究》2023 年 2 期)以 P.3501《南歌子》《鳳歸雲》爲例,對敦煌舞譜節拍類型進行研究,解析了提示詞節拍與舞容對應規則。

靳昊、汪雪《文化融合視野下的敦煌藏傳佛教壁畫舞姿研究》(《北京舞蹈學院學報》2023 年 2 期)總結出藏傳佛教壁畫舞姿以"開胯式"的腿姿與誇張的"三屈式"身姿爲顯要特徵,對其源流進行追溯,凸顯了中國藏傳佛教圖像持樂舞蹈的特色,爲研究西夏至元代敦煌與周邊地區的宗教樂舞、相關禮儀及文化交流,提供了重要的圖像史料。汪雪、朱建軍《敦煌石窟長袖舞圖像流變考》(《敦煌研究》2023 年 6 期)在追溯敦煌壁畫中長袖舞圖像淵源的基礎上,探究長袖舞圖像演變與壁畫題材之間的互動關係以及人口、政治因素對長袖舞圖像流變的影響。李想、李婷婷《敦煌莫高窟 156 窟高句麗樂舞圖像遺存與創造性轉化研究》(《絲綢之路》2023 年 1 期)從時間脈絡、動作特點、服飾型制等方面出發,運用了多種方法,例如圖像研究、文獻分析等,對敦煌莫高窟第 156 窟《宋國夫人出行圖》中的高句麗樂舞圖像遺存進行了綜合考釋,突出了敦煌壁畫在當今學術研究中的實踐價值,及其對中華傳統文化的傳承發展具有的重要意義。

敦煌書法方面。竇永鋒《從書刻傳拓探微唐代碑刻書法的審美崇尚——以敦煌遺書之唐碑拓本爲研究載體》(《西冷藝叢》2023 年 6 期)以敦煌遺書之唐碑拓本遺存爲探究載體,重新釐清唐代碑刻書法的審美崇尚與書刻情境,尋繹出更多的書法文化審美史實,進而對唐代碑刻書法特有的“原生態”性質作出有益補充。黃衛《敦煌署書研究——隸書篇》(《敦煌研究》2023 年 2 期)試舉實例對敦煌隸書中的署書進行論證,糾正書法家們多稱“大字榜書”的情況,對其含義類型進行考辨。李逸峰《從敦煌寫本橫向筆形看楷書字體演變》(《書法研究》2023 年 1 期)探究了漢字書寫中用筆方式的變化與特定筆形的出現與形成,並從書寫的角度出發,以敦煌寫本爲中心,兼及相關參照樣本,具體研究橫向筆形相關參數在楷書字體演變中的變化,考察了楷書形成的大致過程與部分規律,並認爲橫向筆形順鋒起筆是對隸書字體的破壞。秦田田《淺談敦煌漢簡中關於隸書的發展演變——以〈習字觚〉〈奏書〉爲例》(《西冷藝叢》2023 年 6 期)從敦煌漢簡中選取兩種不同的隸書簡,對這兩種隸書簡的書寫特點與風格、發展中出現的問題進行分析,進而討論敦煌漢簡在隸書發展演變過程中所體現出的一些問題。

八、考古與文物保護

本年度有關考古與文物保護的研究涉及石窟考古、遺址與文物考古以及石窟與文物保護方面。

石窟考古方面。吳雪梅、沙武田《莫高窟北區元代瘞窟 B121 窟死者身份考》(《敦煌研究》2023 年 3 期)結合 B121 窟隨葬遺物判定該洞窟的年代及死者身份,對進一步研究闊王家族佛教信仰、闊王家族在莫高窟的活動、元代北區石窟屬性、闊王家族喪葬習俗、元代河西墓葬考古等有所助益。楊富學《莫高窟第 61 窟甬道由元末西夏遺民重修新證》(《敦煌研究》2023 年 4 期)指出敦煌莫高窟第 61 窟被多數學者認定爲西夏窟,其主要依據在於該窟出現夏漢合璧僧人題記和西夏裝僧人畫像,而作者駁斥了這一觀點,並藉助西夏助緣僧像覆蓋於蒙古文題記之上這一證據,證明莫高窟第 61 窟甬道壁畫爲元代之物。龍忠《敦煌莫高窟第 332 窟主尊定名考》(《中國美術》2023 年 3 期)結合莫高窟第 322 窟的碑文,對洞窟造像進行了比對分析,認爲主室主尊造像爲縱三世佛。[日]百橋明穗、王雲《敦煌莫高窟隋代洞窟及其開鑿背景研究——基於寫經與題記》(《敦煌研究》2023 年 4 期)利用寫經題記,重新考察了莫高窟隋代洞窟的開鑿背景,以進一步準確把握隋代佛教美術動態。王海彬、李國《甘州史小玉敦煌莫高窟漫題輯考——兼談史小玉並非元末之畫工》(《形象史學》第二十五輯)對甘州史小玉在敦煌莫高窟留存的墨書漫題作輯錄考釋,並對史小玉並非元末之畫工加以考證,認爲甘州史小玉僅爲到過敦煌莫高窟朝聖巡禮的一名信衆,而題記也只是隨手題寫。

　　遺址與文物考古方面。甘肅省文物考古研究所、甘肅簡牘博物館《敦煌懸泉置遺址:1990—1992 年田野發掘報告》(文物出版社)對懸泉置遺址的考古發掘情況做了詳細的介紹,首次揭示出了漢代郵驛傳舍建築的佈局、結構,並獲取了有關郵驛制度的大量文獻資料,對研究漢代考古和漢代絲綢之路具有重大意義。常燕娜《敦煌懸泉置出土古紙考述》(《絲綢之路》2023 年 1 期)認爲敦煌懸泉置出土的漢代古紙展現出我國古代造紙技術從早期澆紙法逐漸改良爲抄紙法、從最初用於物品包裝逐漸成爲書寫材料的發展趨勢。郭俊葉《敦煌三危山老君堂小塔及相關問題》(《敦煌學輯刊》2023 年 1 期)對老君堂內西側的一座古代小塔以及老君堂溯源問題做相關調查與研究,釐清了小塔的概況及年代問題。李琴《敦煌祁家灣西涼畫像磚題材佈局及影響》(《敦煌研究》2023 年 6 期)對敦煌祁家灣西涼 M369 畫像磚的圖像組合進行分析和考證,進而探究其對北魏墓葬壁畫佈局的影響。徐浩《據點勘記判定藏經洞寫卷原貌》(《浙江大學學報》2023 年 9 期)利用古代清點者書寫在敦煌卷子背面的點勘記,歸納出藏經洞開啓前後寫卷外部形態變化的五種類型,並判定藏經洞開啓前敦煌寫卷的原貌。陳麗萍《重識〈西域出土古文書片〉》(《殷都學刊》2023 年 3 期)關注到近年來拍賣市場上較多出現的日本散藏敦煌文書這一"回流"現象,對九件敦煌文書殘片進行分析。鄭玉彤、李雪龍等《多特徵融合的敦煌古籍殘片自動綴合》(《中國圖象圖形學報》2023 年 8 期)面對現存的敦煌遺書大多爲殘片殘卷,給整理和研究帶來了極大困難的現狀,提出基於分層模型的數字圖像綴合方法,能有效完成古籍殘片綴合任務,提升研究人員的綴殘效率。

　　石窟與文物保護方面。善忠偉、崔强等《莫高窟壁畫彩塑表面降塵調查研究》(《文物保護與考古科學》2023 年 1 期)通過對莫高窟壁畫彩塑表面降塵進行收集,分析降塵粒徑分佈、化學組成、顯微形貌、可溶鹽含量等理化性質,進而研究降塵對莫高窟壁畫彩塑的影響。研究的結果爲莫高窟壁畫彩塑預防性保護提供基礎資料。王順仁、李紅壽等《敦煌莫高窟 B113 窟水分蒸發特徵與形成機理》(《文物保護與考古科學》2023 年 4 期)對敦煌莫高窟 B113 窟的蒸發數量和特徵進行了 5 年的監測,揭示了洞窟水分蒸發機制,爲今後洞窟微環境的調控和壁畫預防性保護提供了理論基礎和科學依據。王進玉、羅華慶《敦煌藝術研究所製定的石窟研究和臨摹壁畫及攝影管理辦法》(《敦煌研究》2023 年 6 期)對常書鴻主持製定並實施的多項保護、管理石窟及其壁畫等文物的規約進行介紹,認爲這些規約在當時及以後的壁畫臨摹和考察活動中對石窟文物的保護管理起到了重要作用。

更多石窟與遺址保護的成果由《石窟與土遺址保護研究》刊發。如趙金麗、崔强等《莫高窟第 55 窟壁畫製作材料和工藝分析》(《石窟與土遺址保護研究》2023 年 2 期)結合 X 射綫螢光光譜、掃描電鏡—能譜、偏光顯微觀察、激光粒度儀、X 射綫衍射和熱裂解—氣質聯用等多種分析方法,選取甬道重層壁畫爲典型代表,對其製作材料和工藝進行綜合分析,爲古代壁畫製作材料和工藝的分析提供方法參考,同時給壁畫保護修復提供了材料信息。殷志媛、于宗仁等《不同調膠濃度下莫高窟壁畫顏料顆粒度與病害關係研究》(《石窟與土遺址保護研究》2023 年 3 期)以莫高窟常見的兩類礦物顏料石青和石綠爲研究對象,通過室内模擬老化實驗,探究了莫高窟壁畫在自然因素侵蝕作用下的多種病害原因,對敦煌壁畫保護工作有著重大幫助。丁曉宏、羅毓顒等《敦煌壁畫數字圖像彩色復原方法研究——以莫高窟第 220 窟北壁剥落的表層壁畫爲例》(《石窟與土遺址保護研究》2023 年 3 期)以羅寄梅夫婦於1943 年到莫高窟拍攝的第 220 窟北壁壁畫黑白圖像爲例,利用計算機影像處理技術進行色彩和内容的復原,再現被剥落前的精美壁畫内容。丁小勝、吴健等《石窟寺大幅曲面壁畫數字化誤差控制方法研究——以莫高窟第 148 窟窟頂爲例》(《石窟與土遺址保護研究》2023 年 3 期)以莫高窟第 148 窟窟頂大幅曲面壁畫的數字化工程實施爲例,探究如何通過運用三維掃描技術和二維圖像拼接技術的高度融合方法,在保證精度和色彩還原的前提下,利用三維掃描獲取的三維模型資料,結合多元化的技術手段,有效地控制圖像拉伸和形變程度,提高大幅曲面壁畫的數字化成果品質。

九、少數民族歷史語言

本年度少數民族歷史語言研究的成果涉及多個方面,包括古藏文、回鶻文、突厥文、粟特文等研究成果。

古藏文文獻研究方面。高田時雄《PT1249 藏文音寫四分律抄斷片》(《敦煌研究》2023 年 5 期)認爲法藏 PT1249 號爲吐蕃統治敦煌時期的藏漢對音殘片,其内容是式叉摩那受大戒時所使用的問答的一部分,除了起首的導言外,作白的語句均是抄録自《四分律・比丘尼揵度》。對這一殘片進行研究除了豐富我們對敦煌佛教的實際情況的認識之外,也加深了我們對敦煌語言文字的理解。吉西次力《敦煌藏文寫卷 P.T.972 文本考釋及内容對勘》(《西藏研究》2023 年 5 期)針對學者以前均未關注過的 P.T.972 號寫卷的傳世本《聖樹木經》問題,在總結前人研究的基礎上,梳理了歷史上藏族學者對《聖樹木經》疑偽問題的討論,並將其與敦煌藏文 P.T.972 和 P.T.950 號寫卷進行對勘,認爲 P.T.972 應是譯自漢文的疑偽經。唐露恬《法藏敦煌藏文文獻〈大般涅槃經〉定名考》(《西藏研究》2023 年 4 期)對《法藏敦煌藏文文獻》中的《大般涅槃經》定名有出入的部分進行内容上的重新考證並定名,爲後續相關佛經專題研究提供準確的資料。新巴・達娃扎西《P.T.999 號敦煌古藏文寫卷再探》(《西藏研究》2023 年 1 期)對 P.T.999 號敦煌古藏文寫卷進行重新識別、勘正、整理、重譯,可促進敦煌古藏文文獻研究的良性互動和發展。楊志國《敦煌藏文寫本〈寶雲經〉版本新探》(《敦煌研究》2023 年 2 期)分析了 10 件敦煌藏文《寶雲經》寫卷的物質形態、書寫風格、辭彙文法,可知藏譯本《寶雲經》在敦煌本地較爲流行,且各寫卷抄寫時間有前後之别。宗喀・漾正岡布、李世福《敦煌藏譯〈大通方廣經〉版本探微——以吐蕃文獻 Pt92/1、200、201、ITJ207、205 爲中心》(《世界宗教研究》2023 年 2 期)重點考察藏譯《大通方廣經》的《甘珠爾》收録本及現存 5 個編號的敦煌寫本基本情況,並對諸譯本間的關係作系統梳理,同時也就藏譯本的題名、譯者、譯語等問題展開討論,期冀以此管窺在吐蕃時期,藏譯漢文佛典在譯語使用、譯者等方面的一些基本情況,鈎沉漢藏佛教深度交流交融的重要史實片段。趙蓉、堪措吉等《莫高窟第 205 窟中唐補修新探——以莫高窟第 205 窟西壁新識讀的古藏文祈願文爲中心》(《敦煌研究》2023 年 1 期)首次解讀出第 205 窟西壁北部的一條古藏文題記,考證其爲 9 世紀上半葉的一篇反映佛教造像功德活動的古藏文祈願文,加深了我們對第 205 窟在中唐吐蕃統治時期補修情況的一些新認識。

利用敦煌古藏文文獻研究吐蕃歷史方面。巴爾卡・阿貴、格桑玉珍《敦煌出土吐蕃歷史文獻 P.T.1288"扎之夏熱"地名考——以〈世界境域志〉吐蕃史料爲中心》(《石河子大學學報》2023 年 5 期)以前賢之研究爲基礎,結合實地調研所得材料、《世界境域志》以及各種藏文歷史文獻等,以目前西藏中部實際地名爲准,提出了"扎之夏熱"位於今拉薩北部林周境内的學術觀點。焦麗娜、楊銘《敦煌本〈吐蕃大事紀年〉763 年"陷京師"記事探討》(《敦煌學輯刊》2023 年 4 期)把梳了相關漢藏文獻,逐條對照,釐清了吐蕃進軍唐朝長安的事件,還原了歷史的真相。索南才讓《從敦煌藏文寫卷看金城公主對吐蕃佛教的貢獻》(《西藏民族大學學報》2023 年 5 期)根據敦煌藏文寫卷並參考藏文史籍,梳理出金城公主請求贊普同意接納于闐難僧,建造廟宇安置,提供生活物品,組織人員譯經,囑託隨侍出家的事蹟,及通過這些具體行動影響贊普採取措施興佛,推動吐蕃佛教發展之貢獻。楊銘《坌達延非吐谷渾小王考辨——以敦煌本〈吐蕃大事紀年〉爲中心》(《中國藏學》2023 年 4 期)借助相關藏漢文獻,對"達延"或"坌達延"與附蕃的"吐谷渾王"是否出自同一世系進行再探討。楊銘《敦煌本〈吐谷渾大事紀年〉與"莫賀吐渾可汗"》(《山西大學學報》2023 年 2 期)結合近年來青海出土的吐谷渾墓葬資料,對敦煌本古藏文《吐谷渾大事紀年》文書的成因、年代和主要人物"莫賀吐渾可汗"等重新進行考釋,有助於推進吐谷渾與唐朝、吐蕃關係史的深入研究。陸離《敦煌藏文P.T.1082 甘州回鶻登里可汗詔書研究》(《西藏研究》2023 年 4 期)譯釋敦煌藏文文書 P.T.1082,並對文書的年代,收信者,文書中涉及的地名、職官等進行考證,爲研究甘州回鶻史和晚唐五代河隴地區吐蕃等部族史提供了重要史料。

回鶻文方面。吐送江·依明、阿不都日衣木·肉斯台木江《敦煌莫高窟第 9 窟回鶻文題記釋讀》(《敦煌學輯刊》2023 年 2 期)以敦煌莫高窟第 9 窟保留的回鶻文榜題和題記爲研究對象,重點對第 9 窟主室南壁勞度叉鬥聖變榜書欄的八行回鶻文發願文進行釋讀,認爲其以回鶻文草書體書寫,體現出晚期回鶻文的特點。吐送江·依明、阿不都日衣木·肉斯台木江《敦煌研究院舊藏回鶻文〈大乘無量壽宗要經〉殘卷研究》(《敦煌吐魯番研究》第二十二卷)對敦煌研究院舊藏三葉回鶻文刻本《大乘無量壽宗要經》殘卷進行釋讀、研究,指出此三葉殘卷皆爲木刻本,並有婆羅謎文注釋。西仁娜依·玉素輔江《敦煌出土回鶻文〈阿毗達磨俱舍論實義疏〉文本特點研究》(《敦煌學輯刊》2023 年 4 期)對收藏於倫敦大英圖書館的《阿毗達磨俱舍論實義疏》回鶻文寫本研究情況進行介紹並對文本特點進行分析,指出在回鶻文版本中出現了許多夾雜的漢字,同時也出現了大量的漢語和梵語借詞,充分説明在回鶻人的宗教生活中,漢語和梵語佛教文獻佔據了非常重要的位置。張鐵山、阿依達爾·米爾卡馬力《敦煌研究院舊藏一葉〈妙法蓮華經玄讚〉寫本殘片研究》(《敦煌吐魯番研究》第二十二卷)對敦煌研究院舊藏一葉回鶻文《妙法蓮華經玄讚》寫本殘片進行釋讀,認爲其在回鶻文佛教文獻中具有特殊位置。楊富學、丁小珊《語言文字視域下的元代敦煌民族文化認同》(《民族學論叢》2023 年 4 期)通過對敦煌莫高窟北區出土文獻、洞窟題記、碑刻中回鶻文、古藏文、西夏文等民族語言文獻的整理研究,可以看出元代的敦煌民族成分極爲複雜,不同民族與不同文化間呈現出明顯的文化認同現象。

突厥文方面。乃日斯克《敦煌古突厥文〈占卜書〉的文化特點研究》(《內蒙古民族大學學報》2023 年 2 期）闡釋了敦煌古突厥文《占卜書》的古代文化特點，以戰爭文化和狩獵習俗、具有阿爾泰語系民族薩滿教典型意義的白馬形象、巨鳥形象、烏鴉形象等作爲切入點，與阿爾泰語系諸民族，尤其是突厥語諸民族和蒙古民族的歷史文獻記載、民間故事、英雄史詩的相關内容進行比較，深入探討寫本反映的文化特點和文化融合脈絡。

粟特文方面。陳瑞翾《〈究竟大悲經〉新考——兼論 P.2020 粟特文殘卷之性質》（《中華文史論叢》2023 年 4 期）基於出土文獻對《究竟大悲經》進行研究。雖然這部僞經已失傳，但歷史上曾經有廣泛而深遠影響的文本流傳。在梳理漢文殘卷與引文的基礎之上，陳文試圖對粟特文殘卷的性質提出新的假説，即 P.2020 爲粟特文《究竟大悲經》抄。

十、古　　籍

本年度古籍整理與研究涵蓋儒家經典、敦煌類書等方面。

儒家經典方面。許建平《敦煌本〈左傳〉寫卷的學術價值》（《敦煌研究》2023 年 5 期）利用敦煌本《左傳》證實了文獻記載的隋唐時期杜注《左傳》一統天下的局面，據之還瞭解了杜預《春秋左氏經傳集解》的書寫格式、《春秋正義》原本之書寫格式、《左傳》寫本所反映的敦煌教學情況等問題。陳樹《古寫本〈尚書〉與羅振玉的學術貢獻》（《湖南大學學報》2023 年 4 期）指出：清理《尚書》歷代文本形態和異文及其傳承關係，成爲《尚書》學的重要命題之一；羅氏運用二重證據法、“東”“西”古本合璧、出土與傳世文獻互證的學術理念，探尋文字源流，校訂異文訛誤，鈎稽文本聯繫，考辨文本真僞，取得超邁前賢的成績，有力推動了《尚書》研究方式的近代轉型。黃繼省《關於〈古文尚書音義〉竄改離厄的分析與思考——以敦煌殘本〈堯典釋文〉與今本的異同比較爲例》（《樂山師範學院學報》2023 年 7 期）通過敦煌寫本《古文尚書音義·堯典》殘卷與今本釋文的比較，分析其離厄竄改的原因、概況、所依據的原則及其影響等，並對《古文尚書音義》的整理提出幾點思考。唐亮《從敦煌〈毛詩〉寫卷看清儒校勘經典的得失——以陳奐〈詩毛氏傳疏〉爲例》（《敦煌研究》2023 年 6 期）以陳奐《傳疏》核諸敦煌《毛詩》寫卷，參以安大簡等其他金石簡帛文獻，從文字史及經學文本嬗變等角度加以綜合考察，辨析《傳疏》在校勘《毛詩》經傳上的得失，可對今人如何利用敦煌寫卷及清人的校勘成果提供一些啓發和例證。

敦煌類書方面。劉全波、郝琳俐《敦煌寫本類書〈語對〉與唐詩創作》（《古籍整理研究學刊》2023 年 6 期）考察了《語對》與唐詩創作之關係，分析了類書之内容與唐詩之文字高度重合之緣由，認爲《語對》的妙處是辭藻的堆砌,《語對》就是"粗糙的詩",《語對》等類書内容的經典化與唐詩創作的模式化相互浸潤,遂導引出唐詩的大繁榮。劉全波、曹丹《類書與科學的互動交融——以敦煌寫本〈語對〉爲中心》(《敦煌學輯刊》2023 年 1 期)以敦煌寫本類書《語對》爲例,考察唐代類書與科舉之間深層次的聯繫,認爲《語對》等類書中具有被科舉考試所考察的知識,展現了《語對》等類書對人格塑造與道德培養的作用。曹丹《俄藏敦煌寫本 Дх.11654〈略出籝金〉研究》(《敦煌研究》2023 年 6 期)指出 Дх.11654 與 P.3650 同屬《籝金》系類書中的《略出籝金》寫卷,可定名爲《略出籝金·佛法篇第册八》,補充了學界對俄藏《籝金》寫卷瞭解甚少的情況。高静雅、張平仁《敦煌本〈文場秀句〉"事文兼采"編撰體例考察》(《首都師範大學學報》2023 年 1 期)認爲敦煌本《文場秀句》主要採用了類書的編撰方式,從此角度入手結合隋唐時期類書編撰的特點,探討其"事文兼采"編撰體例的來源與發展情況,以及其與輯"事"之《藝文類聚》、録"文"之《文選》之間的關係。

十一、科　　技

本年度敦煌學科技研究的成果主要集中在敦煌醫學、曆法與數學方面。

敦煌醫學方面。趙劍波、李應存等《敦煌醫學經卷中毒性本草研究》(《中國民族民間醫藥》2023 年 15 期)通過整理敦煌醫學中毒性本草内容,瞭解了漢末至五代時期中醫對毒性本草記載特徵,分析了敦煌醫學中毒性本草的運用特點。指出敦煌醫學卷子中體現了該時期醫家對毒性本草的運用採取積極的態度,用毒、防毒、減毒、解毒思想已經出現並逐漸完善,可爲現代中醫在臨床上運用毒性本草提供有價值的參考。李廷保、薛欣、楊鵬斐《敦煌〈輔行訣〉温陽"角藥"應用擷菁》(《中國民族民間醫藥》2023 年 12 期)對敦煌《輔行訣》中乾薑——附子角藥的臨證配伍應用進行探析,爲臨床處方用藥提供了寶貴的參考價值。梁永瑞、李應存、田雲夢《酒劑在敦煌醫學卷子當中的應用》(《中國民族民間醫藥》2023 年 11 期)依託敦煌地區獨特的酒文化,結合古代醫學典籍,對敦煌醫學卷子當中所載酒劑的功效、製作方法、服用劑量等進行考證,以便更好地傳承中醫酒文化。王亞麗《敦煌寫本雜抄醫方考源——以 P.3596 爲例》(《中醫藥文化》2023 年 3 期)認爲 P.3596 中有 73 方與《醫心方》中的 83 方具有極高相似度;敦煌寫本連續抄録的醫方,《醫心方》也連續徵引,這種情況見於多處,絶非偶然,佐證了二者同源。岳亞斌、張田芳《敦煌壁畫中的蜀葵:從藥用到禮佛》(《敦煌研究》2023 年 2 期)指出蜀葵入於石窟,不惟其花本身之高大、筆直、花色嬌豔,更重要的因素在於蜀葵本身的藥用功能。尤其是永徽四年,蜀葵用於治療早期天花,療效甚好,故而被賦予復生與禳災之意蘊。同時,密教文獻中也多次提到建壇城時用蜀葵擦拭,盡顯其藥用功能。因此蜀葵由藥用而成爲禮佛的供品,是石窟壁畫的一種稀見現象,應引起關注。

曆法與數學方面。鄧文寬《對兩份敦煌殘曆日用二十八宿作注的檢驗——兼論 BD16365〈具注日曆〉的年代》(《敦煌研究》2023 年 5 期)對兩份早期敦煌殘曆日用二十八宿注曆的情況進行檢驗,發現其均有錯誤。鑒於有學者認爲將其中的 BD16365 殘曆日定爲唐乾符四年(877)不是唯一可能,文章用相關曆法知識作了回應,説明唐乾符四年是該殘曆的唯一年代。楊寶玉、劉英華《敦煌漢藏文獻中所存九九表研究》(《中國社會科學院大學學報》2023 年 6 期)梳理了敦煌藏經洞所出漢文和藏文文書中近 20 件九九表的現存狀況與主要特徵,論證了敦煌漢文文書可將對九九乘法表從小到大表述順序出現的可證時間提前至少 200 多年,重申了敦煌文獻對我國古代科技史研究的重要意義。

十二、書評與學術動態

書評方面。郝春文《敦煌吐魯番文獻字詞考釋的里程碑——評〈敦煌文獻語言大詞典〉》(《光明日報》2023 年 5 月 20 日 12 版),認爲《敦煌文獻語言大詞典》具有收録字詞齊全、釋義詳盡準確、編排體例新穎等特點,堪稱敦煌文獻語詞和俗字考釋的一座里程碑。周志鋒《敦煌學研究的一個新的里程碑——讀〈敦煌文獻語言大詞典〉》(《敦煌學輯刊》2023 年 1 期)指出《大詞典》具有五大特點,該書的出版爲敦煌學研究樹起了一座新的里程碑,對促進敦煌文獻語言研究,傳承弘揚敦煌文化必將起到不可低估的作用。劉全波《不斷開啓敦煌學研究的新境界——〈敦煌通史(兩漢卷)〉評介》(《敦煌學輯刊》2023 年 4 期)對《敦煌通史(兩漢卷)》作出評介,認爲該書充分利用傳世文獻、敦煌文獻、簡牘碑銘等各類資料,細緻考究了兩漢時期敦煌的建置沿革、職官體系、軍事制度、重要事件等相關問題,釐清了兩漢時期敦煌歷史的發展脈絡,揭示了兩漢時期敦煌歷史的整體面貌,在不斷開拓敦煌學研究新境界上邁出了穩健的一步。艾比布拉·圖爾蓀、薛文静《敦煌民族史研究的里程碑之作——楊富學等著〈敦煌民族史〉評述》(《吐魯番學研究》2023 年 1 期)從《敦煌民族史》一書的結構特點、創新之處、學術價值三個方面入手,指出該書不僅是敦煌學領域內一部價值非常高的學術著作,且成爲瞭解古代敦煌民族之社會活動、經濟狀況、語言文字、文化藝術和宗教信仰等方面的窗口,對今後的敦煌民族研究具有一定的指導性作用和學術推進意義。柴劍虹《詮釋敦煌大衆文化的力作——讀〈唐宋時期敦煌大衆的知識與思想〉感言》

（《敦煌研究》2023 年 2 期）認爲《唐宋時期敦煌大衆的知識與思想》論題鮮明、材料翔實、論述清晰、結論正確，是一本詮釋敦煌大衆文化的力作。文中對該書論述敦煌大衆文化的主旨、哲學基礎、材料依據以及信仰文化多元一體特徵的歷史作用和現實意義做了闡發。焦樹峰《敦煌西夏石窟藝術研究的無限可能——〈敦煌西夏石窟藝術新論〉介評》（《吐魯番學研究》2023 年 1 期）指出沙武田教授編著的《敦煌西夏石窟藝術新論》一書是對敦煌西夏石窟佛教藝術進行研究的重要著作，不論是對敦煌西夏石窟内容的"重構"，還是構建研究敦煌西夏石窟藝術的方法論，都令人耳目一新，給學界研究敦煌西夏石窟藝術提供了新的參考。武海龍《趙青山著〈6—10 世紀敦煌地區抄經史研究〉》（《敦煌吐魯番研究》第二十二卷）認爲此書充分利用敦煌文書，並結合傳世史料和佛教文獻，探討了 6—10 世紀敦煌地區乃至全國抄經活動的諸多方面，認爲其既有宏觀考察，又有微觀分析，在前人基礎上推陳出新。劉顯與喻忠傑都對《敦煌俗字典》（第二版）進行了評介，指出了第二版相較第一版的進步之處，其是當代敦煌語言文字學研究的重大成果，是通向古代寫本研究的津梁，是敦煌學研究者案頭必備的工具書（劉顯《〈敦煌俗字典〉（第二版）探賾》，《哈爾濱師範大學社會科學學報》2023 年 5 期；喻忠傑《俗字不俗：通向古代寫本研究的津梁——〈敦煌俗字典〉（第二版）評介》，《2023 敦煌學國際聯絡委員會通訊》，上海古籍出版社，2023 年 7 月）。

學術會議方面。2023 年 3 月 24 日至 26 日，武漢大學召開"吐魯番學的回顧與展望學術研討會"，共有 40 餘所研究單位的 80 餘名專家學者齊聚珞珈，共襄盛會，緬懷先賢，繼往開來，在總結百餘年來中國吐魯番學學術歷程的同時，共同展望新時期吐魯番學的發展前景。2023 年 5 月 12 至 15 日，第二屆"敦煌多民族文化的交往交流交融"學術研討會在敦煌莫高窟隆重召開，來自 40 多個單位的 60 餘位專家學者出席了會議，會議圍繞敦煌多民族交往交流交融、敦煌石窟藝術、河西漢簡與中外關係史等主要議題展開，取得了豐碩的成果。此次會議促進了敦煌學尤其是民族歷史文化研究的進展。2023 年 8 月 17 日至 18 日，"傳承與創新：中國敦煌吐魯番學會成立四十周年國際學術研討會"在蘭州大學舉行，此次大會由中國敦煌吐魯番學會、蘭州大學、敦煌研究院、西北師範大學主辦，教育部人文社會科學重點研究基地蘭州大學敦煌學研究所承辦，來自中國、俄羅斯、土耳其等國家和地區的 150 餘位專家學者參加了此次盛會。本次會議從中國敦煌吐魯番學會四十年的發展回顧與未來展望、敦煌吐魯番學的最新學術研究、中國敦煌吐魯番學的學科開拓與發展這幾個主要方面進行了深入研討。2023 年 8 月 19 日，《敦煌研究》編輯部承辦的"《敦煌研究》創刊四十周年暨出版 200 期座談會"在敦煌研究院蘭州院部敦煌藝術館召開。與會專家回顧了《敦煌研究》創刊四十年來的風雨歷程，共同探討了敦煌學研究高地建設與《敦煌研究》期刊發展的新路徑、新舉措。2023 年 9 月 6 日，"敦煌論壇：'敦煌學研究弘揚的世界意義'學術研討會"在敦煌國際會展中心舉行，甘肅省人民政府副省長李剛出席開幕式並講話。此次會議共同探討了國際視野下的敦煌文化研究領域拓展與敦煌文化藝術傳承弘揚等議題。甘肅是簡牘大省，共出土漢簡六萬多枚，與敦煌出土的近七萬件古文獻一樣，蘊藏著豐富的中外關係史資料，彼此相互印證，互爲補充。爲了加強對這些文獻與中外關係史的研究，敦煌研究院和甘肅西北史研究會於 2023 年 11 月 3 至 7 日在敦煌莫高窟聯手主辦了"河西漢簡·敦煌紙文書·中外關係史"學術研討會。2023 年 12 月 15 至 18 日，"敦煌讀書班"百期紀念與絲路文明交流史學術論壇在甘肅省蘭州市隆重召開。這次會議不僅是對"敦煌讀書班"百期成績的充分肯定，還將有力助推敦煌學等相關學科研究的深入發展及研究隊伍的梯隊建設。

敦煌學研究回顧與展望方面。王旭東《敦煌學與故宮學——比較、回顧及展望》(《敦煌研究》2023 年 4 期)將敦煌學與故宮學放在一起進行了比較與思考，從敦煌學與故宮學的研究對象、內涵之比較、學術歷程回顧、前景展望及設想等四個方面做了探討。敦煌學與故宮學皆是高度綜合性的學問，應當從中國文化整體的視角來研究和發展這兩門學科，更應加強基礎研究與綜合研究。鄭炳林《中國古典學與敦煌學》(《國學學刊》2023 年 2 期)認爲就學科研究方法而言，歷史文獻學和西方古典學沒有本質區別，只是研究的視野和側重有所區別。敦煌學實際上應是中國古典學的重要組成部分，敦煌學的研究方法是典型的中國古典學的研究方法，問題意識亦同於中國古典學，敦煌學能夠爲中國古典學學科的建設和發展，及中國古典學研究方法帶來新的有意義的借鑒。鄭炳林《蘭州大學敦煌學研究四十年歷程與展望》(《敦煌學輯刊》2023 年 4 期)回顧了四十年裏蘭州大學敦煌學研究發展的歷程，將其發展歷程總結爲 1979 年至 1998 年的前期發展以及 1998 年至今的全面建設兩個階段，並對蘭州大學敦煌學的發展提出期望。鄭炳林、馬振穎《敦煌碑銘讚類文獻的構成及價值》(《絲綢之路》2023 年 4 期)以敦煌文書中的邈真讚、墓誌銘、修功德記、人物讚文等文獻，加上出土的敦煌相關碑誌文獻爲研究主體，從不同角度重新解讀文本，促進研究的深入。

張小剛《敦煌考古成就與展望》(《光明日報》2023 年 8 月 28 日)對石窟考古、古文化遺址考古、古墓葬考古等方面的成果進行了總結，認爲敦煌考古工作的發展成果必將爲促進敦煌學各方面的研究提供更多的原始資料，對於更好地研究和認識敦煌文化起到重要作用。趙世金、馬振穎《文獻整合與研究範式的轉化：漢唐碑誌與新時期敦煌學研究的展望》(《敦煌學輯刊》2023年 1 期)將漢唐石刻文獻與敦煌學研究結合,認爲碑誌文獻將敦煌區域史納入絲綢之路史、中西交通史、中古社會史的研究範疇,進一步加强了與"長安學""西域史""中亞史"等研究領域的結合,爲敦煌學研究開拓了新視野,進一步促進了敦煌學研究的進步和發展。郭翠紅《英美漢學家對敦煌變文的百年研究和譯介述評》(《外語研究》2023 年 6 期)對一百年來漢學家們在敦煌變文方面的研譯成果進行梳理,並具體分析了韋利、梅維恒等漢學家的譯作特點,指出這些研譯對變文的域外傳播起了重要作用。鍾書林《中國百年學術縮影：百年敦煌文學研究及其反思》(《甘肅社會科學》2023 年 5 期)對敦煌文學研究的百年發展歷程做了回顧,指出敦煌文學百餘年研究中的爭議與分歧,有些也已逐步達成共識,同時走出"就敦煌而說敦煌"的狹小天地,用開放的眼光開展多學科合作等學術理念,逐步成爲當下敦煌學界的共識。黃朝裕、李金田等《敦煌醫學診法類文獻研究概況》(《中國民族民間醫藥》2023 年 2 期)從敦煌醫學診法類現存文獻概況、主要内容及研究述評三個方面,將目前敦煌醫學診法類文獻進行梳理,以期爲今後的研究提供一定的理論依據。劉馨遥、田雲夢、顧曉霞、李應存《敦煌遺書中古藏醫學文獻的研究進展》(《中華中醫藥雜誌》2023 年 6 期)對敦煌遺書中古藏醫學文獻發展情況進行規律提煉,旨在進一步提高國内外學界對敦煌遺書中古藏醫學研究重要性的認識,並爲其後續研究提供理論材料。

紀念文方面。常沙娜《敦煌! 父親的召唤》(中國大百科全書出版社)講述了作者在敦煌的親身經歷和感悟。敦煌是世界著名的藝術寶庫,也是常沙娜的父親曾經工作和生活的地方。通過回憶和故事,作者向讀者展示了敦煌的美麗和獨特之處,同時也表達了對父親的懷念和敬意。馮培紅《師恩：追憶我的老師齊陳駿先生》(甘肅教育出版社)是作者對其老師齊陳駿先生的往事回憶,展示了齊陳駿先生的人格魅力、教育理念和教育成果,同時也反映了作者對老師的感激和敬意。石文《面壁窮經一甲子：施萍婷先生敦煌研究六十年紀念文集》(甘肅文化出版社)收錄了學術界諸多與施萍婷先生有關的紀念文章,是對施萍婷先生在敦煌研究上所做貢獻的肯定,同時展現了敦煌學人的風采。趙聲良《回憶池田温先生》("澎湃新聞"2023 年 12 月 17 日)講述了作者在日本求學期間曾受到池田温先生諸多幫助,讚揚了池田温先生爲學與爲人的崇高品質,認爲他是我們晚輩學習的楷模。榮新江《東國有高士 敦煌結勝緣》("澎湃新聞"2023 年 12 月 25 日)是作者爲剛剛故去的日本著名史學家、敦煌學家池田温先生撰寫的紀念文,回顧了他們之間學術交往的歷史,表達了作者對池田温先生的深切懷念。

2023 年吐魯番學研究綜述

馬昕越　吕　琳(上海師範大學)

2023 年中國大陸地區的吐魯番學研究成果頗豐。據不完全統計,吐魯番學研究專著及相關文集出版 60 餘部,公開發表的相關研究論文 450 餘篇。圍繞本年度的中國大陸地區吐魯番學及相關研究成果,以下分爲概説、歷史、社會文化、宗教、語言文字、文學、藝術、考古與文物保護、少數民族歷史語言、古籍、科技、書評與學術動態等十二類專題擇要介紹如下。

一、概　　説

本年度概括性的研究成果涉及絲綢之路專題研究、西北地區文明與民族研究、吐魯番文書與其他新疆出土文獻的專題研究以及近代西域探險隊研究這幾個方面。

關於絲綢之路研究方面。王子今《漢代絲綢之路文化史》(甘肅教育出版社)結合傳世文獻與出土資料分別從民族文化、物質文化、精神文化等方面考察了漢代絲綢之路的文化交流。王冀青《凱尤佛〈東亞史〉與"絲綢之路"概念的確立》(《敦煌學輯刊》2023 年 3 期)對凱尤佛在李特爾之後、李希霍芬之前 10 次使用 Seidenstrasse("絲綢之路"單數)概念的具體文本做一披露,旨在彰顯《東亞史》在"絲綢之路"概念起源過程中所起到的確定性作用,豐富了絲綢之路概念傳播的歷史內容。張國剛《略論絲路文明史研究》(《絲路文明》第八輯)對絲路文明史的定義、絲路文明史與國外漢學的關聯、研究絲路文明史的方法以及絲路文明研究的下限等四個方面進行了討論。王冀青《論"絲綢之路"概念的起源》(《絲路文明》第八輯)對近代歐洲學者提出"絲綢之路"這一概念的歷史進行溯源考察,認爲其最早爲德國地理學家卡爾·李特爾首創,並對"絲綢之路"這一概念如何從德國影響到英語、法語世界進行考察梳理。

西北地區文明與民族研究方面。劉學堂《青銅時代中國西北交互作用圈》(《中華民族共同體研究》2023 年 1 期)梳理了天山彩陶文化與中國西北青銅冶煉區的中原文化之間交融的過程,加深了我們對中華文化多元一體格局形成過程的認識。徐鋭軍、李文瑛、党志豪《血脈相連　命運與共　新疆考古遺存見證各民族交往交流交融》(《中國民族》2023 年 5 期)從新疆考古文化入手,指出了古代新疆與中原和其他地區交流往來的歷史與宗教文化上的多元共生性。王欣、王添瑞《從西域歷史看中華文明的統一性》(《中國邊疆》2023 年 3 期)從政治、經濟、文化三個方面對歷史上西域與中原内地之間的統一性進行論述。

吐魯番文書與新疆出土文獻整理方面。榮新江《吐魯番的典籍與文書》(上海古籍出版社)以典籍文書的解讀爲出發點,分歷史與地理、文書與碑刻、群書與佛典等幾個方面對吐魯番出土的文書進行研究,並對新出的吐魯番學著作進行評介,使讀者對吐魯番的典籍與文書背後所反映的古代歷史文化能夠獲得更全面、更立體、更形象、更直觀的認識。此外,榮新江在《文史知識》1—8 期中爲我們介紹了海外各國收藏的西域文書與藝術品。榮新江、朱玉麒主編《黃文弼所獲西域文書》(中西書局)以黃文弼的名義,將其採集而分藏各處的文書進行統一編號、再次釋讀、編纂成集,方便學界進一步研究,並以此紀念黃文弼先生誕辰一百三十周年。程存潔《廣州圖書館藏〈吐魯番出土文書〉錄文本朱雷師批注校注内容整理》(《絲路文明》第八輯)對朱雷先生批注校注用的《吐魯番出土文書》進行整理編排。

西域探險隊與考古學家研究方面。蔣小莉《新疆檔案所見德國吐魯番考察隊與中國官府的交涉》(《敦煌學輯刊》2023 年 3 期)通過對《近代外國探險家新疆考古檔案史料》中公佈的有關材料的梳理,分析當時中國官方對外國考察隊的政策態度與造成文物流失之間的關係,以及由此反映出的鴉片戰爭後我國與列强在外交上的不平等,指出德國吐魯番考察隊看似合法遊歷,實則文物掠奪的事實。閆麗《西北史地考察團與西北科學考察團關係考證》(《絲路文明》第八輯)根據相關檔案資料對 20 世紀 40 年代的"西北史地考察團"與"西北科學考察團"之間關係進行梳理,同時揭示了 20 世紀 40 年代我國西北考察活動的歷史背景。昌迪《俄國探險隊在吐魯番的考古考察評述》(《吐魯番學研究》2023 年 1 期)依據探險隊克萊門茨、奧登堡等人的檔案、文書、日記、報道及出版的有關論著,對其在吐魯番地區開展的考古活動詳情給予整理和評述。[俄]迪亞科夫撰,湯超駿譯《伊犁古城遺址之發現》(《吐魯番學研究》2023 年 2 期)記錄了作者在伊犁期間對諸多故城遺址的調查和 1927 年塔勒奇古城遺址的盜掘信息,對我們瞭解 20 世紀初期伊犁地區的文物遺址情況有重要的價值。閆麗《格倫威德爾與勒柯克的衝突探析——以德藏檔案書信爲中心》(《敦煌學輯刊》2023 年 3 期)根據近年公佈的格倫威德爾與勒柯克的信件深入分析兩人產生衝突的原因。戴仁、趙飛宇《寫書評與打筆仗的伯希和》(《吐魯番學研究》2023 年 2 期)爲我們敘述了伯希和的學術生涯與其他學者之間的互動,展示了伯希和在學術文章中不爲人知的一面。[日]白須净真撰,楊柳譯《清朝外務部向第二次大谷探險隊頒發護照及相關研究問題》(《西域文史》第十七輯)根據清朝外務部的檔案對清政府授予日本大谷探險隊護照一事進行了梳理,豐富了對大谷光瑞及大谷探險隊的研究。李正一輯《新聞報道中的黃文弼(二編)》(《吐魯番學研究》2023 年 1 期)按照時間順序,依次輯録了 1927 年 5 月至 1935 年 3 月間黃文弼兩次西北考察前後在多種報刊中的相關報道文字,涵蓋了黃文弼先後參加西北科學考察團、綏新公路勘察隊的相關新聞、信函與報告,黃文弼舉辦講演,以及其兩次蒙新考察所獲古物之參展報道等。吳華峰、徐玉娟《相知無遠近——黃文弼致徐旭生信劄四通研究》(《西域文史》第十七輯)通過對黃文弼與徐旭生之間的信劄考釋,敘述了兩人之間的友誼。陶喻之《晚近湖湘學人徐鼎藩、徐崇立父子的西域金石文史研究——以〈瓻翁題跋〉爲中心》(《西域文史》第十七輯)敘述了兩人在金石學上的貢獻成就以及對西域文物的保護。王冀青《伯希和中亞考察所持的中國護照研究》(《面壁窮經一甲子——施萍婷先生敦煌研究六十年紀念文集》,甘肅文化出版社)結合辦理護照前後的檔案資料,對伯希和等人的入疆考察活動始末進行敘述,指出了伯希和在實際考察之中與官方護照規定所不符之處,揭示了其考古發掘帶走文物的非法性質。

二、歷　　史

歷史方面的研究成果包含政治、軍事、經濟和史地等方面。

政治方面包含中央王朝與西域諸國和民族之間的交流、中央王朝對西域的經營以及地方州府的行政制度考察等方面。

中央王朝與西域諸國、民族交流方面。鄭曉云《漢代中原水利的西傳與民族融合》(《中華民族共同體研究》2023 年 6 期)以中原的水利技術傳播爲出發點,梳理其對河西及西域地區的民族融合的作用,以全新視野看待中華民族的形成過程。李昀《使者與商人——6—8 世紀粟特與中國的交往與職貢圖繪》(《絲綢之路研究集刊》第九輯)通過分析職貢圖中人物衣著外貌並結合史料,研究中央王朝與西域粟特人的外交往來與外交禮儀,並論證貢物性質的變化的時間點與貢獻活動的輸出品。吳正浩、周偉洲《北魏〈鄯乾墓誌〉〈鄯月光磚誌〉與西域鄯善國》(《西域研究》2023 年 2 期)以洛陽出土的《鄯乾墓誌》《鄯月光磚誌》爲主要材料,進一步探討北魏時期鄯善國與車師前部等國家的歷史,補充了史料的不足。張安福、党琳《天山廊道在唐朝東西交通和中外交流地位研究》(《中國高校社會科學》2023 年 1 期)以天山廊道爲中心,論述了唐王朝如何征服、經營天山廊道地區,並以此作爲經營西域與對外交往的重要節點。僧海霞、曾磊《從"園林之都"至"天馬之鄉"——蒙元時期中原士人的西域觀》(《西北民族論叢》第二十三輯)對元代士人西域觀及其成因進行分析,從論述兩種截然不同的西域想象進一步揭示了其背後士人内心之中的中原中心主義對西域形象認知的建構。

殷晴《漢唐西域城市研究》(《西域文史》第十七輯)通過出土文獻與歷史資料對漢唐時期的西域城市的貿易與發展、建置、居民生活狀況和當地文化宗教這幾個方面進行研究,對西域城市史研究方向進行開拓。吳洪琳、張梓軒《十六國北朝時期的素和氏及和士開族屬問題》(《西域研究》2023 年 2 期)對和士開一族源屬作出考察,認爲其源自河西及西域的和氏而與素和氏没有關聯。鄭旭東、鄭紅翔、趙占鋭《新出唐高昌王族麴嗣良及夫人史氏墓誌研究》(《敦煌研究》2023 年 1 期)以墓誌爲切入點,以麴、史兩族經歷爲綫索,探索唐初至武周時期的政局變動。〔日〕森安孝夫著,白玉冬、王夢瑶譯《敦煌與西州回鶻王國:以至自吐魯番的書信與贈物爲中心》(《歐亞譯叢》第七輯)考察編號爲"P.3672Bis"的漢文書信,判斷該書信爲 9—10 世紀西州回鶻寄往敦煌的,並對信中"瓢桃"一詞進行考察,認爲信中"瓢桃"指西瓜。艾沖《北宋初期王延德西行路綫新探索》(《絲綢之路研究集刊》第十輯)對王延德出使高昌回鶻地區的行進路綫作出考察,並認爲經夏州城西北行説比較接近歷史真相,同時揭示了該路徑在秦漢以後的民間通道、北宋時期遼朝使者西行與鏈接西夏時期興慶府與哈拉浩特的重要歷史交通作用。

中央王朝對西域的經營方面。達吾力江·葉爾哈力克《鑿空西域,護道護國——兩漢時期的西域經略》(《歷史評論》2023 年 2 期)論述了控制西域交通要道是漢王朝對經營西域方面多種措施能有效推行的基礎。湯國娜《西漢、匈奴經營西域政策比較研究》(《赤峰學院學報》2023 年 10 期)對漢匈雙方經營西域所採取的政策進行對比,釐清漢匈雙方經營西域政策的異同,有助於我們加深西漢邊疆治理策略的認知以及西漢、匈奴、西域之間的關係。李豔玲《在曲折中"如漢故事"——魏晉南北朝時期的西域經營》(《歷史評論》2023 年 2 期)就魏晉南北朝時期中原政權與河西割據政權對西域的管理進行探討,認爲各政權除了依漢朝的制度治理西域之外,還進一步對西域城市實行如内地一樣的郡縣、軍鎮與户籍管理制度,深化了中原與西域之間的交流,並爲之後唐代經營西域奠定了良好基礎。侯曉晨《隋文帝、煬帝的西域認知及其西域經略觀比較》(《中國邊疆學》第十六輯)對隋文帝、隋煬帝兩人的西域經略觀念及其異同進行探討,並對隋朝與西域開始交往的時間與隋文帝時期西域的交流情況進行論述。趙夢涵《龍朔年間唐治理天山以北地區的嘗試——以哥邏禄部破散問題爲中心》(《唐史論叢》2023 年 1 期)從吐魯番文書中唐廷對離散的哥邏禄部落處置事件分析唐廷對天山地區的經營治理政策與信息交通傳達。孟憲實《北庭與唐朝的絲綢之路管理》(《甘肅社會科學》2023 年 1 期)論述了唐王朝征服高昌之後設立西域都護,隨著面臨突厥的軍事壓力日漸增大,庭州的重要性也漸漸顯現出來,最終設立北庭都護府,標誌著唐朝對西域和絲綢之路管理體系的探索最終完成。李丹婕《唐代漢化佛寺與安西四鎮》(《世界宗教研究》2023 年 10 期)對佛寺在邊地與中央的作用、對移民與胡漢民眾之間的影響進行系統論述,從寺院宗教的角度探討了唐朝經營西域地區的策略與方式。買合木提江·卡地爾、喬桂紅《新疆出土的唐代金屬帶具——見證中原王朝對西域的有效治理》(《新疆地方志》2023 年 2 期)以新疆出土的唐代金屬帶具爲研究對象,討論分析了唐朝實行的輿服制度和中原王朝治理西域的措施。石澤陽《唐高宗顯慶四年蘇定方征討都曼史事鈎沉》(《敦煌學輯刊》2023 年 3 期)以疏勒爲視角並結合《苑大智墓誌》的相關內容對都曼叛亂時疏勒的立場以及唐廷的征討活動進行探究。張重洲《唐代恒篤城事件與程知節西域史事考》(《青海師範大學學報》2023 年 1 期)圍繞恒篤城事件與程知節在事件前後的地位分析,揭示出其背後邊軍將領之間的權力鬥爭與高宗朝初年核心政治集團的變動。

西域地方州府的行政制度研究方面。朱豔桐《北涼高昌郡縣僚屬補考》(《面壁窮經一甲子——施萍婷先生敦煌研究六十年紀念文集》,甘肅文化出版社)通過吐魯番文書對門下系統定員、政務系統的僚屬兼職情況以及郡曹和縣吏的協同辦公進行了研究。包曉悅《西域發現唐代抄目再研究》(《西域文史》第十七輯)對"抄目"與"上抄"概念進行釐清,同時根據敦煌吐魯番出土的唐代抄目實物來考察唐代抄目的製作過程。趙夢涵《從"二元分治"到"合署辦公"——唐初西州三府關係考述》(《西域研究》2023 年 2 期)介紹了唐滅高昌之後對西州的一系列建制更改,闡述了唐廷面對西域大環境變化而作出的種種應對政策。劉子凡《吐魯番出土〈唐懷洛辭爲請公驗事〉考釋——兼論唐代的捕亡類公驗》(《西域研究》2023 年 3 期)通過分析《唐懷洛辭爲請公驗事》這一文書來梳理唐代捕亡類文書的性質與用途。侯曉晨《唐代安西、北庭大都護府拾遺》(《昌吉學院學報》2023 年 1 期)通過梳理史料中對安西、北庭(大)都護府的記載來考證唐代是否真的存在安西、北庭大都護府的建置。王湛、劉子凡《中國國家博物館藏〈唐開元十七年後張彥之差充伊吾軍副使文書〉》(《文物》2023 年 6 期)對該文書進行釋録,並對西州張氏與敦煌張氏之間的聯繫進行考察,豐富了我們對西北張氏家族的認識。張慧芬、李錦繡《吐魯番出土"唐咸亨元年後西州倉曹文案爲公廨本錢及奴婢自贖價事"文書考釋》(《敦煌學輯刊》2023 年 1 期)對"唐咸亨元年後西州倉曹文案爲公廨本錢及奴婢自贖價事"文書進行考釋,進一步發掘了唐代西域地區經濟政治與軍事制度變化的歷史細節。馬俊傑《新見兩件吐魯番出土唐代告身殘片考釋》(《敦煌吐魯番研究》第二十二卷)立足於吐魯番出土的兩件唐代告身殘片,考釋其文字,推補格式内容,並結合兩件殘片的公文屬性和書寫特點,進一步探討了唐代告身公文屬性和用印制度。孟憲實《出土文獻與制度史研究——以吐魯番出土文獻爲中心》(《文獻》2023 年 6 期)以吐魯番出土文書爲研究對象,探討了唐朝時期國家的整體制度、制度執行的環節與層次。

軍事方面的主要研究有邊地經營研究、軍事文書探析、軍鎮與都督府職能運行研究。

邊地經營研究方面。劉復興、馮培紅《粟特會稽康氏與唐代西北邊防——〈唐康忠信墓誌銘並序〉考釋》(《絲路文明》第八輯)對墓誌銘進行詳盡考釋,通過考論其家族人物在河隴任職及其相關活動,揭示了該家族在唐代西北邊防方面起到的作用,同時展現了唐代西北邊防的政策變化。張安福《屯墾戍邊是"千古之策"——談談唐代的西域屯戍制度》(《歷史評論》2023 年 4 期)介紹了唐代在西域的屯田制度並分析屯田政策對西域經濟、軍事、文化交流上作出的貢獻。田海峰《傳世文獻與于闐文書所見唐于闐鎮守軍的軍防》(《西北民族論叢》第二十三輯)利用傳世文獻與出土的于闐文書,對于闐守軍的後勤補給、防禦格局、軍政體制建設以及軍事據點之間的聯動協作等方面進行探討,豐富了這一領域的研究。胡康《唐天寶年間的北疆邊防與邊地經營》(《中國歷史地理論叢》2023 年 4 期)論述了天寶年間唐朝在消滅突厥勢力之後對北方防綫進行重新部署與外交調整來鞏固北疆戰略優勢。張曉非《元成宗時期西域軍政機構設立始末》(《西域研究》2023 年 4 期)基於前人研究並結合黑水城文書,對北庭含義、北庭與曲先塔林元帥府設立北京、元後期僑置内遷情況作出探討。

軍事文書探析方面。沈國光《〈日本寧樂美術館藏吐魯番文書〉4 號文書考——兼論唐代西州府兵月番攤派的文書行政》(《西域研究》2023 年 2 期)從綴合而成的《唐開元二年閏二月蒲昌府范阿祚牒爲知園臨番方始與替、仗備失時事》文書入手進行研究,對西州府兵月番的相關問題進行討論。孫麗萍《〈唐咸亨三年西州都督府下軍團符〉文書校讀劄記》(《西域研究》2023 年 3 期)對《唐咸亨三年西州都督府下軍團符》這一文書進行校讀研究,進一步挖掘其價值。胡興軍《新疆尉犂克亞克庫都克烽燧遺址出土唐〈橫嶺烽狀上通海鎮爲樓蘭路截蹤事〉文書》(《文物》2023 年 3 期)對該文書進行了釋讀研究,分析了文書所涉及的焉耆鎮防體系設置,進一步探討了唐代邊塞烽候制度的運行問題。劉子凡《唐代的軍令——以國圖 BD9330 號文書與國博 38 號文書爲中心》(《中國古文書學研究》第一輯)指出中國國家圖書館藏 BD9330

文書與中國國家博物館藏 38 號文書可以首尾綴合,認爲雖然此前有學者提出 BD9330 文書可能是格文,但綴合後的文書顯然是一件官文書草稿,其中所載的內容應是開元中期瀚海軍使下發的軍令。

軍鎮與都督府職能運行研究方面。榮新江《從出土文書看唐代于闐軍鎮體系》(《面壁窮經一甲子——施萍婷先生敦煌研究六十年紀念文集》,甘肅文化出版社)在之前發表的《于闐在唐朝安西四鎮中的地位》基礎上結合新舊出土文書,對于闐軍鎮的演變以及在西域軍事體系中的地位作進一步研究。胡康《出土文書所見于闐軍鎮的軍事與徵稅職能補考》(《中古中國研究》第四卷)利用新出土文書與現有研究成果對于闐軍鎮的守捉、鎮的軍事與徵稅職能進一步分析。任冠、貴佳宜《考古學視野下唐代庭州軍政體系的構建》(《中華民族共同體研究》2023 年 4 期)從考古學的視野出發,梳理輪臺縣、西海縣等建置的地望和沿革,進而探討唐代庭州軍政體系的構建和空間格局等問題。

經濟方面主要涉及人口戶籍、賦稅徭役以及經濟生活方面。

人口流動與戶籍制度方面。張重洲《論唐西州初期的人口流動及階層分化》(《暨南史學》2023 年 1 期)著眼於唐滅高昌之後的遷徙政策對西州本地人口與階層的變化影響,指出唐廷的移民政策加速了西州社會中舊貴族的衰落與新興階級的崛起,並使得舊貴族勢力漸漸轉向宗教領域。張恒《唐代手實制度新探》(《中國經濟史研究》2023 年 4 期)在前人基礎上進一步引入相關的敦煌吐魯番文獻,對唐代手實的攢造年限作出判斷並梳理手實與記賬、戶籍、團貌、府兵簡點四個方面的關係從而對唐代籍帳體係重新梳理探究,同時對中唐之後的手實制度演變進行闡述。張嫣娟《性別、身份與權力:唐西州戶主大女承戶問題研究——以吐魯番戶籍文書爲中心》(《中華文化論壇》2023 年 5 期)對吐魯番文書中"大女"一詞進行考釋,同時對吐魯番出土戶籍文書中戶主爲大女的情況進行分析,認爲唐西州大女承戶擴寬了女性參與社會活動的渠道,衝擊了封建禮教的束縛。

賦稅徭役方面。霍沛潮《論唐代西州棉紡織業對當地賦稅徵收的影響》(《天水師範學院學報》2023 年 2 期)針對吐魯番地區特殊的地理環境與棉紡織業成熟之間的問題進行研究,並進一步探討唐代在西州所徵收賦稅的因地制宜與靈活性原則。丁俊《〈儀鳳三年度支奏抄·四年金部旨符〉新碎片的綴合與相關討論》(《西域研究》2023 年 3 期)對《儀鳳三年度支奏抄·四年金部旨符》新碎片進行綴合,並對其中涉及的庸調填欠問題、項帳分類以及全輸、半輸等問題進行了討論。王博《〈高昌被符諸色差役名籍〉考釋》(《吐魯番學研究》2023 年 2 期)通過對《高昌被符諸色差役名籍》這一文書進行考釋,向我們揭示了高昌國早期百姓向官府供草並承擔雜役的情況,有助於進一步認識 5 世紀中後期高昌地區供物與差役制度。馬俊傑《新見吐魯番出土"入老"文書考釋》(《西域研究》2023 年 3 期)通過分析《高昌延壽十五年(638)羇人袁蟲子上啓爲乞入老免役事》這一文書對麴氏高昌的賦役制度進行深入研究,重新審視了麴氏高昌重光年間的政治情況打開了新的視角。王晶《唐前期的差科簿與差科流程:以阿斯塔那 61 號墓所出役制文書爲中心》(《中國社會經濟史研究》2023 年 1 期)根據阿斯塔那出土的役制文書對唐代差科簿的製作與徭役形式進行研究。王晶《差科簿中的破除與蠲免——以〈唐令狐鼠鼻等差科簿〉爲中心》(《廈門大學學報》2023 年 6 期)深度挖掘唐朝政府爲確保徭役正常運行的種種措施,指出其背後體現了以丁身爲本的賦役制度,並爲之後走向以資産爲宗的賦役制度起到了推動作用。

經濟生活方面。侯振兵《吐魯番出土契約文書所見唐代的房屋租賃活動》(《唐史論叢》2023 年 1 期)以分析吐魯番出土的契約文書來進一步研究唐代西州房屋租賃活動的規律,如租賃契約中必然明確寫明目標物的具體情況,包括房屋大小、租賃間數等,另外寫明相應的租金,付款期限、違約罰金等,並比較了中原與西域地區房屋租賃之間的不同。〔日〕森安孝夫著,白玉冬、李若晨譯《絲綢之路東部的貨幣——從絹、西方銀錢、官布到銀錠》(《絲綢之路考古》第八輯)通過分析回鶻文本,來論證絲綢之路東部的白銀經濟體系在蒙古、元朝時期便已出現雛形,而非由西歐列强從新大陸帶來的銀形成。王祥偉《吐魯番出土高昌佛教分儭文書考論》(《石河子大學學報》2023 年 3 期)分析吐魯番阿斯塔那 89、169、170 號墓和哈拉和卓 50、99 號墓中出土的相關文書,認爲其爲目前能看到佛教僧侶分配儭利最早的文書,對研究佛教發展史上的唱賣分儭活動與相關文書制度具有重要意義。王夢穎《唐代西域民間借貸秩序研究》(武漢大學出版社)利用敦煌吐魯番出土文書並結合信用理論、經濟學、社會學理論對唐代敦煌吐魯番地區的民間借貸活動機制進行梳理,並對社會風俗、官方干預等對當地民間借貸的影響進行探討。

史地方面。榮新江《唐朝收撫于闐與西域交通體系的建立及完善》(《甘肅社會科學》2023 年 1 期)利用傳世史籍與和田當地出土文書,詳細考察了唐朝建立後于闐王國的歸附,與西突厥餘部及吐蕃王國在于闐及其周邊地區的爭奪,以及在西域建立軍政體系和完善交通等措施,是唐代西域史和絲綢之路史研究的多學科成果。李學東《吐魯番出土長行馬文書相關問題研究》(《地域文化研究》2023 年 3 期)結合《西域考古錄》的有關記述,推知吐魯番出土唐神龍元年(705)長行馬文書披露的西州與庭州之間的一處交通要地本來名稱實爲"金娑"。認爲長行馬作爲西域地區的重要交通工具,受到當地官府的高度重視,即便其在傳驛途中意外身亡,亦會有專門獸醫加以勘驗,以查明其死亡原因,作爲判決此類案件的依據。[日]荒川正晴著,馮培紅、王蕾譯《歐亞交通、貿易與唐帝國》(甘肅教育出版社)以歐亞大陸東部地區的交通與貿易爲主視角,詳細論述了突厥與綠洲國家以及唐王朝對歐亞東部交通與貿易的種種經營與相關制度,其中大量運用了新疆出土文獻,促進了6—8世紀內亞交通與貿易史研究。劉屹、尚飛《説"懸度"》(《敦煌研究》2023年5期)認爲"懸度"只是一個形容道路艱險的漢語修辭性詞彙,並不是對某處天險屏障的譯名或特指命名,並考察了兩漢與魏晉南北朝時期所説懸度的具體所指,同時指出"懸度"並不是交通的障礙,而是溝通的橋樑。姜劍雲、董夢香、李雪榮《西域地名重名現象之歷史地理内涵解讀》(《太原師範學院學報》2023年3期)將西域地名歷史上的重名現象分爲部分重名、完全重名與虛實重名三類,並進一步分析造成歷史重名現象的原因。王玉平《唐代東部天山軍城研究》(上海人民出版社)依據新近的文物普查與考古資料,對唐代東部天山廊道的軍城環境、變遷、交通逐一進行考證,以還原唐代東部天山廊道地區的軍城分佈格局。

三、社 會 文 化

社會文化的研究成果包含文化交流與社會風貌等方面。

文化交流方面。游自勇《唐代漢地堪輿觀念在吐魯番地區的傳播——以出土文書爲中心》(《敦煌研究》2023年5期)指出吐魯番出土唐代漢文文獻中,目前所見有10片堪輿文書,可拼綴爲5件,其中1件爲《宅經》,2件屬鎮宅法,2件與葬事相關,表明唐代漢地堪輿文獻在吐魯番地區得到了傳抄和使用,豐富了唐代堪輿文獻的内容。郭婧《普魯與氆氌》(《西域歷史語言研究集刊》第十八輯)從新疆普魯村的名稱由來入手,從語言學、民族學、考古學與交通史等角度對氆氌本義、普魯與氆氌之間的關聯、爲何普魯村會製作氆氌等問題進行探討,以還原氆氌傳統從青藏高原傳播到南疆地區的歷史。羅帥《12世紀于闐與中亞之間的文化交流——和田博物館藏錯銀鍮石器研究》(《亞洲文明史研究(第一輯)》2023年)通過對比和田出土的器物與中亞出土的器物,認爲錯銀鍮石器由呼羅珊流入于闐,並分析流入的途徑,揭示了葱嶺東西兩側人民經濟文化之間的往來。韓香《粟特人與中古時期陸上絲綢之路的印章(珠飾)傳播》(《絲綢之路研究集刊》第九輯)認爲粟特人在絲綢之路活躍的通商活動,將中亞、西亞風格的印章與飾品帶入新疆地區與中原,並進一步發掘了粟特人群體在絲綢之路傳播、交流文化方面的作用。閻焰《"永安五銖"背後出現的異像》(《絲綢之路研究集刊》第九輯)以背後印有人像的"永安五銖"錢爲切入點,向我們展示了中西交流中"文化與金錢"在絲綢之路的演變與沿途文明之間的交融。高彦《交流與融合:古代新疆髮釵考略》(《絲綢之路》2023 年 1 期)梳理敦煌吐魯番文獻的記載,考證新疆墓葬出土實物,對古代新疆髮釵的造型演變進行研究,分析解讀了妝飾背後的文化淵源與民族文化的交融。齊小豔《交融與傳播:入華粟特人在希臘化文化東傳中的媒介作用》(《傳媒觀察》2023 年 5 期)以出土在華粟特人墓葬與器物爲中心,研究粟特人在入華的過程中將希臘文化一同帶入中國的種種方面,並分析了粟特人東行與希臘化文化元素的東傳原因。趙江民、李梅宇等《魏晉南北朝時期漢語言文字在西域的傳播使用研究》(《喀什大學學報》2023 年 5 期)通過梳理歷史史料,運用語言學和歷史學的相關理論,從中央對西域的治理、政治和親、屯田活動、經濟往來、文化交流以及漢語學習、語言借用、民漢翻譯等方面,梳理出漢語言文字在西域傳播使用的脈絡。

社會風貌方面。陳濤、帕麗旦木·沙丁、蔣洪恩《晉唐時期吐魯番地區所見粟黍作物考辨及加工研究——以出土文書與植物遺存爲中心》(《敦煌研究》2023 年 6 期)通過對敦煌吐魯番文書中粟和黍相關名詞的考證並結合出土植物,確認了"粟細米"與"細米"爲粟和黍加工後的精米,還原出古代吐魯番地區居民的飲食習俗和作物加工過程。蔣洪恩《吐魯番出土文獻中的植物名實考證(非本草及佛經類)》(《敦煌吐魯番研究》第二十二卷)對吐魯番文獻中的植物記錄進行考證,有助於我們瞭解吐魯番地區先民的農業發展與社會生活情況。孫維國《由吐魯番阿斯塔那墓地考古發現探析晉唐時期新疆飲食文化》(《農業考古》2023 年 6 期)通過吐魯番地區的遺址與出土物,對漢唐時期新疆出土農作物與吐魯番地區居民飲食文化進行梳理。王子今《西域"香罽"考》(《絲路文明》第八輯)對史料、文學中的"香罽"進行考察,認爲"香""罽"應當分説,並進一步介紹漢代社會人們對於香的消費情況以及西域與中原地區"香""罽"貿易的歷史,修正了以往一些點校本史料對於"香罽"的漏標與一些學者對"香罽"的錯誤解讀,同時以"香"的消費爲視角豐富了對漢代人生活習慣的認知。沈雪《説"中衣":管窺高昌女子服飾變遷》(《敦煌學輯刊》2023 年 3 期)以中衣爲主綫,追溯其在高昌歷史上的縱向變遷,與此同時,結合當時的歷史文化背景以管窺高昌女子服飾在不同歷史時期的特點。毛洋洋、吳鐵、朱利民《唐代胡人都市生活研究——以唐朝陸海絲路出土出水的胡人舞筵圖像文物爲例》(《唐都學刊》2023 年 2 期)指出唐代胡人都市生活是統一的多民族的中央集權制封建國家意志的城市呈現,舞筵是唐代胡人跳舞專用氈毯,胡人舞筵子存於唐代陸上絲路石窟壁畫、墓葬壁畫、碑石圖案和海上絲路沉船瓷器紋飾中,是唐代胡人都市生活樣態的縮影。納春英《唐西州交河郡市估案涉服飾名物考釋》(《青海師範大學學報》2023 年 2 期)對"大谷文書"收錄的唐西州交河郡市估案物價文書中的名物進行了考釋。

四、宗　教

　　宗教研究方面,主要方向依舊是佛教,除此之外還有摩尼教、基督教、道教與民間信仰的研究。

　　佛教方面的研究主要包括佛教信仰傳播、出土佛經以及僧侶生活研究。

　　佛教信仰傳播方面。趙寧《龜兹石窟寺的部派與教派》(《世界宗教文化》2023 年 4 期)結合文獻資料與當地的佛教遺址,對龜兹地區的部派與教派進行梳理,並討論兩者之間的關係,認爲大乘佛教與密教信仰一直在龜兹醞釀,龜兹實際上是大小乘佛教長期並行。李金娟《絲綢之路上的賢劫信仰與千佛圖像——以〈賢劫經〉的譯傳爲背景》(《敦煌學輯刊》2023 年 1 期)從文本譯傳與圖像梳理相結合的角度探討賢劫信仰與千佛圖像的時間綫索與傳播路綫,揭示了不同地區文化下千佛圖像的基本面貌及其對大乘佛教發展的影響。霍旭初《論經量部思想對龜兹佛教的影響——以〈俱舍論〉與克孜爾石窟爲主題》(《絲綢之路研究集刊》第十輯)結合《俱舍論》與克孜爾石窟出土的《喻鬘論》殘頁、石窟壁畫的藝術形式向我們揭示了經量部思想對克孜爾石窟與龜兹佛教的影響。李瑞哲《試論"經量部"思想在龜兹的流行》(《絲綢之路研究集刊》第十輯)通過克孜爾石窟出土的《喻鬘論》殘頁、《俱舍論》在龜兹的流行以及經量部思想在龜兹石窟壁畫中的體現這幾個方面來論述經量部思想在龜兹的流行。張重洲、閆麗《晉唐時期彌勒信仰在敦煌、高昌傳佈考》(《絲綢之路研究集刊》第十輯)對彌勒信仰傳入中原的歷程以及其在敦煌、高昌等西北地區的發展進行討論,並進一步探究了彌勒信仰在敦煌、高昌傳播的緣由與衰弱原因,對填補西域地區彌勒信仰傳播的研究空白作出貢獻。夏立棟《麴氏高昌國"閉關窟"初探》(《敦煌學輯刊》2023 年 4 期)對"閉關窟"材料進行梳理,總結歸納洞窟的特徵與功能,以此來探究麴氏高昌國禪宗修行的形式與體系。羅爾瓅、魏文斌《哈密白楊河流域小型佛寺遺跡研究》(《敦煌學輯刊》2023 年 4 期)通過分析白楊河流域的寺院遺址,包括現存小型佛寺的建築形制與社會功用,進一步探討了當地與其他地域之間信仰文化的交流,對研究古代伊州宗教文化有所補充。

　　殷弘承、王斌《龜兹石窟壁畫中菩薩信仰及其流行》(《雲岡研究》2023 年 1 期)介紹了龜兹石窟壁畫中的菩薩信仰以及其與北傳小乘佛教的聯繫。袁志偉《10—14 世紀絲綢之路上的佛教思想與漢文化認同——以高昌回鶻佛教文獻爲中心的考察》(《西北大學學報》2023 年 2 期)根據近代以來出土的佛教文學資料,梳理出回鶻佛教思想的基本特點以及佛教中體現出的回鶻民族吸收與認同漢文化的意義。胡蓉、楊富學《元大都回鶻佛教文化圈的形成及其與敦煌吐魯番之關聯》(《面壁窮經一甲子——施萍婷先生敦煌研究六十年紀念文集》,甘肅文化出版社)以譯者、譯經場所和刊印地爲出發點,探究元大都回鶻佛教文化圈的形成以及對敦煌吐魯番的影響問題。

出土佛經研究方面。定源《西域出土〈開寶藏〉殘本及其版式獻疑》(《世界宗教研究》2023 年 9 期)針對西域出土的《開寶藏》殘本進行分析,認定其屬於後期刻本的遺存,爲今後判別西域出土刻本提供藉鑒意義。沈衛榮《古回鶻文和漢文譯〈四次第道引定〉及〈中有身玄義〉略考》(《世界宗教研究》2023 年 1 期)對《四次第道引定》進行多語言文本分析,以重現藏傳佛教在西夏蒙元時期傳播的一段歷史。劉毅超《德藏吐魯番出土課誦本〈楞嚴咒〉研究》(《敦煌學輯刊》2023 年 4 期)理順其誦讀次序,並從版式、咒尾末章、正背關係三個角度,判斷其應爲課誦所用的《楞嚴咒》,反映出漢地佛教對高昌回鶻的重大影響。吐送江·依明《德藏回鶻文〈佛頂尊勝陀羅尼經〉殘卷研究》(《國學學刊》2023 年 2 期)對德藏的回鶻文《佛頂尊勝陀羅尼經》木刻本殘經進行語文學研究。

僧侶生活研究方面。史浩成《中古新疆佛教寺院僧侶宗教生活研究》(《石窟寺研究》2023 年 1 期)結合考古材料、出土文獻與歷史文獻還原古代新疆地區寺院僧侶的宗教生活與宗教文化狀況。付馬、夏立棟《新疆吐峪溝新出西州回鶻寺院禮懺儀式文本研究》(《西域研究》2023 年 1 期)圍繞出土的殘本進行分析,拼接出回鶻佛教僧團的日常生活和宗教活動的圖景,並揭示出密教教派在吐峪溝地區的流行以及北斗七星信仰在蒙古時代吐魯番地區的流行情況。

其他宗教信仰的研究。林麗娟《〈聖喬治受難記〉在中亞與中國的流傳》(《敦煌吐魯番研究》第二十二卷)對聖喬治受難記這一傳說的文本從歐洲到吐魯番的流傳進行探討,並探討吐魯番文本與希臘文本之間的關聯、吐魯番文本是否與敘利亞文本同源等問題,填補了前人相關研究中的一些尚未深入研究之處。白玉冬《"日月光金"錢考——唐代摩尼教文化交流的真實寫照》(《唐史論叢》2023 年 1 期)以"日月光金"錢爲中心,揭示摩尼教在 8 世紀傳入漠北回鶻汗國時便開始吸收中原元素。胡曉丹《吐魯番摩尼教寫本所見阿魯孜格律的東傳》(《西域研究》2023 年 1 期)通過研究吐魯番地區的摩尼教寫本來論述伊斯蘭教興起前後絲路沿綫詩律的變遷。牛汝極《從考古發現看東方教會在中亞和高昌回鶻地區的傳播》(《西域研究》2023 年 3 期)借鑒了近年在中亞和新疆的考古發現及其研究成果,從中亞的考古遺存和吐魯番發現的敘利亞文殘片入手以期洞見東方教會在中亞和高昌回鶻地區的傳播狀況,力圖呈現 6—14 世紀美索不達米亞的東方教會傳入中亞與高昌回鶻的脈絡。孟嗣徽《衢地蒼穹:中古星宿崇拜與圖像》(三聯出版社)收錄了作者往年關於西域河西地區星宿圖畫研究的論文,豐富了關於星宿圖像的藝術研究與西域河西地區的民間星宿信仰研究。余欣《西域文獻與中古中國知識—信仰世界》(甘肅教育出版社)以西域出土寫本與文物爲中心,對中國中古社會的信仰知識與信仰器物進行詳細地梳理,同時對中古中國政治制度與信仰禮儀之間的關係進行探討,在中國思想史、文明史研究方向上有重要的學術價值。

五、語 言 文 字

語言文字研究方面主要是對吐魯番出土文書中語言文字的考釋。

黃樓《試釋吐魯番文書所見中古糧食作物"秌"》(《西域研究》2023 年 2 期)對吐魯番文書中的作物"秌"進行考證,通過梳理吐魯番文書與新疆考古發現的遺存作物,認爲"秌"爲"秫"在吐魯番地區的俗寫,所指即高粱。李樹春《敦煌吐魯番契約文書所見"寒盜"試解》(《鹽城師範學院學報》2023 年 3 期)將敦煌吐魯番契約文書中同部位類似詞語做詳細梳理,通過分析敦煌吐魯番契約文書的行文格式和"寒盜"出現的背景信息,認爲"寒盜"爲"寒、良、詃、盜"的省略形式,並對這四個字做了詳細解釋,同時分析"寒盜"這類術語出現的原因與市場准入制度和津關過所制度有關。曹丹丹《吐魯番出土文獻隨葬衣物疏"結髮"詞義考釋》(《吐魯番學研究》2023 年 2 期)運用訓詁方法,對"結髮"一詞的確切含義進行探索和詮釋,以準確把握其意義,最終認爲"結髮"爲"假髻髮"的意思。王啓濤《從吐魯番文獻到杜詩》(《杜甫研究學刊》2023 年 1 期)拈出杜詩中 16 個疑難詞語"關河""健兒""過""官馬""行人""雲煙""浮雲""行官""加餐""努力""東西""征夫""附書""取別""草草""兵馬",將其與吐魯番出土文獻進行相互比較,以求其真義。車嘉《敦煌吐魯番買賣契約俗字類型比較研究》(《漢字文化》2023 年 9 期)整理對比《英藏敦煌文獻》和《吐魯番出土文書》買賣契約中的俗字,對這些俗字進行類型劃分,指出造成俗字類型異同的原因。張涌泉《數目字和容量單位用大寫字例釋——以吐魯番、敦煌文獻爲中心的考察》(《面壁窮經一甲子——施萍婷先生敦煌研究六十年紀念文集》,甘肅文化出版社)以高昌時期的敦煌吐魯番文書爲中心,探究每個數目字與容量單位大寫字的來源演變。

六、文　　學

文學方面的研究主要集中在西域詩歌文學方面。

劉子凡《唐代的"交河"與"西州"》(《文史哲》2023 年 3 期)考察唐代詩文中"交河"與"西州"所指的意象,認爲"交河"所指更多爲西北邊塞,虛化了具體的地理指向,而"西州"在唐代文學中除了代表河西地區外,還指向安西、北庭,甚至更遠的西域。唐代文學中這種靈活的意象爲我們揭示了唐人對於西域的認知與想象。朱玉麒《唐代經營西域的民間文學遺産》(《民族藝術》2023 年 5 期)以吐魯番盆地爲中心,從《高昌童謠》、吐魯番出土的兒童作業以及唐代碑石在民間產生的種種文學衍生這三個方面,來追蹤絲路民間文學因素,豐富了古代吐魯番地區的民間文學內容。李世忠、嚴潔《騷人之韻事、史氏之地理:論〈西疆雜述詩〉的誌書書寫》(《高原文化研究》2023 年 1 期)對比分析志書與《西疆雜述詩》的寫作意圖、內容編排、資料的選取、抒情這幾個方面,來論證《西疆雜述詩》鮮明的誌書書寫特徵以及與傳統方誌的書寫關聯。吳若愚《清代西域詩文學景觀:伊犁九城的戰略地位與文化精神》(《新疆地方志》2023 年 3 期)從清代新疆邊疆的環境與伊犁九城的經濟發展、文化交融等方面來闡釋清代西域詩中的文學景觀。李江傑、趙佳麗《成書兩赴西域仕宦詩作中文學與地理的交融書寫》(《伊犁師範大學學報》2023 年 3 期)對成書赴西域任職期間詩作中所包含的情懷與西域的地理書寫進行討論。趙建萍《"遠行"與"回歸"視野中的古代樓蘭形象》(《日語學習與研究》2023 年 5 期)結合相關史料廓清日本作家井上靖西域小説《樓蘭》中的樓蘭形象,以"遠行"和"回歸"的想象敘述爲綫索,闡明了作品重構的古代樓蘭形象及深層內涵,並試圖探明該作品的創作主旨和評價其文學意義。

七、藝　　術

與藝術相關的研究涉及佛教石窟造像、壁畫、樂舞、書法、圖像、造型與服飾藝術等方面。

佛教石窟與造像研究方面。羅爾璨、魏文斌《哈密大像窟遺跡新探》(《敦煌研究》2023 年 3 期)以哈密東部地區的廟爾溝佛寺遺址爲研究對象,分析了其建造形制、造像題材、窟內裝飾、營建背景。任平山《克孜爾石窟龕像的形式與象徵》(《美術學報》2023 年 1 期)根據造像與窟壁的不同關係,將龜兹石窟尊像分爲四種塑造類別,重點描述了克孜爾中心柱窟流行在佛龕中供奉的可移動尊像及其展現出的風俗。張超《貴霜帝國與中國西域地區佛塔建築的聯繫和分殊》(《全球城市研究》2023 年 2 期)以北印度和巴基斯坦考古發掘的貴霜帝國時期佛塔爲例,分析了貴霜帝國佛塔建築的特點、佛塔的結構設計和所使用的建材,並對比了中國西域地區的佛塔遺跡,研究了兩者間的淵源,反映了西域佛塔複雜的演變過程。熱柯普·阿卜杜傑力力《淺談古代于闐佛寺形制演變》(《收藏》2023 年 3 期)首先介紹了新疆策勒縣、洛浦縣、于田縣古代于闐佛寺遺址的考古發現,並對古代于闐佛寺形制進行分類和詳細闡述,最後按照時間順序探究了于闐佛寺形制的歷史演變。

壁畫研究方面。李曉楠、陳愛峰《柏孜克里克與勝金口的"鉢經"説法圖》(《西域研究》2023 年 2 期)對兩幅吐魯番地區的壁畫進行了比較研究,肯定了兩幅壁畫所表現出來的題材一致,並對其題記内容、壁畫形式開展了細緻研究。任平山《森木塞姆第 30 窟壁畫"須大拏本生"圖考》(《西域研究》2023 年 3 期)將森木塞姆第 30 窟壁畫圖像與佛經文本進行比較,確認該壁畫表現了須大拏施子過程中,獅子阻攔太子妃回家的場景。楊波《新疆森木塞姆第 44 窟"瑞像故事畫"考》(《西域研究》2023 年 4 期)以森木塞姆第 44 窟的菱格故事畫爲研究對象,對照相關文獻解讀該壁畫圖像,並探討了于闐瑞像信仰與龜兹之間的關係。崔中慧《焉耆明屋鎰格沁寫經圖再探》(《美術大觀》2023 年 3 期)釋讀了新疆焉耆佛寺壁畫殘件《窟院修業僧圖》,分析了其具體内容和繪畫風格,並推測其製作時間。高豔《新疆石窟壁畫 見證古代絲綢之路的藝術交流融合》(《中國宗教》2023 年 3 期)簡述了新疆石窟壁畫的藝術特色,指出其在古代宗教藝術史上佔有重要地位。祁曉慶《龜兹石窟王族供養人像的形式與意義——以踮脚尖的形象爲例》(《西夏研究》2023 年 2 期)通過分析新疆龜兹石窟壁畫中保存下來的 6—7 世紀時期的王族供養人像,指出其"脚尖站立"姿態與伊朗和中亞藝術的淵源,總結了其内在意義。王小雄《吐魯番阿斯塔那 38 號古墓出土六曲屏風壁畫研究》(《西北美術》2023 年 2 期)以吐魯番博物館所藏 20 世紀 60 年代初,出土於高昌古城城北阿斯塔那古墓群的第 38 號墓中六曲"樹下人物"屏風壁畫爲中心,分析了壁畫中的人物、樹木等圖像,揭示了其所反映的唐西州時期的喪葬習俗和思想信仰,體現了其與長安墓葬文化的關聯性。王煜《吐魯番地區十六國墓葬壁畫與紙畫研究》(《考古與文物》2023 年 2 期)對吐魯番地區十六國時期墓葬中出土的壁畫與紙畫進行分析研究,探討了其背後的文化傳統、因素與喪葬内涵。姚律《克孜爾石窟第 110 窟及其佛傳壁畫研究》(《文化藝術研究》2023 年 6 期)詳述了克孜爾石窟第 110 窟佛傳壁畫的基本情況,並著重對佛傳壁畫的主題思想進行了探討。鄒曉明《新疆高昌地區壁畫中的花朵研究》(《新疆藝術學院學報》2023 年 2 期)主要研究了新疆高昌地區壁畫中的花朵圖形與象徵意義、供養人形象與特點以及寶相花圖形的傳播,並探討其中的審美價值與歷史價值。隋立民《新疆岩畫中的馴養動物形象解析》(《新疆藝術(漢文)》2023 年 4 期)主要解析了新疆岩畫中的馴養動物形象,包括羊、馬、牛、駱駝及犬,展現了新疆原始游牧民族的牧獵生存方式。隋立民《新疆岩畫生殖崇拜畫語》(《新疆藝術學院學報》2023 年 2 期)重點研究分析了新疆岩畫中關於生殖崇拜的内容,探析了母系生殖崇拜、父系生殖崇拜及人神交互的巫術,進一步認識了早期人類對生命的理解和意識。劉濤《德國藏吐魯番壁畫的調查與整理》(《敦煌學輯刊》2023 年 4 期)闡述了吐魯番壁畫的流失、入藏與刊佈,對今存德國以及在第二次世界大戰中德國損毀或丢失的吐魯番壁畫殘片做進一步核對與整理。葉慶兵《新疆呼圖壁康家石門子岩畫的神話内涵》(《文學人類學研究》第七輯)以新疆呼圖壁康家石門子岩畫爲研究對象,解析了岩畫内容中所蘊含的神話内涵,包括圖騰神話、兩性同體生殖神話、男性生殖神話及腋下生人神話。

　　趙麗、楊波《試論克孜爾石窟天相圖的類型及演變》(《西北民族論叢》第二十三輯)在前人研究的基礎上,創造性地提出"以金翅鳥和不同身份的飛行立像爲新的分類標準",對克孜爾石窟現存的天相圖進行分類,並結合克孜爾石窟的分期理論來討論天相圖的歷史演變。王芳《絲路北道的天竺風情:克孜爾 110 窟佛傳婚禮圖及其梵劇元素》(《中外文化與文論》2023 年 1 期)將克孜爾 110 窟第 17 壁畫太子婚禮圖還原到同窟系列婚約圖像的語境中,結合榜題、相關佛傳及戲劇文本,對該圖像進行了釋讀,並確認了其反映的印度古典戲劇元素。任平山《龍王、鎧甲、幡幢、海駝——龜兹石窟中的護法神王》(《中國國家博物館館刊》2023 年 8 期)以龜兹石窟中的"龍王、鎧甲、幡幢、駱駝"等爲研究對象,分析了其所構建的護法神王形象,並推測這些護法神王内容的産生與在龜兹地區生活的粟特佛教徒有關。屈卉敏、汪雪《柏孜克里克第 48 窟銅鈸圖像稽考》(《音樂文化研究》2023 年 3 期)以柏孜克里克第 48 窟銅鈸圖爲中心,對該鋪畫像所蘊含的宗教思想及相關儀式進行解讀,並探討了銅鈸在宗教儀式音樂中的功能,展示了古代絲綢之路多元文化的交流融匯情況。吕曉楠《新疆柏孜克里克石窟第 41 窟西方净土經變圖像考釋》(《吐魯番學研究》2023 年 2 期)對柏孜克里克石窟第 41 窟正壁及左側壁西方净土經變圖像的内容作出考析,並比較了柏孜克里克石窟第 41 窟左側壁觀無量壽經變與敦煌石窟觀無量壽經變,發現前者的構圖形式、畫面解讀設計、圖像内佛寺院落建築類型和樣式及題材組合均來源於後者,例證了敦煌石窟佛教藝術向西傳播的現象。王芳《龜兹壁畫迦葉口説真實語療愈佛足圖像辨析》(《西域研究》2023 年 3 期)依據木鹿梵本譬喻集、《雜寶藏經》及根本説一切有部律藏,辨識了克孜爾第 219、224 窟兩幅同題材壁畫説法圖,並認爲這兩幅圖爲迦葉口説真實語療愈佛足的故事。

樂舞研究方面。胡曉丹《摩尼教器樂叢考——兼論“答臘”之詞源》(《中國音樂》2023 年 4 期)以德國收藏的出土於吐魯番及其周邊地區的摩尼教中古伊朗語寫本和西域圖像資料爲核心,結合考古學、語言學相關成果,釐清了相關細節,探討了絲綢之路上樂器的東西交流。楊賀《先唐西域音樂東漸與歌詩之演變》(《石河子大學學報》2023 年 1 期)簡要介紹和分析了先唐時期西域音樂的東漸歷程及其原因,並從音樂文化交流史的視角考察先唐西域音樂文化的革新及其與文學演變的關係。焦樹峰《古代龜兹地區頂燈舞研究——以龜兹石窟“頂燈圖像”爲中心》(《新疆藝術(漢文)》2023 年 1 期)分別從佛像造像思想、社會物質生活史的角度對龜兹石窟“頂燈圖像”進行釋讀,結合“頂燈圖像”分析新疆龜兹地區的頂燈舞,並分析龜兹頂燈舞的流傳原因。

書法研究方面。賴以儒《吐魯番出土〈樂毅論〉習字殘片研究——兼論王羲之書跡在新疆地區的傳播與接受》(《吐魯番學研究》2023 年 1 期)考察比較吐魯番出土的《樂毅論》習字殘片與傳世晉唐本的異同,研究其書寫風格、範本來源及其性質,並對王羲之書跡《尚想黄綺帖》《蘭亭序》《樂毅論》及王羲之尺牘在新疆地區的寫本、習字情況作了具體描述,認爲吐魯番出土王羲之尺牘“羲之頓首死罪”爲王羲之已佚尺牘中的文字。任占鵬《唐宋時期王羲之書帖在習字教育中的運用》(《河北師範大學學報》2023 年 2 期)通過比較研究敦煌吐魯番文獻中《千字文》《尚想黄綺帖》《蘭亭序》寫本的性質及書寫情況,反映了唐宋時期的習字教育制度,體現了中原文化西漸。楊晨《鐘王書風源流考——以敦煌吐魯番寫經寫本爲視閾》(《南京藝術學院學報》2023 年 2 期)以 20 世紀西北考古所發現的大量敦煌吐魯番寫經寫本書跡爲研究對象,補正了以鐘王書法爲核心的書法史觀,探究了魏晉南北朝至隋唐以來鐘王名家書跡在中原、敦煌吐魯番地區的交互傳播,揭示了鐘王傳統的直接影響與間接影響,進一步挖掘了實用書法與文人書法的内在聯繫。汪托霞《淺析樓蘭漢文簡紙文書的審美意象和歷史意義》(《新疆藝術(漢文)》2023 年 6 期)概述了樓蘭漢文簡紙文書,研究分析了該文書中所蘊含的“意象之美”及其歷史價值,並總結了樓蘭書法文化的傳承方式和意義。楊晨《揚棄與融合——西北考古視域下 20 世紀前期碑帖觀尋繹》(《中國國家博物館館刊》2023 年 5 期)以 19 世紀末至 20 世紀 30 年代的西北考古新材料爲切入點,通過對碑帖關係的整理和代表性書學理論的分析,揭示了以新出土材料爲基礎不斷貼近中國書法史真相的進程。

圖像研究方面。李小旋《漢式日月表現模式及其傳播》(《東南大學學報》2023 年 2 期）通過分析漢式日月圖像的建立及其在高句麗、敦煌和吐魯番地區的傳播、接受和再運用情況，發現了日月圖式作爲藝術系統的碎片化模件在不同地區傳播的情況及其所見證的民族文化融合。趙娜《阿斯塔那唐墓聯屏式絹畫〈美人四時行樂圖〉的綴合與相關問題探討》（《南方文物》2023 年 4 期）根據現存圖像材料，通過數字化技術，對絹畫殘片進行模擬綴合拼接，嘗試還原絹畫的原有形態，並考證分析了畫中所涉時代背景、風俗名物。李秋紅《樓蘭出土織物所見雙蛇杖圖像分析》（《藝術設計研究》2023 年 3 期）以樓蘭織物所見保存較爲完整的雙蛇杖圖像爲綫索，系統梳理了樓蘭及其以西地區雙蛇杖圖像的發展譜系。梁婧、任文傑《吸納與變遷：高昌細密畫中的植物圖像研究》（《新疆藝術（漢文）》2023 年 5 期）簡要介紹了高昌細密畫的歷史概況，並對高昌細密畫中的植物圖像內涵進行分析，展現了絲綢之路的多元文化藝術交流。陳粟裕《新疆和田出土藏文〈法華經〉裝飾圖畫研究》（《世界宗教研究》2023 年 10 期）先簡要回顧了新疆和田藏文《法華經》的學術史與相關圖像狀況，考察了吐蕃寫經中的常見裝飾圖畫，並分析了和田本 I 型佛塔及其樣式來源與和田本 II 型塔所映射出的西藏本土信仰。孫婧文、孫危《吐魯番盆地與河西走廊發現的伏羲女媧形象之關係及相關問題研究》（《吐魯番學研究》2023 年 2 期）對吐魯番盆地所發現的伏羲女媧圖像進行類型學分析，並將其與河西走廊發現的同類圖像進行對比，認爲前者是以後者爲粉本並本土化的產物，並進一步推測吐魯番盆地發現的伏羲女媧之蛇身，可能是在束帶蛇屬與花條蛇屬的基礎上進行的藝術加工，且蘊含著蛇崇拜和中國古代哲學中的陰陽二元思想。李國《西域石窟佛寺古遺址中的"風神、雷神"形象淺識——兼議柏孜克里克第 40 窟新見"風雷神"》（《吐魯番學研究》2023 年 2 期）簡要概括和分析了全國各地的摩醯首羅天形象及西域佛教石窟中的"風神""雷神"形象，重點探討了柏孜克里克第 40 窟"風雷神"的形象，認爲該圖像可確定爲回鶻高昌時期西域藝術家的再創造。

造型與服飾藝術方面。張泓湲、王樂《阿斯塔那出土唐代"綠色狩獵紋印花紗"工藝及圖案研究》（《東華大學學報》2023 年 2 期）使用文獻研究、比較分析以及推理驗證的方法對"綠色狩獵紋印花紗"的工藝及圖案進行探討，推測出該圖案紋樣爲 8 世紀初期至中期流行的散點式狩獵圖案。郭夢妮《絲綢之路背景下唐代紋樣的風格特徵分析》（《西部學刊》2023 年 20 期）圍繞陸上絲綢之路的展開，通過對唐代具有代表性的聯珠紋、團花紋、卷草紋、寶相花紋和朵雲紋的風格特徵分析，發現唐代紋樣具有對稱美、曲綫美、有象徵意義的整體特點，探尋唐代圖案紋樣在絲路背景下的演變。廖越、王敏《新疆非遺刺繡中共有紋樣符號探究——以纏枝紋、鳥形紋與動物角紋爲例》（《新疆藝術（漢文）》2023 年 6 期）分析了新疆非遺刺繡中共有的紋樣符號,並探討了共有紋樣對中華文化符號的意義,最後總結了新疆非遺刺繡中共有紋樣傳播路徑的優化方式。周菁葆《絲綢之路上的摩尼教繪畫藝術》(《新疆藝術（漢文)》2023 年 3 期）首先簡要介紹了摩尼教傳入西域的歷程,並對西域摩尼教繪畫的形式與題材進行分類研究,總結出摩尼教的繪畫藝術特色。

八、考古與文物保護

考古與文物保護相關的研究涉及考古發掘研究、科技考古、出土文物研究、文物修復保護等方面。

考古發掘與研究方面。任冠、魏堅《2022 年唐朝墩古城遺址考古工作的主要收穫》(《西域研究》2023 年 2 期）主要對唐朝墩古城景教寺院遺址繼續發掘和研究,開展了對景教壁畫的整理工作,增進了對景教寺院佈局結構和營建歷程的認識。曹凱等《新疆疏附阿克塔拉遺址群 2021~2022 年考古挖掘發現收穫與初步認識》(《西域研究》2023 年 2 期）對其中 6 個遺址點考古發現的地層堆積情況、典型遺跡和出土文物等進行了介紹與研究。尚玉平《新疆吐魯番巴達木東墓群 2022 年考古發掘主要收穫及初步認識》(《西域研究》2023 年 3 期）對發掘的 11 座唐代墓葬形制、隨葬器物進行介紹,並簡要分析了該墓群的年代、喪葬習俗以及其與周邊墓群間的關係等。路瑩《七康湖石窟調查與研究》(《吐魯番學研究》2023 年 1 期）回顧了前人的調查情況,重新調查和收集了七康湖石窟現存 13 個洞窟的相關信息,並對其進行年代分期。高春蓮《葡萄溝石窟 I 區調查研究》(《吐魯番學研究》2023 年 1 期）介紹了葡萄溝石窟 I 區的大致情況,指出洞窟內殘存少量具有明顯藏傳佛教風格的壁畫,年代爲宋元時期。張學淵等《歷史時期新疆文化遺址空間分佈特徵分析》(《乾旱區資源與環境》2023 年 4 期）以新疆地區 4533 處文化遺址作爲研究對象,探討了新疆文化遺址的時空分佈特徵與自然環境和人類社會的關係。郭豔榮《再現圓沙古城》(《大衆考古》2023 年 6 期）主要介紹了圓沙古城的地理環境、建築形制、人口及社會生活等内容。苗利輝《龜兹石窟考古現狀及展望》(《大衆考古》2023 年 7 期）概述了龜兹佛教歷史、龜兹石窟及其價值,並回顧了國内外學者對龜兹石窟的探險和考察。廖志堂、李肖《北巴克特里亞地區早期佛寺佈局初探——兼論西域古佛寺的聯繫》(《敦煌研究》2023 年 6 期）對北巴克特里亞地區的佛寺進行梳理與分類,並進一步考察西域地區早期佛寺的來源,以論證西域地區古代佛塔形制及佛寺整體的配置均與北巴克特里亞地區早期佛寺佈局之間存在不同程度的繼承與發展的關係。胡興軍《新疆尉犁縣克亞克庫都克烽燧遺址唐代戍邊生活的考古學研究》(《中華民族共同體研究》2023 年 4 期）系統介紹了克亞克庫都克烽燧遺址的全貌，並根據出土遺物還原了唐代戍邊生活的場景，總結了該遺址考古成果，深化了唐代邊疆治理研究。陳凌等《西域都護府考古探索與反思——基於方法論的觀察》（《中華民族共同體研究》2023 年 5 期）從方法論角度梳理了自清代以來學術界關於西域都護府的研究，概要介紹了近年西域都護府考古工作的思路、方法、主要收穫和取得的認識，並就相關問題提出意見。盛潔《新疆維吾爾自治區焉耆錫克沁遺址考察史及俄藏文物研究》（《北方民族考古》第十五輯）先對錫克沁遺址的考察史進行全面梳理，再對俄國探險隊考察、所藏文物和研究的情況加以重點關注，討論了遺址年代、建築佈局和藝術、信仰轉變等問題，期望有助於推進學界對錫克沁遺址的整體研究。瑪依熱·麥提圖爾迪《被沙漠吞噬的王國——漢晉時期精絶的興亡探討》（《新疆地方志》2023 年 4 期）對精絶考古遺跡尼雅遺址進行概述，根據考古出土文物分析認爲當時精絶具有發達的畜牧業和農業，並結合文獻資料分析精絶的興亡時代，最後回顧了學界對於精絶衰亡廢棄原因的不同觀點，認爲精絶的衰亡是生態環境惡劣和戰争頻繁的雙重作用下的結果。

　　新疆文物考古研究所等《新疆額敏縣霍吉爾特墓地發掘簡報》（《考古學集刊》2023 年 1 期）梳理了霍吉爾特墓地從銅石並用時代、青銅時期、西周時期、春秋晚期至戰國早期、戰國晚期至漢代各個階段的墓葬形制、出土文物和各自特點的相關內容，並將 30 座年代不明確的墓葬分爲豎穴土坑墓、豎穴偏室墓和地面葬三種形制進行分析。王永強等《2022 年新疆吐魯番巴達木東墓群考古發掘簡報》（《吐魯番學研究》2023 年 2 期）對新疆巴達木東墓群的 11 座唐代墓葬的發掘情況進行概述，介紹了主要墓葬 M1、M2、M4、M6 及 M11 與墓誌、泥塑俑、陶器等出土文物，就墓葬的年代問題、葬塋區分佈問題、喪葬禮制變遷問題等提出猜測與看法。閏雪梅等《新疆和静縣烏蘭英格墓地發掘簡報》（《吐魯番學研究》2023 年 2 期）對烏蘭英格墓地的基本情況、地理環境等進行介紹，描述了 9 座墓地和 16 件（組）出土文物的相關信息，並推測該墓地是來自天山以北草原地帶的游牧人群與察吾呼文化系統的人群經過深入的文化交流後形成的，其年代大概在戰國晚期至西漢時期。任皎《新疆克孜爾石窟第 189 窟、190 窟調查簡報》（《吐魯番學研究》2023 年 2 期）以新疆克孜爾石窟第 189 窟、190 窟爲研究對象，集中考察了兩石窟的洞窟形制和壁畫，並對兩石窟的洞窟年代、"焰肩佛"等相關問題作了探討。古麗扎爾·吐爾遜《新疆拜城縣克孜爾石窟第 99 窟調查簡報》（《吐魯番學研究》2023 年 2 期）對第 99 窟保存現狀和壁畫等進行較爲細緻的描述，結合洞窟組合關係、碳十四測定等對洞窟年代也做了綜述。西北大學文化遺産研究與保護技術教育部重點實驗室、哈密市文化體育廣播電視和旅游局（文物局）等《新疆維吾爾自治區伊吾縣粵海水庫遺址 2018 年調查簡報》（《北方民族考古》第十五輯）對新疆粵海水庫遺址的概況、石構建築基址群、石圍基址、墓葬、岩畫、遺物等進行了詳細的介紹和研究。新疆文物考古研究所《新疆維吾爾自治區特克斯縣軍馬場墓地發掘簡報》（《北方民族考古》第十五輯）對新疆特克斯縣軍馬場墓地的概況、墓葬形制、隨葬品進行詳細介紹和總結，並結合碳十四測年數據分析該墓葬群分屬於青銅時代、早期鐵器時代、晚期鐵器時代。德里格爾加甫等《和静縣霍爾古吐水電站墓地考古發掘簡報》對霍爾古吐水電站墓地 31 座古墓葬 1 處居址的考古進行了簡要介紹，並探討了其墓葬類型和年代區間。任萌等《2011 年新疆巴里坤縣石人子溝墓葬發掘簡報》（《文博》2023 年 2 期）對新疆巴里坤縣石人子溝遺址的 6 座小型墓葬進行清理和挖掘，簡要介紹了墓葬的整體概況及各墓葬的墓葬形制、出土文物。任萌等《新疆巴里坤縣八墻子岩畫調查簡報》（《文博》2023 年 2 期）以 2008 年、2010 和 2021 年的調查資料爲基礎，從中挑選 30 個典型畫面進行分層、分幅分析和分類統計，並將其按編號依次介紹。田小紅等《新疆庫車友誼路墓群 2021 年發掘簡報》（《文物》2023 年 3 期）對新疆庫車友誼路墓群進行簡要介紹，分析了該墓群的地層堆積墓葬，並按照時間順序探討了墓葬遺跡和遺物。阿里甫江・尼亞孜《新疆托里縣那仁蘇墓地考古發掘簡報》（《文博》2023 年 2 期）對新疆托里縣那仁蘇墓地的 72 座墓葬進行介紹和分類，並梳理了該墓地出土的 60 余件（組）遺物。

史前考古方面。黄海波、井中偉《試析小河文化的來源與形成》（《西域研究》2023 年 2 期）對新疆地區早期青銅文化進行研究，以境外森林——草原爲重點對象探討了小河文化的來源及形成機制。先怡衡等《新疆出土早期綠松石製品研究》（《西域研究》2023 年 2 期）結合近年來新疆綠松石采礦遺址考古發現，系統梳理了新疆早期綠松石器的出土情況，基本否定了新疆早期綠松石來源"西來説"的觀點。馮玥《七角井遺址與史前絲綢之路上的細石器》（《西域研究》2023 年 3 期）介紹了七角井遺址的具體情況，討論了其存在年代、地層和性質，並揭示了七角井遺址與東北亞細石器間的聯繫。范傑《新疆出土史前海貝來源與傳播路徑再認識》（《西域研究》2023 年 4 期）簡要介紹了新疆史前海貝的發現情況，結合新疆以西地區的考古資料，探討了新疆史前海貝的傳播通道，指出新疆史前海貝經由"草原絲綢之路"自西而來。叢德新《新疆青銅時代考古學文化多樣性的形成與發展》（《中華民族共同體研究》2023 年 2 期）概述了新疆地區青銅時代考古學文化的分區，梳理了各自主要特點和文化聯繫與交流的歷史事實，並探討了新疆青銅時代文化多樣性形成和發展的基本形態、動因與過程。李文瑛《新疆塔里木盆地小河文化溯源及文化交流與互動研究》(《中華民族共同體研究》2023 年 2 期)結合小河人類遺骸骨 DNA 研究、塔里木盆地石器時代的發現與研究等綜合分析,探索了小河文化的來源、形成和發展,著重分析了小河文化與中國其他地區間的物質文化、精神文化交流互動。袁曉《新疆史前農牧經濟與社會形態》(《南方文物》2023 年 4 期)對史前時期新疆地區的三個農牧經濟分佈區進行了介紹,分析了該種農牧經濟格局形成和發展動因,並討論了史前時期新疆社會形態的演變及與農牧經濟的關係。王澤祥《切木爾切克文化的發現與研究》(《北方民族考古》第十五輯)結合國内外相關資料,系統梳理了切木爾切克文化發現與研究史的三個階段,並提出了值得關注的四個問題,以期推動該研究深入發展。王澤祥《切木爾切克文化的類型、時代與界定》(《邊疆考古研究》第三十三輯)在劃分地方類型及分期的基礎上,對新疆阿勒泰地區内“時代”概念、切木爾切克文化的界定標準等問題進行探討。

科技考古方面。張昕瑞等《新疆托里縣那仁蘇墓地出土隕鐵器分析》(《西域研究》2023 年 3 期)對兩件新疆托里縣那仁蘇墓地出土的鐵刀進行實驗室分析檢測,借助掃描電鏡能譜發現其材質均爲隕鐵,同時通過碳十四測年確定了那仁蘇墓地 M4、M5 的墓葬年代,並報道了關於阿凡納謝沃文化隕鐵製品的分析數據,最終推測這兩座墓葬屬於銅石並用時代的阿凡納謝沃文化遺存。張坤《焕彩溝漢碑研究》(《西域研究》2023 年 4 期)簡要介紹了焕彩溝漢碑的現狀和發現史,採用近景攝像測量技術和計算機軟件進行三維復原,最終得出焕彩溝漢碑不存在唐代的刻文,且與姜行本無關的結論,糾正了學術界長久以來的誤傳。宋會宇、康曉静《新疆尼雅遺址一號墓地 M3 出土短靿氈靴材質、染料的監測分析與研究》(《吐魯番學研究》2023 年 1 期)採用紅外光譜檢測和纖維顯微鏡形貌觀察方式、超高效液相色譜—質譜(UPLC H-class-Waters G2 – XS QTOF MS,Water)檢測短靿氈靴的材質和染料,對研究新疆尼雅遺址染織史有重要的參考價值。王亞亞等《唐代不同用途西域文書製成材料無損檢測分析》(《檔案學通訊》2023 年 4 期)以 3 件中國人民大學博物館藏西域文書殘片爲研究對象,利用 FT – IR、XRF 設備和顯微觀察等多種無損檢測手段探究出土唐代西域不同書寫内容文書用紙和墨的差異,發現出土唐代西域不同用途文書保存現狀、用紙質量和字跡材料均存在差異。張美芳、王亞亞《出土西域文書殘片紙張與字跡成分分析》(《文獻》2023 年 1 期)以中國人民大學博物館藏部分未經整理的西域文書爲研究對象,采用 XRF 元素測量、手持式數碼顯微鏡和掃描顯微鏡觀察、Herzberg 染色纖維測定等方法,研究分析和討論了其紙張、字跡及可見殘留物等。殷弘承等《吐魯番伯西哈石窟第 3 窟壁畫製作材料與工藝的科學分析》(《石窟與土遺址保護研究》2023 年 3 期)對伯西哈石窟第 3 窟壁畫殘塊進行取樣,通過剖面顯微分析掃描電子顯微鏡及能譜分析、顯微共聚焦激光拉曼光譜分析、X 射綫衍射等檢測分析,確定了伯西哈石窟第 3 窟壁畫的基本結構,並對各層位的具體組成、礦物顏料進行科學分析。

出土文物研究方面。劉學堂《天山彩陶系統的形成及意義》(《中原考古》2023 年 1 期)對天山彩陶系統進行了系統介紹,指出其在内陸歐亞史前文化格局發展進程中具有重要意義。李樹輝《沙雅縣塔什墩村出土刻石及相關歷史研究》(《廣東技術師範大學學報》2023 年 1 期)以塔什墩村出土的"○"和"◡"形圖案刻石爲研究對象,回顧了烏古斯部落東遷西徙的大致情況,推斷出該類刻石及同期出土陶器由"拓吐蕃以迎太和公主歸國"的回鶻軍隊携帶至當地。王玥、雷茗茹《魏晉十六國時期的鎮墓獸研究——以新疆吐魯番阿斯塔那墓群與河西地區的墓葬爲比較對象》(《文物鑒定與鑒賞》2023 年 7 期)通過比較兩地鎮墓獸的形制、墓葬中同出的其他器物以及墓葬形制分析,推測魏晉十六國時期吐魯番阿斯塔那墓群出土的木製鎮墓獸及其隨葬習俗是從河西一帶傳入的。買合木提江·卡地爾《吐魯番十六國——北朝墓葬出土木俑源流考》(《地域文化研究》2023 年 3 期)介紹了一批吐魯番十六國——北朝墓葬出土木俑及其類型,並推測其存在是南方文化向西域動態擴展的結果。宋敏《穿越古今的新疆出土實物錢幣》(《新疆藝術(漢文)》2023 年 3 期)介紹了魏晉到宋朝新疆所出土的實物錢幣及相關記錄。黄威《英國圖書館 Or.8211/800 號"木簡"名實考——兼及卷軸古書如何描畫界行》(《中國典籍與文化》2023 年 3 期)介紹了 Or.8211/800 號"木簡"的形制、用途等,確定其爲描畫界行的界尺,並闡述了該界尺的使用方法。林鈴梅、瑪爾亞木·依不拉音木《歐亞視野下的角壺與仿角壺陶器》(《南方文物》2023 年 4 期)介紹了世界各地發現的"仿皮囊陶壺",判斷其爲仿角壺陶器,並揭示了角壺的製作工藝,指出角壺或仿角壺陶器對於研究吐魯番盆地與阿爾泰地區間文化交流具有重要意義。苟樹芬《試析北庭故城出土彩陶盆中的文化信息》(《文物鑒定與鑒賞》2023 年 9 期)通過對北庭故城遺址中彩陶盆的出土情況、器形特徵及紋飾中文化信息進行簡要介紹和分析,揭示了北庭故城作爲特定歷史時期的行政中心城市和絲綢之路上的重鎮對各民族文化的融合以及民族關係的重要意義。劉晨《絲綢之路上的錢幣文化——新疆出土薩珊銀幣流通性的探討》(《藝術教育》2023 年 2 期)以薩珊銀幣爲研究對象,簡要梳理了新疆、洛陽、西安地區薩珊銀幣的出土狀況,並從地理因素、地方經濟、宗教文化、貨幣價值等多個角度出發,對薩珊銀幣不具備流通功能的合理性進行綜合性闡述。丁書君、王欣《中華文化共同體視閾下的新疆出土銅鏡研究》（《新疆社科論壇》2023 年 5 期）對新疆地區出土的銅鏡進行分類與概述，深入挖掘新疆出土銅鏡的深刻内涵、社會屬性、文化屬性及美學風格，並探究了中華文化歷史語境下的新疆銅鏡的發展脈絡。侯明明、劉學堂《新疆地區青銅時代螺旋首銅臂釧的發現及來源》（《文博》2023 年 2 期）以新疆地區青銅時代螺旋首銅臂釧爲研究對象，簡要介紹出土遺址、造型分類等，並探討了螺旋首銅臂釧與安德羅諾沃文化在新疆地區的發展和傳播過程。吳佳瑋《鄯善國用印探微》（《西泠藝叢》2023 年 2 期）通過分析簡牘上的印戳，與出土的印章實物進行對照，整理出鄯善國經濟和法律活動中的一些用印特徵，並嘗試追溯其形成的原因和影響的來源。何亦凡《"簡紙過渡"時代的衣物疏——從新刊佈的吐魯番出土最早的衣物疏談起》（《西域研究》2023 年 3 期）以長時段的視角，考察不同時代、地域及書寫載體的衣物疏書式，從側面刻畫了中國"簡紙過渡"時代的社會風貌。

文物修復保護方面。吳麗紅、楊波《庫木吐喇窟群區第 41 窟畫塑復原及研究》（《敦煌學輯刊》2023 年 1 期）通過梳理文獻、分析檢測等方法，對該窟進行復原，揭示了該窟的圖像學内涵，並探討了龜兹回鶻千手觀音信仰的文化淵源。孫雨璠《新疆吐魯番勝金店墓地出土錦囊的修復保護研究》（《文物保護與考古科學》2023 年 2 期）對組成錦囊的羊皮和錦面進行多項無損檢測及病害評估，在此基礎上以保護文物原始信息爲原則，采用背襯加固法和多種針綫技法以達到修復效果。解凡、高鑫《新疆伯西哈石窟壁畫保存現狀研究》（《文物鑒定與鑒賞》2023 年 14 期）調查了伯西哈 K1 至 K5 壁畫内容及其現狀，對顏料層、地仗層及支撐體進行實驗室檢測分析，爲保護該石窟壁畫提供了數據支撐。高桂清《AR 技術在喀什高臺民居數字化保護中的應用研究》（《美術設計研究》2023 年 1 期）以新疆建築文化藝術代表喀什高臺爲研究對象，考察在喀什高臺民居保護中運用 AR 技術數字化的可行性和優勢，並强調了 AR 技術在喀什高臺民居數字化保護方面的意義。劉穎《"古城"換新貌：北庭故城遺址的保護與開發利用》（《文化學刊》2023 年 3 期）以北庭故城遺址爲研究對象，回顧了北庭故城遺址的發展淵源，並針對當前的保護和開發利用現狀進行分析，以此提出相應的優化建議。

九、少數民族歷史語言

本年度少數民族歷史語言研究的成果涉及多個方面，包括回鶻文、蒙古文、摩尼文粟特語以及古藏文、敘利亞語、波斯語、佉盧文、察合台文等研究成果。

回鶻文方面。白玉冬《U5335 回鶻文音譯〈五臺山讚〉——兼談 U5335 文書的寫作背景》(《敦煌吐魯番研究》第二十二卷)基於對 U5335 回鶻文文書收録的回鶻文音譯《五臺山讚》的整理復原,就回鶻人的五臺山信仰作一考述,並考證了 U5335 的寫作年代、地點與背景。付馬《中國國家博物館藏黄文弼所獲回鶻文書研究劄記》(《中國國家博物館館刊》2023 年 8 期)對學界關於黄文弼所獲西北地區出土回鶻文書的釋讀和研究進行了修正和補充,並釋讀了先前未刊殘片一件。李剛《吐魯番柏孜克里克諸石窟遺存回鶻文題記語言學研究》(《敦煌學輯刊》2023 年 2 期)概述了柏孜克里克石窟的洞窟及題記情況,並從語言學角度對 9、15、18、20、23 號石窟遺存的回鶻文題記進行釋讀與語言學探究。宋博文《從〈分別三身品〉看回鶻文〈金光明經〉的版本流變》(《西域歷史語言研究集刊》第十八輯)在前人研究的基礎上,對回鶻文《金光明經·分別三身品》柏林藏相關殘片與聖彼得堡本進行對勘和文本分析,並進一步探討了柏林藏殘片的版本系屬及其反映的版本流變。崔焱《回鶻文〈玄奘傳〉中的語言接觸研究——以第六卷爲例》(《西域歷史語言研究集刊》第十八輯)根據回鶻文《玄奘傳》對比漢文的改動,來進一步探討改動翻譯的原因以及翻譯方法,展現了回鶻語與漢語的交往交流的語言接觸實證。王小文、付馬《蒙古統治時期吐魯番盆地的驛路交通——以吐魯番出土回鶻文書爲中心的考察》(《中西元史》第二輯)通過分析國博藏回鶻文書,來勾勒出吐魯番地區的主要驛路以及設置驛站的地點以及其變遷。

蒙古文方面。党寶海、貢一文《黄文弼先生所獲 14 世紀察合台汗國蒙古文文書譯釋》(《吐魯番學研究》2023 年 1 期)對中國國家博物館收藏的 H129(K7720)、H130(K7655－3)號古文書殘片進行解讀,並討論了其具體内容。敖特根《翻譯與民族交流:敦煌、吐魯番與哈喇浩特出土蒙古文翻譯文獻》(《面壁窮經一甲子——施萍婷先生敦煌研究六十年紀念文集》)對吐魯番、敦煌、哈喇浩特三地出土的蒙古文翻譯文獻進行詳細解讀,探討了當時蒙古人的社會生活、思想情感及其與其他民族間的交流互動。

摩尼文粟特語方面。木再帕爾《〈戴寶石者的故事〉——德藏摩尼文吐魯番文書 M135 號文獻研究》(《民族語文》2023 年 1 期)以德國柏林勃蘭登堡科學院檔案館藏粟特語摩尼文文獻《戴寶石者的故事》(məryārt sumbē āzēndi)爲研究對象,探討了其來源和性質,並從文獻學和語言學的角度對其進行了換寫、轉寫、語法標注及翻譯,揭示了摩尼文粟特語的基本形態特徵。胡曉丹《國家博物館藏黄文弼所獲摩尼文粟特語殘片釋讀》(《吐魯番學研究》2023 年 1 期)對兩個新近整理出的摩尼文殘片進行了釋讀和初步研究,並探討了該殘片的原始出土地。

其他語言方面。陸離《新疆出土藏文文獻所見關於回鶻、突厥記載研究》

(《石河子大學學報》2023 年 5 期)通過研究 20 世紀出土於新疆米蘭、麻扎塔格等地的古藏文文書、簡牘中關於突厥歷史的記載內容,與漢文傳世史籍相印證,指出該類文獻具有重要的史料價值。丁曼玉《柏林藏吐魯番敘利亞語文書的整理與研究》(《西域研究》2023 年 3 期)對柏林所藏的敘利亞語文書的發現、流轉、刊佈與研究等情況進行了梳理,並總結了學界對吐魯番景教教團身份和來源等問題的探討。王一丹《新疆喀什阿帕克和卓麻扎門樓上的一首波斯語紀年詩》(《西域文史》第十七輯)以阿帕克和卓麻扎門樓入口處上方中央的詩歌爲研究對象,對其銘文進行逐句録寫、轉寫及譯釋,並從波斯文學的角度重點探討了詩中出現的“紀年詩”的創作現象,還收集了幾條與喀什相關的紀年詩材料。韓樹偉《新疆出土佉盧文書所見漢晉鄯善國習慣法研究》(《新疆大學學報》2023 年 5 期)著重分析了 20 世紀初新疆塔里木盆地南緣出土的佉盧文書中的法律判例文書和契約經濟類文書,再現了漢晉時期鄯善國的政治、經濟、法律、社會等多個方面,彌補了傳統史料記載的不足。謝寶利、張婧《鄯善王國羊之用途初探——以佉盧文書爲文本的研究》(《高原文化研究》2023 年 1 期)以佉盧文書爲文本研究鄯善王國羊的用途,進一步深入認識古代鄯善王國乃至西域其他國家的社會性質、階級結構、歷史發展軌跡。玉努斯江·艾力、潘勇勇《感恩的記憶——清代吐魯番維吾爾人遷居瓜州的一件察合台文文書》(《西域歷史語言研究集刊》第十八輯)主要介紹了收藏於土耳其安卡拉民俗博物館中的一件關於吐魯番維吾爾人遷居瓜州的察合台文文書,簡要考釋了該文書中出現的地名與官職,並對其進行漢譯,有助於瞭解吐魯番維吾爾人遷居瓜州的歷史史實以及該時期的民族關係。

十、古　　籍

　　寶秀艷、楊羽《德藏吐魯番出土〈爾雅音義〉殘片探析》(《現代語文》2023 年 5 期)對 6 件吐魯番吐峪溝出土的《爾雅音義》殘片進行了比較研究,探討了殘片的發現與著録、作者問題、與傳世本文字的異同、學術價值以及 1577 號殘片與 6783 號殘片的關係問題等,推測這 6 件分爲兩組,來自於以隋唐之際學者曹憲的《爾雅音義》爲底本的不同抄本。方心怡《國學經典的傳播　吐魯番出土唐寫〈尚書〉殘卷小記》(《中國民族》2023 年 5 期)介紹了吐魯番阿斯塔那古墓群出土的唐寫本《尚書·孔氏傳》《尚書·禹貢》《尚書·甘誓》等殘卷,指出其正面爲官府文書,廢棄後被當地百姓再次利用,做成了墓主人的紙鞋,當文物工作者將其揭取下來後,才得以重見天日。李玉平《唐寫本〈論語·述而〉鄭注前十二章拼綴復原研究——兼及中外漢文古寫本〈論語〉鄭注資料考察》(《北方工業大學學報》2023 年 6 期)考察了中外唐寫本《論語》鄭玄注材料,其中包括吐魯番寫本 23 個殘卷,以《論語·述而》鄭注前十二章爲例,拼綴復原《論語鄭注》文本。

十一、科　　技

科技相關研究涉及醫學和生產技術與工藝方面。

醫學方面。海霞《回鶻文本〈醫理精華〉探究》(《敦煌學輯刊》2023 年 2 期)對回鶻文本《醫理精華》的編撰者、編撰背景、編寫體例等方面展開了討論,並對比分析回鶻文本與梵文本的異同,揭示了印度醫學與回鶻醫學之間的交流往來。于業禮《旅順博物館藏新疆出土醫學著作殘片研究》(《中央民族大學學報》2023 年 1 期)對 5 件旅順博物館藏新疆出土醫學著作殘片的内容進行研究和判斷,總結了該組殘片的共同特點,並推測其爲唐代使用的醫學教材,據此猜測 Ch.1036+大谷 5467(1)《本草經集注》殘片和大谷 8096《明堂圖》殘片等均是醫學教材殘片。張李贏、王興伊《梵語—龜兹語文書 PK AS 2B 治風方考》(《中醫藥文化》2023 年 4 期)對梵語—龜兹雙語醫學文書 PK AS 2B 進行概述,著重研究分析其中的第 3 頌治風方的源流、内容和治療方法,並將第 3 頌梵語藥方與龜兹藥方作比較,總結其兩者間的差異和原因分析。

生產技術與工藝方面。陳濤、蔣洪恩《吐魯番晉唐時期的水稻栽培研究》(《自然科技史研究》2023 年 1 期)以阿斯塔那古墓群出土水稻遺存爲主要研究對象,結合其他植物考古和環境考古證據以及出土的相關器物遺存,探討了吐魯番地區早期水稻栽培狀況。李鑫鑫、何紅中《國家主導:漢唐時期苜蓿在西北地區的推廣管理》(《中國農史》2023 年 5 期)在既有研究的基礎上,利用最新整理公佈的懸泉漢簡以及此前研究中的未系統研究的佉盧文書、吐魯番出土文書等,探討了漢唐時期苜蓿在西北地區推廣、利用和管理等問題。劉念等《新疆古代玻璃的發現與科技研究》(《西域研究》2023 年 4 期)對新疆地區出土不同時期玻璃製品的科技考古研究成果進行梳理,統計各時期不同類型玻璃製品的發現與分佈,總結了新疆地區玻璃製品的基本特徵與產源信息,探討了其所反映的文化交流情況,提出將考古遺址背景、古玻璃類型學研究、多手段科技大數據分析三者有機結合,進一步深化並完善新疆古代玻璃研究的構想。夏燕靖《唐代紡織品"草木染"染色工藝探賾》(《藝術設計研究》2023 年 4 期)以唐代"草木染"爲研究對象,探析了"草木染"染色工藝的色彩樣貌、生產工藝、實際運用與傳播等,豐富了唐代服色風向研究。

十二、書評與學術動態

書評方面。孟憲實、李肖《朱雷〈吐魯番出土文書補編〉評介》（《西域研究》2023 年 3 期）簡述了《吐魯番出土文書補編》的内容，並對其進行導讀與評介，肯定了其學術價值。姚崇新《毫端盡精微　胸中有世界——榮新江〈從張騫到馬可·波羅——絲綢之路十八講〉評介》（《西域研究》2023 年 4 期）簡要分析了本書對絲綢之路研究的切實推進，並對該書的部分錯字提出改正。張小貴《榮新江著〈從張騫到馬可·波羅：絲綢之路十八講〉》（《敦煌吐魯番研究》第二十二卷）對此書進行了詳細介紹，並針對其中的部分内容作出進一步分析和探討，肯定了其學術價值。朱鴻君《悟讀榮新江先生——〈從張騫到馬可波羅——絲綢之路十八講〉》（《吐魯番學研究》2023 年 1 期）主要記錄了作者在讀榮新江先生《從張騫到馬可波羅——絲綢之路十八講》時的所思所感所悟。劉子凡《〈吐魯番出土文獻散録〉中的文書研究價值》（《隋唐遼宋金元史論叢》第十三輯）介紹了榮新江、史睿先生主編的《吐魯番出土文獻散録》一書，並分析了其重要貢獻。沈琛《榮新江編著〈和田出土唐代于闐漢語文書〉》（《敦煌吐魯番研究》第二十二卷）簡要介紹了該書的基本信息，總結了該書具有的三點學術價值，認爲該書將成爲研究于闐歷史乃至唐代西域史的必備工具書，並討論了該書可改進之處。鄭豪《侯燦編著〈樓蘭考古調查與發掘報告〉》（《敦煌吐魯番研究》第二十二卷）從《樓蘭考古調查與發掘報告》本身及簡報文章與該報告對勘兩個維度，對其内容及價值進行審視，評估該報告學術價值的同時，也指出該報告在數字編號、圖片内容、文字誤植等方面存在不足。張得盼《探究中華文明外播史的一部精品力作——評〈絲綢之路上的中華文明〉》（《西域研究》2023 年 2 期）指出《絲綢之路上的中華文明》一書在内容上從考古學、文獻學、學術史三個視角分別解讀了絲路沿綫出土的文物和文獻中有關中華文明西傳的内涵及文化交融的情形，並從讀者角度闡釋了該書表現出的四個特點。榮新江、朱玉麒《我們擁有黃文弼文書——〈黃文弼所獲西域文書〉前言》（《吐魯番學研究》2023 年 1 期）介紹了黃文弼所獲西域文書及其學術價值，肯定了黃文弼文書對於西域史地和絲綢之路研究的貢獻。吳華峰《新疆考古報告的里程碑——黃文弼"三記"再版前言》（《吐魯番學研究》2023 年 1 期）簡要介紹了黃文弼先生的三部作品《羅布淖爾考古記》《吐魯番考古記》《塔里木盆地考古記》的創作緣起，並指出"三記"的學術里程碑價值。

學術會議方面。2023 年 3 月 4 日至 5 日"黃文弼與絲綢之路"學術研討會在西北大學召開，研討會以黃文弼的絲綢之路研究活動爲中心，涉及黃文弼生平事跡、學術理念、學術貢獻以及絲綢之路考古、藝術與宗教等方面。2023 年 3 月 25 日至 26 日“吐魯番學的回顧與展望”學術研討會在武漢大學召開,來自全國各地的學者圍繞著吐魯番文書整理、社會經濟、地方治理、石窟壁畫、人口、語言、考古、宗教、歷史地理等諸多方面展開深入研討。2023 年 6 月 3 日“唐宋史研究的新時代”學術會議在中國人民大學圖書館召開,來自全國四十餘所高校、科研機構、文博事業單位的百餘位學者及多家新聞媒體、學術期刊、出版行業工作者參加會議,該會議“文書與石刻”分論壇就敦煌吐魯番文書和石刻史料研究展開熱烈討論。2023 年 8 月 10 日至 13 日“從河西走廊到中亞:絲綢之路文明”學術研討會在吐魯番博物館召開,來自全國各地的專家學者通過學術交流促進關於絲綢之路文明的研究,增進與絲綢之路相關學科、領域的融合發展。2023 年 8 月 20 日至 23 日第六屆吐魯番學國際學術研討會在吐魯番博物館召開,來自國內外 140 餘名專家學者以“新時代吐魯番學傳承與發展”爲主題,充分探討了吐魯番考古新發現以及吐魯番學國際學術新研究。2023 年 10 月 7 日“絲綢之路與中國西北科學考察團”學術研討會在新疆師範大學召開,來自全國各院所高校的 82 位專家學者圍繞“中國西北科學考察團研究”“近現代絲綢之路考察史研究”“絲綢之路歷史與文化研究”等主題展開相應探討。2023 年 10 月 7 日至 10 日“絲路美術傳播和文明互動”學術研討會在新疆拜城克孜爾石窟召開,來自北京、天津、甘肅等地的學者分享了絲路重要歷史文化價值的研究,深入探討絲路的傳播和貢獻。2023 年 11 月 11 日中國中外關係史學會 2023 年工作會議暨“天山廊道與中外交通”學術研討會在上海大學召開,參會學者首先就中國中外關係史學會 2023 年工作進行總結,並對相關議題展開探討。2023 年 12 月 4 日吐魯番專題研討會在新疆師範大學召開,來自 10 家單位 100 餘人以“聚焦傳承發展吐魯番學、打造絲路研究新高地”爲主題展開討論,並分別以“吐魯番學研究現狀和相關問題”“振興吐魯番學的若干思考”“吐魯番學:回顧與展望”“武漢大學與中國敦煌吐魯番學”爲題作專題報告。

研究綜述方面。程秀金《2021—2022 年新疆史研究綜述》(《新疆大學學報》2023 年 6 期)介紹了 2021—2022 年期間的新疆歷史研究情況和成果,並將其劃分爲政治史、歷史地理研究、文化史、經濟史、社會史、學術回顧等部分加以梳理和總結。郭來美《俄羅斯基於敦煌吐魯番文獻的唐代社會歷史研究》(《青海師範大學學報》2023 年 2 期)介紹了俄羅斯對敦煌吐魯番文獻的社會歷史方面的研究情況和成果。周尚娟《吐魯番地區佛教考古與研究綜述》(《宗教學研究》2023 年 4 期)總結了 19 世紀末 20 世紀初探險考察情況和 20 世紀 50 年代以來的調查、發掘工作,並對佛教遺跡、佛寺文獻的研究狀況進行梳理與考證。賀婷、張鐵山《近十年國内回鶻研究綜述》（《亞非研究》2023 年 2 期）就近十年來國内回鶻相關研究的學術成果進行回顧與總結，共統計 2217 篇文獻，先按照發表年度、涉及學科、文獻類型及來源、作者、機構展開定量分析，再按照文獻的研究内容對相關文獻進行回顧和梳理。韓樹偉《敦煌、吐魯番出土漢文契約文書研究綜述》（《吐魯番學研究》2023 年 2 期）主要對國内外學者關於敦煌、吐魯番等地出土的漢文契約文書研究作了系統梳理和介紹。馬玉鳳《明代緑洲絲綢之路研究的回顧與展望》（《中國邊疆史地研究》2023 年 2 期）集中梳理了明代緑洲絲綢之路研究中對西域各地及貢使研究的相關成果，並提出了明代緑洲絲綢之路研究的展望。李芳《晚清吐魯番廳檔案研究綜述》（《新疆大學學報》2023 年 6 期）對近十年利用吐魯番廳檔案所取得的學術研究成果進行分類整理和總結，並就如何進一步深化檔案的利用提出建議。

　　紀念文方面。《絲綢之路考古》（第七輯）爲紀念黃文弼先生誕辰 130 周年，專刊介紹黃文弼先生的事跡與學術思想。鄧永紅、吳華峰《吐魯番考古第一人——紀念黃文弼誕辰 130 周年特展》（《吐魯番學研究》2023 年 1 期）主要總結了該特展的四個亮點。郭豔榮《黃文弼先生與吐魯番》（《大衆考古》2023 年 3 期）主要介紹了黃文弼先生在吐魯番地區進行的兩次考察之旅及成果。鄧聰《春風拂璋追懷饒師宗頤：毋忘香港的根》（《南方文物》2023 年 1 期）總結了饒宗頤先生對香港考古的三大重要貢獻，並回憶了作者參與饒公考察研究大灣商代牙璋的所見所聞，深刻表達了鄧先生對饒公的尊敬與追思，反映了饒公學識淵博與好古敏求的高尚品格。張重洲《侯燦先生與吐魯番學研究》（《華夏文化》2023 年 2 期）回顧了侯燦先生的吐魯番學研究成果和工作，著重介紹侯燦先生的兩部著作，並對中國吐魯番學的研究進行展望。

1900—2020年伯希和與法國敦煌學研究概述

何　英　楊敬蘭（敦煌研究院）

　　伯希和作爲法國敦煌學研究領域的先驅,對法國敦煌學研究的推進作出了個人貢獻。多年來,法國在敦煌學研究方面成果頗豐,據筆者統計整理,從1900—2020年百餘年間,中國和法國公開出版有關法國學者敦煌學研究專著、譯著及論文集100餘部,發表了相關論文、譯文近700篇。本文將伯希和對敦煌學的研究和貢獻歸納爲五部分,作簡要回顧和概述。限於學識和篇幅,如有遺漏,或不當之處,敬祈指正。

一、伯希和與敦煌學的緣起

（一）伯希和的學術背景

　　保羅·伯希和（Paul Pelliot,1878—1945）是世界著名的法國漢學家、法國敦煌學的先驅,1878年5月28日生於巴黎。曾入巴黎大學主修英語,畢業後入法國漢學中心學習漢語,繼入法蘭西學院,師從漢學家沙畹（Emmanuel-èdouard Chavannes,1865—1918）和印度學家烈維（Sylvain Levi）,專攻東方各國語文歷史。導師沙畹是那一時代的漢學巨擘,其弟子除伯希和外,馬伯樂（Henri Maspero,1883—1944）、葛蘭言（Marcel Granet,1884—1940）和戴密微（M.Paul Demieville,1894—1979）後來也都成爲漢學大家。1899年伯希和被選爲印度支那古跡調查會（該會創建於1898年,次年改稱法蘭西遠東學校）寄宿生。1900年法蘭西學院爲拓展對遠東諸國的文化研究,將原有的法屬安南考古團改組爲法國國立遠東學院,總部設在河內,研究範圍自印度、中亞、東北亞、東南亞到東亞諸國。1956年該院遷至巴黎,伯希和就曾任職於該學院。

　　1900年2月,伯希和受該校派遣,前往北京爲學院圖書館收集中文書籍。1901年返回河內,成爲遠東學院漢學教授,是年22歲。此後五年,潛心漢籍目録版本的檢索和東南亞歷史地理研究,所著論文陸續發表於遠東學報,如1903年,他將周達觀（元）著的《真臘風土記》翻譯成法文並加注釋,在巴黎出版;1904年離越南回國,同年在巴黎發表《交廣印度兩道考》。因成績卓著,爲漢學界所注意。1901年,伯希和第二次被派往中國考察,並爲遠東學院帶回大批漢、蒙、藏文書籍和藝術品;1902年,第三次來華考察,收羅了大批中文書籍和雕刻藝術品。與此同時,伯希和開始嘗試使用歷史語音學的比較考證法來研究用漢語轉寫的外國人名地名,並關注中國的外來宗教和異教派別,以後又鑽研中國佛教的起源與道教的關係,由此注意到中國與印度、西域的聯繫,其成果很快爲漢學界所矚目。

(二) 伯希和西域考古探險團的組建

19 世紀 90 年代起,世界考古的重心逐漸轉移到中亞和遠東,中國的西北地區也成爲當時西方人考古探險的重要探索地之一。1905 年,英國人斯坦因(Sir Aurel Stein)中亞考古新發現的消息傳入歐洲,伯希和因此受法國銘文與美文學院和法國中亞考察委員會委派,負責組建探險隊,進行西域考察。伯希和西域考古探險團一經組建,便開始了積極的籌備運作。在人員、資金、設備等方面的準備工作,持續了一年多。探險團成員除伯希和外,另外兩名成員分別是法國殖民地軍隊的軍醫、原北圻或東京灣人路易 · 瓦楊(Louis Vaillant)博士,負責地理測繪、天文觀察和自然史方面的工作;專業攝影師夏爾 · 努埃特(Charles Nouette),負責照片、圖片資料和檔案工作。整個探險團所需大部分資金由法國銘文與美文學院、法國科學院、公共教育部共同贊助。諸如法國地理商業學會、法國亞洲委員會、法國自然史博物館等一批學術團體及一批熱衷於贊助文化教育事業的社會名流。在這些力量的支持下,伯希和率領的法國西域考古探險團,赴西域從事了近三年的西域考古探險活動。

1906 年 6 月 15 日,伯希和西域考古探險團一行從巴黎出發,乘火車經莫斯科和塔什干進入了中國新疆。他們對新疆的喀什地區和新疆巴楚的托乎孜薩萊、庫車的克孜爾石窟、庫木吐喇石窟、都勒都爾阿乎爾、蘇巴什等地進行了廣泛考察。探險團一行於 1907 年 12 月中旬從烏魯木齊出發,經吐魯番、哈密等地前往敦煌。

(三) 伯希和敦煌之行

伯希和於 1908 年 2 月 24 日到達敦煌,次日抵達莫高窟。先期抵達的夏爾 · 努埃特對莫高窟的 182 個洞窟作了編號,拍攝了莫高窟外景和數百幅洞內壁畫的照片,這些照片在伯希和回到法國後,於 1914—1924 年,用了 10 年時間,出版了 6 卷本的《敦煌石窟圖録》(les grottes de touen-houang),這是第一部關於敦煌莫高窟的大型圖録,比較全面地介紹了敦煌石窟藝術,其内容包括莫高窟 108 個洞窟和外景的 399 幅照片。這套圖録通篇採用像質一流的 12 英寸大照片,它不僅是早期研究敦煌藝術最主要的圖像依據,也是當時國際敦煌學界深入瞭解莫高窟的經典之作。探險隊另一成員路易 · 瓦楊則繪製了一幅石窟分佈平面草圖。令伯希和始終念念不忘的,還是他在烏魯木齊就獲知的敦煌藏經洞中出土的卷子、繪畫和其他文物。

1908 年 3 月 3 日,正是天主教封齋前的星期一(狂歡節的最後一天),伯希和進入了他稱之爲"至聖所"的藏經洞。他在藏經洞裏待了 3 個星期,憑藉深厚的漢學功底和豐富的考古知識,將藏經洞中所有的遺書通檢一遍,通過與王道士多次會談,最終以 500 兩銀子(約 90 英鎊)成交,從而獲得了 6 600 卷具有極高學術價值的文本文獻。他於 1908 年 3 月 26 日寫於敦煌千佛洞,並於 4 月 27 日交給驛站轉而寄給法國地理學會會長,即法國西域國際考察委員會主席和舉薦派遣伯希和出使西城的塞納(émile Senart)的一封信中,詳細地介紹了這一過程。[①] 1908 年 3 月 27 日,伯希和結束了在藏經洞的工作,隨即開始了對敦煌石窟的考察,他依照制訂好的考察計劃,將洞壁上尚可辨認出來的題識和遊人題記都抄錄下來。當時莫高窟的石窟外貌、洞内壁畫、彩塑、畫像和供養人的名字,仍保持著 6—10 世紀的原狀。其中的絕大部分題記爲漢文,西夏文題識有 20 餘方,八思巴文題識約有 10 方。此外還有藏文、回鶻文和婆羅米文的題識。伯希和逐窟記錄了洞窟内壁畫的内容、題識和洞窟的建築風格等。並留下名爲《沙州千佛洞》(又稱《敦煌石窟筆記》)的現場臨記。5 月 28 日,他在敦煌城度過了 30 歲生日。他有關敦煌石窟的 6 卷筆記,由原法蘭西學院中亞和高地亞洲研究中心於 1981—1992 年間出版。

同年,伯希和在《法蘭西遠東學院學報》發表了《敦煌藏經洞訪問記》《中國藝術和考古新視野》等文章。1911 年,他被法蘭西遠東學院任命爲中亞語文、歷史和考古教授,並開設"中亞西亞歷史、地理考古學"講座,從此奠定了他的漢學學術地位。此後,他發表了《敦煌千佛洞》等多篇論文,1911—1913 年間,和沙畹合著的《摩尼教流行中國考》,在漢學界引起極大反響。

伯希和所獲得的這批敦煌文獻除漢文寫本之外,還有大量藏文、回鶻文、粟特文、西夏文等珍貴少數民族語言寫本。内容涉及宗教,如佛教、道教、摩尼教,以及天文、曆法、醫藥、文學等眾多領域,是研究敦煌乃至整個中國中古時期的歷史、文化、宗教的寶貴資料。此外還有二百多幅唐代繪畫與幡幢、織物、木製品、木製活字印刷字模和法器等文物。

伯希和認爲,這些寫本對於法國學術界的意義在於,它們不僅彌補了在法國圖書館中沒有中國古寫本的空白,同時將可利用這批檔案文獻進行法國的漢學研究。此外,對於藏經洞封閉的時代與原因,伯希和提出了第一種解釋,並且在學術界得到了很大程度的接受:"第一個需要澄清的問題,便是該密室的大致年代問題。在此問題上,不可能有任何懷疑。其漢文文書中的最後年號是宋代的最初幾個年號:太平興國(976~984)和至道(995~997)年間。此外,在整批藏經中,沒有西夏文字的寫經。因此,很明顯,該龕是於 11

---

① 耿昇《中法文化交流史》,昆明:雲南人民出版社,2013 年,第 563—564 頁。

世紀上半葉封閉的,很可能是發生在 1035 年左右的西夏入侵時期。人們亂無秩序地將漢文與藏文文書、絹畫、帷幔、小銅像和直至 851 年雕刻的大石碑都堆積在一起。人們可能會嘗試將成捆卷子散落開的混亂狀態也歸咎於對這次即將來臨的入侵之恐懼"。①

1921 年伯希和被選爲法國銘文與美文學院院士,是作爲漢學家進入法國最高學術層的第一人。時伯希和的成就已經超過了導師沙畹,他將歐洲漢學推進到與其他學科並駕齊驅的地位。

二、伯希和之於中國"敦煌學"發軔的意義

中國"敦煌學"正式發端的時間,學術界普遍認定爲 1909 年。這一時間的認定,基於以下所述與伯希和相關諸事件。

伯希和探險團於 1908 年春、夏之際在敦煌獲取藏經洞文物後,完成了在敦煌的考察,於 1908 年 6 月 8 日離開沙州,至 6 月 30 日,共分 19 程走了從沙州到甘州的 560 公里的路程,並對沿途所經地方都作了考古調查、天文觀察和地理測繪。

探險團於 10 月 2 日到達北京,稍作休整之後,瓦楊攜帶一大批自然史搜集品,乘船經廣州返回法國。努埃特則陪同伯希和先赴南京,拍攝兩江總督和閩浙總督端方的珍貴收藏品;後又赴無錫拍攝斐景福搜集的古畫。② 1908 年 12 月,努埃特乘船護送 80 多箱雕刻品、繪畫和寫本返法。伯希和則於 1908 年 12 月 12 日返回其工作地點河內。1909 年 5 月 21 日,伯希和離開河內,走海路又一次前往中國,計劃先在北京爲法國國家圖書館購買漢文書籍,然後再乘火車取道俄國,返回法國巴黎。伯希和乘船北上途中,途經上海,於 1909 年 6 月上旬再次訪問了南京,多次拜訪兩江總督兼南洋大臣端方(1861—1911 年)及其所聘美籍新政顧問約翰·卡爾文·福開森(John Calvin Ferguson,1866—1945 年)等人。1909 年 6 月 9 日,伯希和離開南京,取水路經上海、天津,於 1909 年 6 月下旬或 7 月上旬到達北京。他在上海和北京居住的幾個月期間,共獲得近 3 萬卷(本)漢文書,準備典藏於巴黎國家圖書館。在此期間,有關他們發現敦煌遺書的消息已在中國學者間流傳。不久,伯希和在其北京住處向王式通(1864—1931 年)、董康(1867—1947 年)、羅振玉(1866—1940 年)、王仁俊(1866—1914 年)、蔣黼(1866—1911 年)、曹元忠(1865—1923 年)等一批晚清學者出示了尚未隨大宗收集品寄回巴黎的部分敦煌寫本,使中國主流學界第一次確悉藏經洞發現之事;羅振玉等人得以親

---

① 耿昇《中法文化交流史》,昆明:雲南人民出版社,2013 年,第 565 頁。
② 王楠《伯希和與清代官員學者的交往(1906~1909 年)》,《西域研究》2017 年第 4 期。

睹敦煌古寫本的真貌,大爲驚歎。

同年 10 月 4 日(清宣統元年八月廿一日),北京學界於六國飯店公宴伯希和,參加公宴的中國學者基本上是以學部、京師大學堂以及大理院系統的官員爲主。① 此次公宴既有對外聯絡西方學者、推動敦煌文獻刊佈的目的,也有對內促成學部、京師大學堂的主事官員同意購買、保存劫餘敦煌寫卷的用意。

雙方在席間達成今後全面攝影、刊佈法藏敦煌文獻的口頭協議。期間,京師學者在參觀伯希和搜集品過程中,拍攝、抄錄了一部分敦煌文獻,並於當年以目錄、題跋、釋錄等形式加以刊佈;其中,羅振玉於 1909 年撰寫並發表有關敦煌文物的簡目和簡述《敦煌石室書目及發見之原始》,是迄今所知中國第一篇"敦煌學"文章。因此,這次公宴具有深遠意義,不僅使以羅振玉、董康爲代表的中國學者與伯希和之間建立了良好的學術關係,當年甚有書信往還,②爲日後的長期學術合作奠定了基礎;公宴也促成了學部、京師大學堂的主事官員同意購買劫餘敦煌寫卷,從而保存了一大批珍貴文獻;與此同時,此次公宴還極大地提高了敦煌文獻在中國學術界中的知名度,激發了中國學者關注與研究敦煌文獻的熱情。之後,更是有如王國維、陳垣、陳寅恪等學者對敦煌學研究的投入,至此,開啓了中國敦煌學的早期研究。

三、學界對伯希和敦煌文獻文物的整理編目與研究

伯希和劫掠的文獻文物大多入藏法國國立圖書館,美術品入藏巴黎盧浮宮,最後歸吉美博物館。法國國立圖書館所藏敦煌文獻資料,全部用伯希和的名字 Pelliot 標號,簡作"P.",中文簡稱"伯",各種文字資料又按語種大致做了分類編號。藝術品收藏在吉美博物館,最早由阿甘(J.Hackin)對該批藝術品編過一個簡單的目錄,名爲《吉美博物館指南目錄》,1923 年在巴黎出版。二戰後由伯希和的學生,法國蒙古史、中亞史學家韓百詩(Hambis, Louis, 1906—1978)組織一批學者,將這些美術品進行系統分類,編成《伯希和考察隊考古資料叢刊》,已出版十幾卷。③

(一) 伯希和敦煌漢文文獻的整理、編目與研究

伯希和在 1908 年從中國回到巴黎後不久就開始了對其中漢文收集品的編目工作,1920 年完成了目錄初稿,共著錄了 1 532 個漢文卷子(即從 2001~

---

① 王冀青《清宣統元年(1909 年)北京學界公宴伯希和事件再探討》,《敦煌學輯刊》2014 年第 2 期。
② 秦樺林《1909 年北京學界公宴伯希和事件補考——兼論王國維與早期敦煌學》,《浙江大學學報》2018 年第 3 期。
③ 耿昇《中法文化交流史》,昆明:雲南人民出版社,2013 年,第 567 頁。

3511 號,又從 4500～4521 號)。1920 年,羅福萇(《巴黎圖書館所藏敦煌書目》,北京大學《國學季刊》第一卷第四期,1923 年;第三卷第四期,1932 年)和陸翔(《巴黎圖書館敦煌寫本書目》,《國立北平圖書館館刊》,第七卷第六期,1933 年;第八卷第一期,1934 年)以漢文形式刊佈。這份目錄後於 1926 年由日本學者羽田亨在日本京都發表。1926 年,伯希和又與羽田亨合作影印發表了《敦煌遺書》第一套,主要包括《慧超往五天竺國傳》《沙州地志》等 10 餘種珍貴遺書。1937 年,他又與羽田亨、神田喜一郎等合作,影印發表了一套《敦煌秘笈留真》。

伯希和的這份目錄在 20 世紀 60 年代以前,一直是學者們參考巴黎敦煌遺書的一部最實用的目錄。但該目錄有三個缺點:第一,他的編目工作比較潦草,對於他主觀上認爲不重要的地方,爲避免麻煩,沒有進行著錄;第二,伯希和雖然是歐洲很著名的漢學家,但對於閱讀和認識我國四部書的知識和能力尚有限,因此一部分書名沒有正確反映出來;第三,始終沒有編出完整的目錄。此後,又有時留學法國的王重民(1934—1939 年)和日本學者那波利貞(1932—1933 年)對此進行了更加細緻和全面的整理工作。

特別是 1934 年,王重民到巴黎後,就開始編《伯希和劫經錄》,該目收在《敦煌遺書總目索引》中。王重民所編《伯希和劫經錄》也有許多空缺處,並有許多籠統稱之爲"殘佛經""殘道經"之類的地方。1952～1955 年,法國國立科學研究中心的謝和耐與吳其昱在前人工作的基礎上,重新整理編寫了 2001～2500 號漢文寫本目錄,這一工作於 1957 年獲得了法國金石和古文字科學院的年度獎。但這卷目錄在出版時卻遇到了重重困難,十多年後才於 1970 年出版。其內容提要是經國立圖書館東方寫本部的隋麗玫、吉娜與國立科學研究中心的魏普賢補充和修訂的。該目錄每卷著錄書名,並記明紙數、高廣幅度、行款等,最後還附有索引多種及題記書影多幀。

近年來,又有法國多名學者參與該目錄的整理和編寫。據法國已出版的《巴黎國家圖書館所藏伯希和敦煌漢文寫本目錄》5 卷 6 冊統計,共有 2001～6040 號。即第 1 卷(2001～2500 號,由謝和耐與吳其昱編寫,1955 年版)、第 2 卷(2501～3000 號,由隋麗玫和魏普賢等人先後編寫)、第 3 卷(3001～3500 號,由蘇遠鳴主編,1983 年版)、第 4 卷(3501～4000 號,由蘇遠鳴主編,1991 年版)、第 5 卷(第 4001～6040 號,上下冊,由蘇遠鳴主編,1995 年版)。據該目錄統計,伯希和敦煌漢文寫本共有 4040 個號。

對於敦煌漢文文獻的研究,最先由伯希和開始。他於 1908 年在千佛洞就寫下了《敦煌石室訪書記》。同年,他又給法國地理學會寄送了題爲《我們在西域的科考和探險》的文章,1909 年發表了《伯希和西域探險團探險記》,1910

年發表了《高地亞洲三年探險記》等報告。他還陸續發表了《敦煌千佛洞》
(1914 年)、《〈書經〉和〈尚書釋文〉》(1916 年)、《一卷帶有藏文對音的〈千字
文〉寫本》(1920 年)、《敦煌石窟圖錄》(6 卷,1924 年)、《敦煌壁畫與歐莫弗
普爾山的珍畫》(1928 年)、《中國印刷術的起源》(1953 年,遺作)等。

(二)伯希和所獲敦煌文獻對法國多民族語言文字文獻研究的影響

伯希和從敦煌和西域攜歸的這批重要文書和文獻中,涉及很多民族古文
字,甚至還有"死文字"文獻,如古藏文(吐蕃文)、突厥—回鶻文、粟特文、于闐
文、梵文、吐火羅文等。對這批重要文書和文獻的研究,主宰了法國幾代學者
的研究方向。

1. 古藏文

伯希和所獲的文獻當中,藏文寫本在民族古文字寫本中的數量最大。也
正是由於這批寫本,法國在以後的幾十年間涌現出了一大批著名的藏學家。

伯希和敦煌藏文寫本,由法國藏學家拉露(Marcelle Lalou,1890—1969
年)女士編寫了 3 卷目錄《巴黎國家圖書館所藏伯希和敦煌藏文寫本目錄》
(第 1 卷,第 1~849 號,1939 年版;第 2 卷,第 850~1282 號,1950 年版;第 3
卷,第 1283~2216 號,1961 年版)。據該目錄統計,伯希和敦煌藏文寫本共有
2216 號,超過了伯希和當年將 1~2000 號留作編寫藏文寫本目錄的數目(故
其漢文寫本從 2001 號開始)。其中尚不包括大量重複的《無量壽宗要經》和
《十萬頌般若經》的寫經。拉露因其重複數量太大而未加編目。此外,在許多
漢文或其他古文字的寫本中,還夾雜著藏文文書,有的短至只有數行或幾個
字,故後期仍不斷"發現"新的藏文寫本,從而使其數目總量不斷增大。該目
錄對伯希和敦煌藏文寫本有全面反映,如藏文佛經方面,對每一經文的外觀,
像紙張大小、顏色、新舊、抄寫者的字體是楷書還是草書、墨汁顏色、有無紅色
字夾雜在字行中間,以及紙張的厚薄與軟硬等,都有詳細的記述。編者還特
別注意了經文的主要內容,如"緣起""唯識""空性""到彼岸""禪定""十力"
"行爲"等佛學中的關鍵字。此外,對於經文有無修改處,拼音有何特點,標點
符號是否與後世通用者相符合等,目錄也有一定反映。該目錄雖存在錯誤和
遺漏之處,但目前仍是研究伯希和敦煌藏文寫本必不可缺的工具書。

早期研究敦煌藏文寫本的,還有法國藏學家雅克·巴科(Jacques Bacot,
1877—1967 年)。巴科是法國高等研究實驗學院教授、法國銘文與美文學院
院士,1946—1951 年間任法國亞細亞學會會長。他於 1906—1910 年前後曾
兩次赴中國西藏東南亞部進行考察,穿越瀾滄江上游,到達打箭爐(今康定)
西北的雅礱地區。他早年曾受伯希和委託編寫伯氏攜往巴黎的敦煌藏文寫
本目錄,可惜未能出版。巴科於 1940 年與圖散(Charles Toussaint)和托馬斯

（F. W. Thomas，1867—1950 年）合作，出版了著名的《敦煌吐蕃歷史文書》一書。該書考證了敦煌藏文寫本 Pt.1286、Pt.1287、Pt.1036、Pt.1047 和 Pt.1290 號等吐蕃古代史文書，首次發表了《吐蕃歷史大事紀年》《吐蕃贊普世系牒》以及《吐蕃小邦王臣傳》等稀世敦煌藏文文書，它們爲古代吐蕃史的研究獨闢蹊徑。在此之前，世人對於西藏古代史的研究，主要依靠漢文史籍、以傳説爲基礎的晚期藏文著作以及零散發現的金石木簡等資料。由於敦煌文書是 10 世紀之前的作品，其中不少甚至是在事件發生的同時寫成的，而且也比較系統地涉及了吐蕃的政治、軍事、宗教、法律、社會、生活、經濟、風俗習慣、歷史傳説以及天文曆法諸領域，所以它們成了研究吐蕃史的直接資料。此後，各國學者對古代贊普世系譜爭論不休，揭開了吐蕃松贊干布之前"神話贊普時代"的神秘面紗。巴科於 1956 年在《亞細亞學報》第 244 卷中發表了《8 世紀五位回鶻使節對高地亞洲的考察》一文。他在伯希和等前人研究的基礎上對 Pt.1283 作了考釋。伯希和在 1927 年於法蘭西學院授課時，就講解過該文書。這卷寫本的内容是出使吐蕃北方民族的使節所寫的報告，其中涉及了中國西北的民族、地理、歷史、王統、物産和習俗諸方面，是研究中國西北民族史的寶貴資料。巴科考證出該文書是先用突厥文寫成的真實考察報告，後譯作藏文，所以他認爲使者是回鶻人。後來各國學者有關該卷敦煌藏文文書的論文均以巴科的開拓性研究成果爲基礎。事實證明巴科的考釋基本正確，使人們更清楚地瞭解到吐蕃與其北方民族的關係，解決了中國北方民族史上的某些重大問題。他還於 1963 年出版了敦煌藏文寫本研究的一部力作《敦煌藏文本羅摩衍那故事》，書中將伯希和所獲敦煌藏文寫本《羅摩衍那》作了拉丁轉寫和法文譯注，並刊出了圖版。它與英國托馬斯所刊斯坦因敦煌藏文中的四件寫本一起，構成了今天所見全部敦煌藏文《羅摩衍那》古抄本。

當代研究敦煌藏文寫本的代表人物當屬法蘭西學院名譽教授石泰安（Rolf Alfred Stein，1911—1999 年）。他於 1946~1947 年曾被法蘭西遠東學院派往中國考察，後又在巴黎大學北京漢學研究所工作。1954 年和 1966 年曾兩次對喜馬拉雅山麓進行考察。其關於敦煌藏文寫本的名著是《西藏的文明》和《漢藏走廊古部族》，另外還有一些論文，如《有關吐蕃苯教殯葬儀軌的一卷古文書》《神聖贊普名號考》《敦煌藏文寫本綜述》《敦煌藏文寫本中的某些新發現》等。

石泰安 20 世紀 80 年代的敦煌藏文寫本研究成果主要反映於 1983—1986 年在《法蘭西遠東學院通報》中發表的系列文章《古代吐蕃文獻彙編》第 1~4 集。其公佈並研究了一大批敦煌藏文寫本，提出了許多新的見解。由布隆多夫人（Anne-Marie Blondeau）領導的法蘭西學院西藏學研究中心與國立科學研究中心配合,陸續影印發表一批重要的敦煌藏文寫本,作爲《國立圖書館所藏伯希和敦煌藏文寫本研究叢書》陸續出版。在石泰安教授指導、今枝由郎(Yoshiro Imaeda)協助下,麥克唐納夫人(Ariane Macdonald)和布隆多夫人已選編影印出版了兩卷《敦煌藏文文書選》,若按其全名,應作《國立圖書館所藏藏文文獻選,並以印度事務部和大英博物館所藏文獻補充者》。第一卷出版於 1978 年,共 58 個編號,304 頁;第二卷出版於 1980 年,共 111 個編號,335頁。據編者宣佈,今後還將繼續編選出版,一共計劃出五大卷。該書的出版是一件舉世矚目的大事,得到了敦煌學界、藏學界的高度讚揚。石泰安教授在序言中説:"長期以來,只有那些能接觸到巴黎和倫敦所藏寫本的學者們才能得以對此進行長期和詳細的研究。所以,大部分文獻都是由巴科、托瑪斯和拉露等人翻譯和發表的。但不少譯文都未附原寫本的影印件。因此,除了專程去親自查閱之外,無法考察其解讀是否正確。"爲了使敦煌藏文寫本的"研究工作能取得迅速進展,爲了避免由於年代久遠或反復使用而使寫本遭到可能的損壞,當務之急就是出版和發行這批資料"。編選目的"首先是爲了使這些寫本容易被人所接受,以便發現和澄清西藏文明中的那些不爲人所知或很少爲人所知的方面。所以,我們優先選擇了非佛教文書,同時也選擇了一些對佛教具有特殊意義的文書。由於篇幅有限,我們只好將其中那些已經發表過影印件的文書删去"。中央民族學院藏族研究所的王堯、陳踐已從此兩册中選編譯注了部分文書,編爲《敦煌吐蕃文獻選》一書,1983 年由四川民族出版社出版。

1971 年,爲了紀念拉露女士 80 壽誕,在法國國立科學研究中心的資助下,出版了一本《西藏學論文集》(即《拉露紀念文集》),麥克唐納夫人在集中發表了 30 萬字的長文《伯希和敦煌藏文寫本 1286、1287、1038 和 1047 號考釋,兼論松贊干布王家宗教中政治神話的形成》(一般又通稱爲《敦煌吐蕃歷史文書考釋》),該文在巴科等人《敦煌本吐蕃歷史文書》的基礎上,又進一步論述了松贊干布之前的吐蕃史,並提出了許多新的看法。布隆多夫人撰文稱此著在許多方面都具有劃時代的作用。法國近年來對敦煌藏文寫本的研究,大都是圍繞此著所提出的一些問題而展開的。

2. 回鶻文

伯希和敦煌回鶻文寫本,共有 25 個編號,由法國回鶻突厥史專家哈密屯(James Hamilton,1921—2003 年)輯録、譯注和刊行,於 1986 年出版了兩卷本的《9—10 世紀的敦煌回鶻文文獻彙編》,共發表了 36 個卷子的編號,其中包括伯希和敦煌回鶻文寫本 24 個編號。另外還包括倫敦斯坦因特藏中的 12 個號,其中有不少回鶻文寫本因與漢文寫本寫在一起,故被編入了漢文寫本之中,形成了雙重編號。在此之前,哈密屯還於 1971 年單獨發表了 P.3509 號回鶻文寫本《回鶻文本善惡兩王子的佛教故事》的轉寫和譯注本。此外,伯希和從敦煌千佛洞北區元代石窟中,還獲得過 360 多件元代畏兀兒文的寫本。

哈密屯於 1955 年出版的《五代回鶻史料》一書使用了許多敦煌漢文寫本,此書成了沙畹《西突厥史料》的姊妹篇。1971 年出版的《敦煌本回鶻文善惡兩王子故事譯注》是他研究敦煌回鶻文書的主要著作。他 1979 年在巴黎國際敦煌學討論會上作了題爲《敦煌石窟中的古突厥文寫本》的發言,總結了法國研究突厥回鶻文寫本的狀況。他曾長時期擔任法國巴黎第三大學的突厥學研究所所長,是當代世界上屈指可數的古代突厥和回鶻語言文獻與歷史學家。哈密屯與粟特文專家辛姆斯-威廉姆斯(Sims-Williams)合作,刊佈了《敦煌突厥—粟特文寫本彙編》,附有法文的譯注本;對於其中的突厥文部分,他又與法國另一位從事回鶻—突厥文寫本的研究方面的大師路易·巴贊(Louis Bazin,1921—2005 年)合作譯注,同時還刊佈了出自同一地點的一卷漢文和突厥文寫本。除了 4 部專著之外,哈密屯教授還發表了 30 多篇文章,其中不少是有關敦煌文書的。

路易·巴贊先生則於近 50 年的學術生涯中,辛勤筆耕數篇論文,後集結成論文集——《突厥民族、文字與人》,於 1994 年在巴黎出版,共收入作者的 40 多篇有關突厥民族學、人類學、語言學和史學的論文。此書出版後評價很高,其中大量使用了敦煌吐魯番的回鶻—突厥文文書。

3. 粟特文

伯希和敦煌粟特文寫本方面,共有 30 個編號。哈密屯與英國學者辛姆斯-威廉姆斯(Sims-Williams)合作,於 1990 年出版了對音轉寫、譯注和圖版本《敦煌突厥—粟特文文獻彙編》,書中發表了伯希和敦煌粟特文寫本 5 個號,斯坦因的 3 個號。其中一部分也有雙重編號,被編成漢文寫本 P.3511—3521 號。伯希和曾與法國學者高狄奧(Robert Gauthiot)和邦維尼斯特(Emile Benveniste)、英國學者亨寧(W.B.Hennines)等人合作或各自單獨從事過對這批寫本的研究。

在粟特文文獻研究方面,伯希和很早就有所注意,他先後發表過《一卷粟特文—漢文的雙語寫本》(1911 年)、《沙州都督府圖經》與《羅布泊地區的粟特人聚落》(1920 年)等。他與高狄奧(Gauthiot)合作,研究了一批敦煌粟特文寫本,發表了《粟特文漢文雙語文書》《粟特文佛説善惡因果經研究》等。其中《粟特文佛説善惡因果經研究》是作爲《伯希和考察團檔案》之一種,於 1920~1928 年由巴黎保羅·古蒂納東方書店出版。它對伯希和在敦煌所獲粟特文《佛説善惡因果經》進行了全面整理。收入《伯希和考察團檔案》的還有《粟特語語法試編》《10 世紀梵藏對照辭彙表》《粟特語文獻》《粟特語吠桑檀羅本生故事研究》等。高狄奧也研究斯坦因所獲粟特文獻。1911 年,高狄奧發表《談粟特字母表》,同年又發表《佛教中的幾個摩尼教術語》。1911—1912 年,他發表《粟特文佛經所用數量詞一至十》《粟特文長爪經》,他又與瓦勒普散合作發表《粟特文轉寫梵文千眼千臂觀世音菩薩陀羅尼經》等。

繼高狄奧之後,研究粟特文獻的是邦文尼斯特(Emile Ben-veniste)。《粟特語語法試編》就是由邦文尼斯特整理完成的高狄奧遺著,於 1914—1929 年間整理出版。它主要是根據敦煌佛教粟特語資料,對粟特語語法進行了首次闡述,是敦煌粟特語佛教文獻研究的基礎性工作。他編著的《粟特語文獻》一書,將高狄奧所刊個別寫本之外的所有伯希和所獲敦煌粟特語文獻作了外貌概述、拉丁字母轉寫、法文譯注和辭彙索引,是敦煌粟特語文獻研究的集大成著作。《粟特語吠桑檀羅本生故事研究》是邦文尼斯特的另一著作,它是對高狄奧 1912 年所刊伯希和與斯坦因敦煌所獲粟特語吠桑檀羅本生故事的修訂再刊,同時還有對粟特文《佛說善惡因果經》的法文新譯和對《粟特語文獻》一書的訂正。1928 年,他寫了一篇《論粟特文寫本》,作爲斯坦因的《亞洲腹地》第 2 卷的附錄。1933 年,他又先後發表了《粟特文觀佛三昧海經殘頁考》《大英博物館藏粟特文佛典考》。1936 年,他發表了《安息文和粟特文研究》。他於 1938、1939、1951 年,又先後發表了《粟特文研究》3 篇。1940 年,他出版了《粟特文書彙編》和《粟特佛典文獻彙編》兩書。後者收錄了《入楞伽經》《鴦掘魔羅經》《長爪經》《藥師琉璃光如來經》《佛說不空羅索咒經》《觀音尊敬百論讚》《戒酒經》《般若波羅密多心經》《粟特文轉寫梵文陀羅尼經》等殘卷。1946 年,他還重新發表了《一種粟特文本生故事》,糾正了高狄奧的某些譯誤。戴密微早年也曾研究過粟特文《觀佛三昧海經》和粟特文《佛爲心王菩薩説投陀經》等佛經寫本。法國的葛樂耐(Frantz Grenet)先生,也是研究敦煌粟特文寫本的一大專家。他於 1984 年在國家科研中心出版了《從希臘征服到伊斯蘭化之間粟特人定居中心的殯葬禮儀》。此外他還發表了一系列論文,如《穆格山粟特文獻中的匈人》(1989 年)、《從吐魯番繪畫看印度與伊朗天文學傳統的交流》(1997 年)、《粟特字母的歷史背景》(1987 年)、《粟特宗教的晚期避難地》(1996 年)等。法國另一位學者埃狄納·德·拉·韋西埃爾(Etienne de La Vais sière)於 2002 年在法蘭西學院漢學研究所出版了《粟特商人的歷史》一書,其中也使用了敦煌西域粟特文寫本。

4. 于闐文

伯希和西域于闐文寫本都被散編在漢文寫本和藏文寫本目錄中了。據統計,共有近 70 個編號。于闐文寫本方面,伯希和除了獲得大量佛典外,也有不少史料價值很高的文書和辭彙集等。佛典有如《金光明經》《菩薩行願讚》《出生無邊門陀羅尼》《觀自在陀羅尼》《觀自在讚頌》《妙法蓮華經》《阿育王譬喻》《善歡喜譬喻》《善財童子譬喻》《般若波羅密多經》《文殊師利化生經》等。其中還有歷史文書辭彙集（梵語—于闐語辭彙、突厥語—于闐語辭彙、漢語—于闐語辭彙）等。此外還有迦膩色迦傳（P.2787）、羅摩傳（P.2781、P.2783、P.2801、P.2895、P.2896）和習字作品（P.2028、P.5537）和醫書（P.2893、P.2889）等。

　　早在 20 世紀 30 年代，伯希和就曾研究于闐文文獻，所著《于闐塞語中的幾個西域地名》中，討論了于闐文《沙州紀行》的若干地名。這卷于闐文文書就是著名的"鋼和泰藏卷"，可能出自敦煌，因收藏者鋼和泰（Holstein，1877—1937 年）而得名。"鋼和泰"這一姓名的原文是 Alexander von stael-Holstein，"鋼"是 stael 的意譯，"和泰"則是 Holstein 的音譯。1877 年 1 月 1 日鋼和泰出生在當時隸屬於沙皇俄國的愛沙尼亞地區，家庭是世襲的貴族——男爵，因此，他自幼就得到了良好的教育。後來，鋼和泰到了德國，在柏林大學和其他學校學習梵文和東方學。20 世紀初，鋼和泰在德國學成返回俄國後，受到了當時俄國著名東方學家謝爾巴茨科依和鄂登堡的器重，並曾問學於鄂登堡。

　　由於鋼和泰曾去過印度進行學術考察，對中國唐代高僧玄奘產生了興趣。1916 年，他途經西伯利亞來到北京，一方面搜集有關玄奘的資料，另一方面查閱蒙文和藏文的資料，因為當時的北京是中國文化和學術的中心。1917 年俄國爆發了革命，鋼和泰暫沒有返回俄國的可能，而他的經濟來源也隨之中斷。經當時英國駐西伯利亞高級專員義理和的推薦，北京大學校長胡適聘請鋼和泰在北京大學任教，講授梵文、藏文和印度古代宗教史。其間除 1928~1929 年到美國哈佛大學做訪問學者外，他一直在北京大學授課與研究，直到 1937 年初去世。由於 20 年代鋼和泰在北京大學講授梵文，故得收藏之便。

　　1929 年，挪威于闐文專家柯諾和英國藏文專家托馬斯合作發表了"鋼和泰藏卷"的釋讀《敦煌所出兩卷中古文書》。1950 年代末，哈密屯發表過研究于闐文文獻的論著。其主要著作有《關於鋼和泰藏卷的研究》《10 世紀于闐突厥語中的不穩定鼻音》《10 世紀的仲雲族》《公元 851 至 1061 年的于闐王統世系》《論 9~10 世紀于闐年代學》等文，幾乎涉及了所有重要的于闐文歷史文書。

　　5. 梵文

　　伯希和梵文、吐火羅文、佉盧文、希伯來文、西夏文等寫本中，梵文寫本數量較大，出自西域者為多，屬於敦煌者只有 13 個編號，它們基本為佛教文獻，其中不乏一些稀見佛典精品，大部分都被編入伯希和敦煌漢文寫本的目録中。這批寫本早年曾由菲諾、菲利奧劄和日本學者從事過研究。在 20 世紀50—60 年代,又由法國學者鮑利(B.Pauly)較爲系統地整理成文《伯希和西域探險團所獲梵文文獻殘卷》(連載於《亞細亞學報》,1957—1966 年)。

6. 吐火羅文

伯希和在敦煌和西域獲得的吐火羅文(龜兹文與焉耆文)文書,尤其是其中殘卷,是由法國高等實驗學院的彼諾(Georges-Jean Pinault)先生編目和整理的。他也承擔了該批寫本的研究工作,發表相關論文數十篇。如他於 1984年發表的《伯希和龜兹語特藏中的一封寺院書信》。同年發表的《一部龜兹語的佛教劇本殘卷》,於 1987 年在《庫車諸遺址》一書中,發表了龜兹文(乙種吐火羅語)的"過所"、題識和遊人題記等,1991 年發表了《西域的吐火羅語寫本與佛教文獻》等。

在伯希和所獲敦煌西域的"東伊朗文"寫本中,有些是所謂"吐火羅語"文書,亦被他稱爲用"婆羅米字母"書寫的文書。另外還有這種文字的某些木簡文字和題記等。它們主要出自新疆的都勒都爾、阿乎爾和圖木舒克。事實上,這其中主要是乙種吐火羅語或"龜兹語"(焉耆語爲甲種吐火羅語)文書,特別是 P.3533 號。法國早期學者烈維、菲利奧札以及德國學者西格都對它們作過研究。近年來,法國年輕一代的優秀吐火羅語學者彼諾(Gorges Pinault)系統地刊佈和研究了這批寫本。經他整理,伯希和龜兹文特藏共有 2 000 件左右:舊編 AS1–19,共 141 件文書 126 個編號;新編 NS1–508 和某些殘卷,共 527 件文書。

此外,還有些只有數平方釐米的極小殘卷,即新編第 509—1166 號,共658 件文書;粘貼在卡片上的小殘卷 393 個編號。伯希和也從新疆發掘到了一批佉盧文文書。它連同呂推(Dutreuilde Rhins)於 1890 年搜集的佉盧文《法句經》殘卷,共同收藏在法國國家圖書館。烈維、拉古佩里(F. De Lacouperie)和波蘭裔法國學者普祖魯斯基(Prey luski)均爲這一方面的研究專家。伯希和在敦煌還獲得一卷希伯萊文寫本,是唐代中國西域曾有猶太人活動的證據。此外,他還在莫高窟北區獲得了一大批西夏文文獻,共裝有 3 箱,計有200 餘件,目前尚未刊佈。

(三) 關於伯希和所獲敦煌文物及藝術品的整理編目與研究

在伯希和敦煌寫本中,有許多素描插圖畫和紙本繪畫。其中 P.4525《降魔變相》中的繪畫,已由旺迪埃·尼古拉於 1954 年發表,載《舍利佛與六師外道》中。其餘大都由饒宗頤於 1978 年發表於《敦煌白畫》一書。

伯希和探險團從敦煌劫回的幡畫,共有 200 多幅,現藏吉美博物館。它們由瑪雅爾夫人和熱拉·貝扎爾(Jera-Bezard)先生公佈並作了研究,發表在

1974 年出版的兩卷本《敦煌的幡畫》一書中。書中共發表了 220 幅幡畫的圖錄與解説文字。此後又發現的 6 幅三角形幡和 3 幅幡畫不計在内。1994 年，當時的吉美博物館館長賈立基（Jean-Francois Jarrige）與日本秋山光和連袂出版了日、法兩種文字版本的《西域美術——吉美博物館伯希和特藏》第 1 卷，共發表 99 幅繪畫。

伯希和從敦煌帶回的織物殘片，大都是作爲經卷的包袱皮而使用的。於其式樣、裝飾圖案和紡織技術方面，都頗有價值。這批織物後來分别入藏於吉美博物館和巴黎國家圖書館。它們由里布（Krishna Piboud）夫人和維雅爾（Gabrie Vial）作了深入研究，見《吉美博物館和國家圖書館所藏敦煌織物》（1970 年巴黎版）。其中集中研究了 85 個編號的織物（有些是同一片織物的不同片段）。這批宋初或五代末之前的織物甚爲寶貴。

伯希和探險團自敦煌攜歸的木製品，由弗朗索瓦兹·戴奈斯（Francoise Denès）進行了整理編目，共有 100 多件，詳見 1976 年出版的《吉美博物館所藏伯希和敦煌木製品目録》。

（四）伯希和西域探險檔案的整理與研究

伯希和西域探險團還留下了不計其數的檔案，其中，探險團成員努埃特拍攝的敦煌壁畫照片，於 1920—1926 年分 6 大卷出版《敦煌石窟圖録》。伯希和在敦煌所作的考察筆記、題識録文以及他對經變畫的考證，壁畫的藝術風格、斷代、窟形的研究性文章等，由尼古拉·旺迪埃-尼古拉（Nicole Vandier-Nicolas，1908—1987 年）於 1980—1992 年，分 6 册出版了《伯希和敦煌石窟筆記》。但是，絶大部分檔案尚有待於整理刊佈。伯希和的學生韓百詩（Louis Hambis，1906—1978 年）在世時，曾計劃出版共計 27 卷伯希和西域敦煌探險團檔案。但在實際運作中，這項浩大工程進展緩慢，在 40 多年間才出版寥寥數卷。韓百詩於 1978 年逝世，加之法蘭西學院中亞和高地亞洲研究中心於 1994 年同時被解散，這套檔案的出版工作尚待日後。

四、伯希和在其他領域的研究及其成果

伯希和在語言方面極具天賦，精通多門外語，是著名的語史學家。他是西方漢學界中罕有能講流利漢語的學者。他在古漢語方面的研究很有造詣，如關於中國印刷術的起源問題，1918 年，伯希和在《東亞論叢》中指出敦煌提供的歷史經典《書經》的殘卷早於 744 年的詔令，並指出該詔令規定用現代文字取代古文字，由此引發了一場文獻考訂運動，以及古漢字語音學和字體學研究的新高潮。後來馬伯樂和高本漢（Karlgren）將這些研究向前又推進了一步。作爲語史學家，伯希和還非常注重對音問題。他認爲，唯有一種非常嚴

格的對音體系,尤其是那些專用名詞或靠近外來詞的漢文轉寫對音,才能確定借鑒辭彙銜接的真相,而歷史的銜接必然要依靠語言的銜接。爲此,他也成了那一代學者在語音學和語言學問題上的首倡者和先驅。[①] 伯希和還以同樣的學術精神研究了一些鮮爲人知的文字,如契丹金石銘刻中的契丹字,西夏文和八思巴('Phags-Pa)字母等,還論述了藏文名詞的漢文對音,特別是 822 年豎立的拉薩碑(唐蕃會盟碑)[②]中的對音轉寫問題。此外,在稱之爲"東伊朗語"的範疇内,塞語(Sace)和現在所説的于闐語(Khotanais,被認爲是一種不規則的伊朗方言)的解讀,伯希和也是開拓者。1913 年,他還對佛經《金光明經》(Suvarnaprabhasa)的一種殘卷進行了翻譯,而他所借用的文字就是該經文的梵文原文和保存下來的漢文片段。

伯希和的中國研究,除敦煌學外還涉及許多其他領域。1941—1945 年《燕京學報》第 30 期刊登伯希和的生平簡歷時,編者按語中指出,伯希和的漢學成就已涉及目録版本、語言文字、考古藝術、宗教文化、東西交通、邊疆史地等多種學科,且皆有"深刻之研究與精粹之論著"。[③] 伯希和的主要貢獻還是在敦煌學,也可以説敦煌學是他的整個漢學研究的核心。1905 年,他赴中亞考察,對喀什三仙洞(Outchmahra- van)佛教石窟,圖木舒克地區的脱古孜薩來佛寺遺址(Toqquuez-Sarai),庫車範圍内的克孜爾(Kizil),庫木土拉(Koumtoura)石窟和蘇巴什(Sou-bachi)的東西寺址等進行了考古發掘,發現了大量包括精美佛像在内的美術品,用婆羅米字體書寫的龜茲語文獻和中古伊朗語文獻,還有梵文佛典、吐火羅文(即龜茲文)木簡文書、佛典和文書殘片等。1908 年他在敦煌千佛洞裏,又發現了唐及五代的寫本及雕刻本,拍攝了大量的壁畫和塑像照片,抄録了洞窟中的漢文和其他語言文字所寫的題記,並進入藏經洞,選取了佛教大藏經未收的佛教文獻、帶有年代的文書和文獻、非漢語文獻和斯坦因(Sir Aurel Stein)所遺絹紙繪畫及絲織品等。此外,他還發現了莫高窟北區的第 181—182 窟積沙中的西夏文、回鶻文、藏文文獻等。總共從敦煌帶走了 2 723 個古代手抄卷和 1 000 個殘卷。[④]

關於伯希和的敦煌學研究,雖然沒有像斯坦因那樣,把考古資料整理出詳盡報告,但他當時所寫的簡要報告和後人整理出來的大量有關資料,對整個敦煌學的發展卻起著重要作用。誠然,伯希和的敦煌學的學術地位與水平

---

① 徐怡《伯希和》,《漢學研究》第五集,北京:中華書局,2000 年,第 119 頁。

② 該碑經專家辨認,確認爲是亞洲碑銘學中最重要的石碑之一。參見王堯《唐蕃會盟碑疏釋》,《歷史研究》1980 年第 4 期。

③ 桑兵《漢學家伯希和與近代中國學術》,《國學與漢學——近代中外學界交往録》,北京:中國人民大學出版社,2010 年,第 133 頁。

④ 參閲榮新江《海外敦煌吐魯番文獻知見録》第二章,南昌:江西人民出版社,1996 年,第 186 頁。

也曾遭到挑戰。早在 1910 年前後,法國學術界就有人懷疑伯希和所寫的莫高窟敦煌卷子按語和評論是否屬實。遠東學院的同事們激烈地指責説,英人斯坦因已經拿走了敦煌所有文獻,伯希和探險隊是否浪費公款帶回一些僞造的文獻? 但是,伯希和的敦煌學研究最終還是得到了肯定。尤其是 1912 年斯坦因出版了《探險旅行記》,宣佈還有大量文獻被留在敦煌之後,人們才打消了對伯希和的不信任。

伯希和一貫注意中國中原王朝與西部民族或文化關係的研究,他有相當部分的遊記和人物紀行就是屬於這一研究領域,如未完成稿《元朝秘史》《馬可·波羅遊記》的注釋,《鄭和下西洋》等。他與穆爾(A.C.Moule)共同主持寫成的有關馬可·波羅遊記的著作,就是一部龐大的譯注本,他一直在準備的《蒙古秘史》也是一部巨著。尤其是對於後一部作品,爲了達到完美無缺的程度,他仔細地篩選了所有已知的論據。有關史料,不僅出自蒙文,同時也包括漢文、突厥文和波斯文。雖然該著作最終未完稿,但他的許多研究成果已在當時發表的文章、書評和報告中有所披露。關於中國和周邊國家及地區,尤其是中國與印度的關係,他也做了深入研究。他研究了印度支那道路,結合其他有關安南和柬埔寨等地的重要漢文史料,如周達觀有關真臘人(古柬埔寨人)風俗的論述等。他對亞洲大陸大部分地區展開過廣泛的調查,豐富了他爲馬可·波羅遊記所作注釋的内容。關於鄭和,他於 1933—1936 年之間,非常詳細地研究了 15 世紀初期,鄭和下西洋時海上的遠航情況,從而爲中國向東南亞的開拓提供了生動的例證。《鄭和下西洋》(《通報》,1933 年)的中譯本(商務印書館,1935 年),原名爲《15 世紀初中國的偉大海上旅行》,原是一篇書評,書中主要介紹了有關鄭和下西洋史實的四部重要著作,即:(1)《瀛涯勝覽》;(2)《星槎勝覽》;(3)《西洋番國志》;(4)《西洋朝貢典錄》。該文詳細考證了四部著作的版本和流傳。對於鄭和下西洋的史實,漢學家們做過不少研究工作,但伯希和此書有其獨特見解。對此馮承鈞先生曾評述説,原先的漢學家在地理名物方面的研究固然有不少發現,"但是尋究史源勘對版本的,只有伯希和一人"。作品的一大半内容集中在《瀛涯勝覽》等四部典籍的流傳過程及版本的考證,對鄭和下西洋的年代及所經之地也作了許多有益的探討,從而對這一重大歷史事件的進一步深入研究創造了條件。[①]

關於宗教方面,伯希和對基督教、佛教、道教、摩尼教等都十分重視,並深有研究。他關注 13 世紀間蒙古人與教廷間的關係,特別是英諾森四世(Innocent IV)教皇派遣方濟各會柏朗嘉賓(Jean de Plan Carpin)出使南翰夢

---

① [法]路易·勒内、路易·瓦楊、讓·菲利奧劄著,耿升譯《法國漢學泰斗伯希和》,《漢學研究》第 6 集,2002 年,第 47 頁。

思(Rusnie,俄羅斯),試圖促使成吉思汗繼承人之一貴由可汗(Qagna Gayuk)接受教廷歸化之事。雖然蒙古首領的答復並不令人鼓舞,而9年後聖·路易(Saint Louis)派遣方濟各會士魯布魯克(Guillaumede Roubrouck)出使蒙古的成績是有成效的。魯布魯克在喀喇和林(Qaraqorum)的蒙哥(Mong ka)大汗宮中逗留了一段時間,並對此做了生動的旅行記述。伯希和在羅馬找到了1246年柏朗嘉賓攜歸的貴由汗復信的波斯文原件,上面還蓋有御璽。伯希和還獲得了出自波斯蒙古諸首領的多封蒙文書信,和一批出自一位景教大主教的阿拉伯文書信,這些文獻爲他研究教權與王權間的交易,甚至一個多世紀間,西域基督教教團命運的細節問題起了很大作用。此外,伯希和對後來的遠東基督教的活動也一直十分關注。如對有關利瑪竇(Mathieu Ricei)神父、16—18世紀耶穌會和方濟各會傳教區、亞德蘭(Adran)主教、禮儀之爭等情況都進行了調查研究。

關於佛、道、摩尼等教派及相互的關係,伯希和也有深入研究。可以說,他的全部著作的"三分之一是關於佛教的內容",且形成一種"典型的特徵"。[①] 他在很多著作中所用到的文獻,正是來自敦煌千佛洞,而這些寫本中的絕大部分都屬於佛教,如大藏經經文、各種疑僞經以及通過唐代經目而爲人所知的經文。他在巴黎聆聽沙畹和烈維課程時,就曾意識到,如果不顧及佛教在印度和中國之間建立起來的聯繫,忽略了這些文獻史料中能互相澄清的部分,就不能充分地理解印度和中國。1901年,他第二次被派遣到中國考察時所搜集的大量文物,有相當一部分是有關藏傳佛教和蒙古佛教的經典文獻,甚至有藏傳佛教萬神殿中的佛教尊像。他發表了一些有關梵文字漢文對音的具體論文,還根據漢文史料,針對從中國到印度的漢文路綫圖寫了一部有關藥師佛的專著(在該著作中,他繼承了有關中國人赴印度旅行之行紀研究的偉大傳統),這些研究促使雷慕沙、儒蓮、沙畹和烈維的學生們對5—10世紀的印度與佛教作出詳細解釋,並澄清了許多疑難問題。1903年,他介紹了12世紀佛教的兩個異端教派:"白蓮宗"和"白雲宗"。在他看來,實際上,它們就是將亞洲所有古代文化互相協調和結合起來的佛教。1918年,他完成了《牟子理惑論》(這是佛教的一種護教書)小册子的譯注本。他還證明,中國南方的佛教當時就有牢固的基礎,一個世紀前楚王皈依就證明了這一切。此外,他還討論了《彌爛陀王向經》(Milindapaha)漢譯本中的專用名詞,該經是米彌王(Menandre)和那先此丘(Nagasena)之間的一次著名對話。[②] 他論述了

---

① [法]路易·勒内、路易·瓦楊、讓·菲利奧劄著,耿升譯《法國漢學泰斗伯希和》,《漢學研究》第6集,2002年,第51頁。
② 這是後來戴密微就同樣傳說所寫長篇論文的始因。

今已佚的《道德經》的梵文本,該文本是在玄奘關懷下爲迦摩縷波(Kamarûpa)的拘摩羅王(Kumara)而主持編定的,這一問題實際上涉及佛道兩教的關係。西域的大發現爲道教研究作出貢獻,人們在那裏發現了 4 世紀的一部分道藏經典,由此可以證明,佛教和道教間的關係時而和睦,時而會有相當激烈的爭論。從 1906 年起,伯希和就在沙畹的一部著作之末對《魏略》做了注釋。《魏略》是 3 世紀的文獻,它同時説明了中國佛教的起源及其與老子教派之間的最早爭論。在敦煌也發現了一部非大藏經的佛教論著《因緣經》,其漢譯本已由伯希和與粟特文本同時刊佈,借助於漢文和藏文本,其粟特文本已由高狄奧(Gauthiot)解讀出來。他還證明,2—3 世紀的中國佛經譯師都是伊朗人,而並非過去所相信的突厥人。除了佛教之外,伊朗人還向東傳播了景教,該宗教隨阿羅本 7 世紀起就傳入了中國。不少於 30 部景教著作都被譯成了漢文。著名的西安府漢文—古敘利亞文的大秦景教碑的碑文,系由帶有佛教尊號"僧"的景教徒景净(Adam,亞當)所述。它提供了有關這次傳播的見證,漢文文獻也證明了在長江流域存在該教派的一座教堂。西方人僅僅通過和德理(鄂多立克,Odorie de Pordenone)的暗示而知道它的存在。在法國科學院,已有人就這一問題做過多次報告,而伯希和實際是歐洲唯一研究過這一問題的人。

關於摩尼教,伯希和先後分別於 1911 年和 1913 年在《亞細亞學報》中與沙畹合作,發表了一部相關的譯本,其原著是北京一位學者刊行的一部漢文摩尼教論著。《摩尼教流行中國考》是伯希和及其老師沙畹的共同著作(商務印書館 1931,1933 年)。這篇文章分前、後兩個部分,前一部分主要是疏釋摩尼教的教義,後一部分則是對摩尼教在中國流行始末的論述。在後一部分中,作者搜集了《大唐西域記》《佛祖統記》《册府元龜》《通典》《九姓回鶻可汗碑》等衆多材料中有關摩尼教記敘,按時間順序加以排列並一一加以詮釋。與中國學者王國維、陳垣對摩尼教的研究相比,由於此文能夠自如地運用波斯文、康居文、突厥文、梵文等材料,因而顯得研究範圍更爲寬闊,成爲摩尼教研究中的名篇。[1] 因爲加入了大量注釋,又與 50 多種過去已爲人知,或者至少已有人徵引過的其他文獻相比較而得以進一步加強,所以很受重視,時至今日仍是研究遠東摩尼教的一部重要著作。伯希和還獲知,中國天朝政府 7 世紀末對突厥斯坦的征服爲摩尼教徒們開闢了東傳的道路。一個世紀之後,回鶻人、蒙古和突厥斯坦的突厥人選摩尼(Mani)宗教爲國教,因爲伊斯蘭教的壓力才最終阻止了該教派的擴張。敦煌重新發現的文獻是按照佛經的方

---

[1]　[法]路易·勒内、路易·瓦楊、讓·菲利奧劄著,耿升譯《法國漢學泰斗伯希和》,《漢學研究》第 6 集,2002 年,第 59 頁。

式撰寫的,可能是中國摩尼教的基本著作《二宗經》的片段,該經文於 694 年傳入中國。伯希和 1923 年發表的一篇文章也屬於這一研究範疇。文中他還揭示直到 17 世紀"明教"在福州地區仍保持著殘餘勢力。

自伯希和 1945 年逝世,到 2000 年的五十多年間,其弟子和其他學者們,將其遺作進行整理,共出版 10 卷,目次如下:

1.《蒙古秘史》,根據漢語對音本而復原的蒙文本,1949 年版。

2.《聖武親征録》譯注本,與韓百詩連袂署名,這是對元代佚名著作《聖武親征録》的法文譯注本,第 1 卷,1951 年版。

3.《真臘風土記》譯注本,這是對元人周達觀《真臘風土記》的譯注本,1951 年版。

4.《金帳汗國史劄記》,這是對前蘇聯格列科夫和雅庫鮑夫斯基出版的《金帳汗國史》一書所作的補充、糾誤與評論,1953 年版。

5.《中國印刷術的起源》,1953 年版。

6.《卡爾梅克史評注》,2 卷本,1960 年版。

7.《馬可·波羅遊記注釋》,3 卷本,分別於 1959、1963 和 1973 年出版。

8.《中亞和遠東的基督教研究》,2 卷本,1973 和 1986 年版。

9.《西安府景教碑》,1996 年版。

10.《吐魯番的道路》,2000 年版。

由伯希和遺作和他發表的如此之大量的文章來看,涉及的題目之广,研究之深,非一般學者所能及。因此,中國學人在論及百年來影響我國的 60 名國外的學者時,將伯氏列於"華風西被"的七位漢學家的"第二位"。[①] 而就學術造詣論,"伯希和無疑位居首席"。傅斯年在談到國外中國學的時候,特別提到的法國三位漢學家就是儒蓮、沙畹和伯希和。他還認爲,伯希和是"中國以外,全世界治漢學者奉爲祭酒者也"。

五、總　結

綜上,法國的敦煌學研究是與其獲得敦煌文物同步開始的,這與伯希和是息息相關的。法國學者的研究範圍涉及宗教、文學、語言、歷史、社會經濟等衆多領域,在古藏文、回鶻文、粟特文、于闐文等民族文字寫卷方面所取得的研究成果尤令世人矚目。因此,法國的敦煌學研究在歐美國家中始終居於領先地位。

---

① 其餘依序爲英國的理雅格(James Legge),瑞典的高本漢(K. B. Karlgren),美國的佛里爾(C,LFreer)、葛思德(G. M. Gest),英國的李約瑟(N. J. Needham),荷兰的高羅佩(R. H. Gulik)。參閱桑兵《《伯希和與近代中國學術界》,《國學與汉學——近代中外學界交往録》,北京:中國人民大學出版社,2010 年,第 106 頁。

　　如今,國際敦煌學已走過百年歷程,正處於生機無限的上升時期。百年來的國際敦煌學研究,已經爲我國古代歷史、經濟、政治、科技、文化、中外交流等方面的研究提供了大量珍貴的資料,豐富和更新了許多關於古代社會歷史的認識。但敦煌文獻和敦煌石窟的研究還有很多未知的領域需要去探索。今後還需從更多的視角,在更大範圍内採取多學科相互交叉、滲透、對比的方法,拓展研究領域,加强國際合作,尋找突破口,推動敦煌學研究向縱深發展,這也是未來敦煌學研究的主要任務。

　　基金項目:本文係敦煌研究院院級課題"法國敦煌學研究的歷史與現狀"的階段性成果,編號:2020－SK－YB－4。

"傳承與創新：中國敦煌吐魯番學會成立四十周年"學術研討會綜述

陶志瑩（上海師範大學）

在黨和國家領導人的關懷下，1983 年中國敦煌吐魯番學會在蘭州成立。四十年來，學會以"敦煌在中國，敦煌學在世界"爲指導，在季羨林教授、郝春文教授、榮新江教授的帶領之下，在敦煌吐魯番的研究工作中取得諸多成果，開創了敦煌吐魯番研究的新局面。如今，敦煌吐魯番學會已走過四十年的風雨歷程，爲紀念這一盛事，2023 年 8 月 16 日至 19 日，"傳承與創新：中國敦煌吐魯番學會成立四十周年國際學術研討會"在蘭州召開，此次會議由中國敦煌吐魯番學會、蘭州大學、敦煌研究院和西北師範大學共同主辦，中國、俄羅斯、土耳其等國家和地區的 150 多位專家學者參與會議。研討會現場氣氛熱烈，中國吐魯番學會副會長、蘭州大學敦煌學研究所所長鄭炳林教授主持了開幕儀式，蘭州大學黨委書記馬小潔、甘肅省政協副主席王銳、中國敦煌吐魯番學會會長榮新江、西北師範大學黨委書記賈寧、敦煌研究院黨委書記趙聲良以及俄羅斯科學院東方文獻研究所所長伊莉娜·波波娃先後致辭。開幕式後，相關專家還共同爲《敦煌通史》《瓜州千佛洞》進行了首發儀式揭幕。此次會議中眾多學者分享了自己的學術成果，共收到論文 126 篇，以下從敦煌學及吐魯番學研究的概説、歷史、社會文化、宗教、石窟與考古、語言文學與寫本、少數民族歷史語言以及學術動態等幾個方面進行介紹。

一、概　　説

在概説性成果方面主要包括歷程總結、學術發展以及學人貢獻等。對敦煌吐魯番學發展歷程的總結上，榮新江《中國敦煌吐魯番學會成立四十周年：成就·現狀·展望》對敦煌吐魯番學會四十年的發展歷程進行了著重介紹，從學會的組織成立，到學會舉辦過的幾次大型學術研討會，再到學會組織編撰的著作期刊都作出了較爲詳細的介紹。同時指出敦煌吐魯番研究的發展受到了黨和國家的支持與鼓勵，老中青三代學者都爲學會的發展貢獻著力量，並且應該改變學科發展上不均衡的現狀，對敦煌吐魯番的考古工作應進一步加強。敦煌吐魯番學會目前正在進行"敦煌文獻系統性保護整理出版工程"這一集體項目，並且已有《法國國家圖書館藏敦煌文獻》《敦煌文學語言大詞典》《新獲吐魯番出土文學》等成果。總會應加强與各專業委員會的溝通協調,推動敦煌吐魯番研究的深入,共同譜寫中國敦煌吐魯番研究的美好未來。鄭炳林《蘭州大學敦煌學研究四十年歷程》回顧了蘭州大學敦煌學從無到有,從單一向全面的發展歷程。蘭州大學敦煌學研究小組的成立得益於張代經等人的推動,這也是蘭州大學敦煌學的起步,其後蘭州大學敦煌學小組又匯聚諸多優秀學者,使蘭大敦煌學得以蓬勃發展。劉安志《武漢大學與中國敦煌吐魯番學(上篇)》則總結了武漢大學對中國敦煌吐魯番學研究所作出的實質性貢獻以及敦煌吐魯番學在高校中的發展狀況,指出高校敦煌吐魯番學相關課程的開設對推動人才培養、學術研究以及傳承中華文化具有重要意義。黃正建《從"敦煌組"到"敦煌學研究中心"——中國社會科學院歷史研究所的敦煌學研究》從"《敦煌資料》的編撰""中國敦煌吐魯番學會成立的籌備""敦煌組到敦煌學研究中心的發展""建立'中國古文書學'的努力"四個方面回顧了歷史所敦煌學的發展,指出歷史所在敦煌吐魯番研究中起到了重要作用,是敦煌學研究中不可忽略的部分。王冀青《中國敦煌吐魯番學會成立大會親歷記——兼憶我在蘭州大學學習敦煌吐魯番學的歲月》敘述了自己在蘭大求學的歲月,從第一視角展現了學會從籌備到成立的過程,表達了當時研究者們激動的心情。聶志軍、李錦新《湖南敦煌學研究四十年述略》以學者爲綫,對他們在湖南工作或學習期間的敦煌學研究工作進行介紹:湖南敦煌學研究以湖南師範大學爲陣地,以語言文字研究爲主,尤其是訓詁考釋以及漢文佛典研究上具有鮮明特色。湖南敦煌學研究作爲敦煌學研究發展的一支,爲全國乃至世界的敦煌學研究注入了活力。趙莉《龜茲學研究成果百年回顧與新疆龜茲學會成立及現狀分析》關注了龜茲學的百年發展歷程,并且介紹了龜茲學會的成立以及取得的成果,分析了學會的現狀。

在學術發展的概述性成果上,郝春文《未來十年關於敦煌文獻整理和研究的一些重要工作》著重介紹了學會在敦煌文獻方面的工作計劃,主要涉及編撰一部涵蓋全世界所有敦煌文獻的目録工具書、出版《敦煌學大辭典》第2版、升級版的敦煌遺書圖版、編纂《敦煌殘卷綴合總集》、完成《英藏敦煌社會歷史文獻釋録》工作、推出敦煌文獻的"升級版分類釋注"、編撰《敦煌學研究書系》等七個方面。張小剛《四十年來敦煌石窟考古回顧與展望》回顧了四十年來敦煌石窟考古的發展歷程,指出敦煌石窟考古已經成爲敦煌學研究的重要分支,對敦煌石窟考古工作作出進一步展望。張勇《近年來吐魯番文物考古成果》介紹了近年來吐魯番學研究院主持下的衆多考古挖掘成果,包含勝金口石窟西岸與鄯善楊家溝墓地的調查發掘、巴達木東墓地搶救發掘、吐峪溝石窟補充發掘等多個項目,並指出未來會有更多更豐富的考古材料出土,這些新材料必定會爲吐魯番學早日與敦煌學比翼齊飛提供更有力的學術支撑,同時也將是對中國敦煌吐魯番學研究的極大促進。黑維强、姬慧《百年敦煌學語言文字學研究的幾個特點》總結了敦煌文獻語言文字研究的百年歷程,大致分爲發軔、發展、全面拓展、深入繁榮四個時期,分析了其在語言文字本體、研究材料、研究隊伍、學科建設等方面的顯著特點,使學界瞭解了敦煌學語言文字的研究趨勢,爲敦煌學語言文字的未來發展提供參考。張勇(子開)《佛曲、俗講、變文還是其他?——百年敦煌"變文"研究的回顧和反思》則對變文名稱從小說、佛曲、俗文到變文這一變化過程進行討論,重點研究了"變"之含義,但無定論。總結了百年間的變文研究著作,大致經歷了從目錄到文集的發展,指出變文研究的發展加強了對佛學的認識,接下來的研究應在新角度新視野中尋求突破。史睿《敦煌寫本書籍史研究路徑的探索》認爲利用敦煌文獻研究寫本書籍史是一個不可忽視的領域,從學術史、文化史、社會史以及思想史的角度剖析了書籍史的發展,指出敦煌寫本書籍史的研究仍具有廣闊的前景。楊寶玉《關於晚唐文士張球研究的學術史整理》梳理了學界有關晚唐文人張球的研究成果,張球幾乎見證了晚唐張氏政權興衰的整個過程,深度參與了當時河西敦煌的社會生活,對其進行多角度多層次的研究十分具有意義。相關成果的梳理也有助於推動敦煌學的縱深發展。鍾書林《百年敦煌文學研究回眸》闡述了敦煌文學研究的百年發展歷程,敦煌文學文體的研究起步最早,并且不斷豐富與發展,文體命名上也更加成熟,"敦煌文學"這一概念逐步清晰,雖然若干作品與文體歸類上依然存在爭議,但有些已達成共識,以開放的眼光進行多學科合作是敦煌學發展的方向。黃征《敦煌吐魯番願文研究概述》對敦煌願文的定義、題材等內容進行了討論,對於敦煌願文和日本願文的不同情況進行了比較,提出要把吐魯番出土的願文加入敦煌願文研究中,肯定了敦煌吐魯番願文在宗教、文學、史學等諸多方面不可估量的價值。郝雪麗《數字人文與敦煌詩歌寫本群研究》認爲敦煌詩歌寫本群的外沿會向其他文學體裁不斷延展,藉助數字人文的相關工具,對詩歌寫本之間複雜的聯繫進行總體觀察,構建文學與歷史、宗教、藝術等諸多方面的完整網絡,更加立體地展現敦煌學的全貌。

在學人貢獻方面,伏俊璉《寫本學研究方法對敦煌文獻研究的意義——以施萍婷的研究方法爲例》總結了近年來敦煌寫本學研究方面的成果,重點介紹了施萍婷在寫本學研究上的基本方法,將施先生的治學特點概括爲"目錄學家的縝密""文物學家的慧眼"。朱玉麒、柳若梅《奧登堡檔案裏的中國人名片——第二次中亞考察》考證出奧登堡第二次中亞考察中接觸的 28 位中國人,根據這些人的任職情況以及與奧登堡的接觸時間,反映出當時中國西北邊疆的實際情況。劉再聰《何士驥與敦煌學》認爲何士驥與敦煌學的發展關係密切，但學界關注卻很少，何士驥在主持甘肅文管會期間推動了甘肅文博考古事業的發展，成績卓越。陳明《"羨君辛苦綴遺文"：向達與〈大唐西域記〉的整理與校注》利用新發現的檔案、書信以及其他學者日記中的相關資料，還原了向達先生整理研究《大唐西域記》的過程，肯定了其在東方學研究中的貢獻。張小貴《瑪麗・博伊斯教授與敦煌吐魯番研究》就瑪麗・博伊斯教授在摩尼教寫本整理釋讀、伊朗瑣羅亞斯德教研究以及祆教崇拜方面的研究成果作出總結，這些研究對於推動敦煌吐魯番學的發展起到至關重要的作用。劉進寶《周林與中國敦煌吐魯番學會》回顧了周林先生的工作經歷。周林先生首先響應了鄧小平"將莫高窟守護好、將敦煌作爲一件大事抓"的指示，對於敦煌吐魯番學會的建立貢獻頗多，是學會成立的關鍵人物。沈曉萍《無錫名人與敦煌遺珍》選取無錫名人中爲敦煌文獻的鑒賞與保護作出過貢獻的嚴金清、廉泉、吳芝瑛等人進行介紹説明，以見無錫名流在保護、研究敦煌文物和敦煌文獻方面的貢獻。

對於早期敦煌文獻流散的問題，也有學者進行研究。陳雙印《清末藏經洞文物外流中的敦煌縣令群相》對 1900 至 1910 年間擔任敦煌縣令的八人無一人意識到敦煌文獻的價值，並聽任文物外流的失職瀆職行爲進行了敘述與譴責，作爲守土之吏的八位縣令，無一例外應被列入"俗吏"之中。

二、歷　　史

此次會議所收到的歷史研究的文章包括政治軍事、人口與經濟研究等諸多方面。在政治軍事史研究上，李軍《内遷党項與中晚唐京西北政局》對党項内遷後的名稱變化、與京西北藩鎮的關係以及晚唐政府從武力征討到招撫與征討相結合的經略措施變化作出了細緻討論，是對党項與唐關係研究的補充。楊富學《長安墓誌所見"系羈侯王"張議潮史事稽考》利用《李行素墓誌》與敦煌文書中張氏歸義軍的相關記載形成互証，對張議潮在李行素勸誘下被"系羈"的前因後果進行闡發，分析了歸義軍政權更替間的矛盾。吳炯炯《傳世文獻中譜系的真相——唐高宗、武后朝宰相王德真家族世系輯考》對唐高宗、武后朝宰相王德真的家族世系進行梳理，全面收集整理了王德真家族成員的墓誌，再藉助傳世文獻對家族世系、人物關係進行了梳理還原。毛秋瑾《唐代告身書法研究——以敦煌吐魯番出土材料爲中心》在整理唐代傳世出土告身資料的基礎上，對告身書寫人的身份、書法以及其與唐代重要書家的關聯進行考索，從而總結唐代行政體系中的書手及其書寫情況。敖特根、袁嘉《S.389〈肅州防戍都狀〉文本研究》在前人研究的基礎之上，對《肅州防戍都狀》進行了全文抄録、標點以及注釋，對其中的歷史信息進行解讀分析，考證了唐末甘州脱離歸義軍控制的過程,對歷史細節進行了補充。吕博《吐魯番文書所見唐代“行官”制度》則利用新獲吐魯番文書就唐代“行官”問題進行研究,行官是一種新使職且與新軍事制度下的官健有聯繫,唐王朝中央、地方財政支出的增加似乎也與此制度有關。董永强《從高昌到西州:試論中古吐魯番社會的再結構過程》引用“結構過程”這一概念解釋了唐滅高昌這一重大事件,展現了在這一事件過程中西州取代高昌這一吐魯番社會的再結構過程,這一過程極大推動了西州與其他地區的交流。孟憲實《吐魯番出土文書與唐代制度史研究》將吐魯番出土文書尤其是官文文書看作制度史資料,乃至全國制度的表達,幫助理解制度條文與運行,並提出利用吐魯番文書研究唐代制度尚有諸多未盡工作,應是學術發掘的方向。[日]關尾史郎著,田偉偉譯《西北地區出土文物中使用的“五胡十六國”時代的年號》利用吐魯番與河西兩地出土文物窺探正史所載年號使用情況,并對以“五胡”時代年號研究爲中心的學術史進行回顧,對今後的研究課題與方向形成啓發。杜海《敦煌曲子詞〈望江南〉再考察——兼論張曹繼代的和平過渡》充分考慮了《曲子詞》相關寫本的綜合性、目的性等特徵,對《望江南》反映的真實歷史事件進行發掘,認爲其與張、曹繼代歷史無緊密聯繫。

人口與經濟研究方面,魏迎春、鄭炳林《西漢敦煌郡移民問題再探——以敦煌懸泉漢簡爲中心》以懸泉漢簡爲主要資料,結合傳世文獻對敦煌郡的移民問題作出詳細説明。敦煌郡移民類型多樣,并且移民工作受到了政府的重視,通過移民也促進了各種文化在中原與敦煌之間的交流。陳光文、董俊霖《由修渠引泉到築壩勘庫——清代及民國敦煌地區水利開發的探索與實踐》梳理了清代到民國水利開發建設的歷程,而清代到民國水利建設受到技術限制和國家介入以及人口下限和水資源上限兩個方面的限制,影響了敦煌地區水利開發的成效,對於敦煌水利的研究也反映了敦煌經濟發展對於水資源的依賴性。王祥偉《出土財計文獻中的“薄”“籍”與“歷”“案”“帳”關係探論》以出土文獻爲中心,從形式、内容、性質多個方面討論了簡牘時代“薄”“籍”這類財計文獻向唐宋時期寫本文獻“歷”“案”“帳”的演變情況。

三、社 會 文 化

社會文化方面的成果主要體現在童蒙教育、術數占卜以及社會生活幾個方面。童蒙文書一直受到學界關注,金瀅坤與張新鵬兩位學者都對童蒙文書作出研究。金瀅坤《敦煌蒙書〈武王家教〉中唐代童蒙“認知”教育解析——以“九愚”爲中心》圍繞《武王家教》中有關個人價值觀認知的九種愚行的文化内涵進行了深入解析,將九種愚行總結爲三大類,并對其與唐代童蒙教育、家教的關係進行更進一步的研究,是對唐代子弟認知教育問題的關注與發展。張新鵬《示月之指,得魚之筌——童蒙書〈上大人〉與參禪悟道》則是利用童蒙文書生發出新的研究角度,發現過去兒童習字的重要文本《上大人》在禪宗典籍中也有一定影響,從《上大人》的運用情景、類型以及運用的原因和意義三個方面闡述了《上大人》與參禪悟道的關聯,展現了儒佛文化相互交流交融的過程。

術數占卜方面,孟嗣徽《敦煌"幽禜"發微》藉助《熾盛光佛並五星神圖》追溯了敦煌的祭星活動,分析了熾盛光佛與祭星儀式的關係,敦煌地區在正月初八日祭星,即符合中國傳統又呼應了佛教的"六齋日"之首。趙貞《中古曆日陰陽雜占探論——以 S.P6〈乾符四年具注曆日〉爲中心》分析了《乾符四年丁酉歲(877)具注曆日》中保存的二十多陰陽雜占內容,對雜占文本與占卜文書和術數文獻的關聯進行探查,并且 S.P6 作爲印本曆日對於研究曆法以及術數文化都具有參考價值,體現了具注曆日具有中國社會百科全書的象徵意義。陳于柱、張福慧《敦煌漢、藏文烏鳴占書與武威西夏木版畫"太陽"互証研究》由武威西夏出土木版畫中的"太陽"形象入手,對其源流發展進行追溯,探究太陽信仰的內涵以及其在墓葬中的文化功能。余欣《敦煌莫高窟北區 B228 石窟的多元信仰空間》根據窟內出土的松人、衣物疏、織物、漆器等認爲此窟是埋葬死者的瘞窟,重點討論了人形方術的發展,反映了 7 世紀早期敦煌民衆多元的信仰世界。

社會生活方面又涉及醫藥、飲食、民俗等多個方面。田永衍《唐五代時期敦煌地區流傳的〈張仲景方〉源流考》考證了敦煌文獻中張仲景《傷寒論·辨脈法》殘卷與《傷寒論·傷寒例》殘卷的源流,說明唐五代時期敦煌流傳有《張仲景方》,補充了對敦煌醫藥文獻的研究,加深了對唐五代敦煌醫藥發展的瞭解。周尚兵《唐代的"五熟行"》從"五熟行"出發,探討了唐代的飲食文化。唐人麵食製作者多具備成熟的起麵技術,包含湯、火、氣、油、醃在內的五熟技法和其產品呈現出精細化的進程,五熟業也供應了多樣的產品,滿足了唐人的飲食需求。王志鵬《沙與水互滲共融　龍與佛并行傳響——從〈敦煌廿詠〉看唐五代時期敦煌地區的民俗特徵》以《敦煌廿詠》中的組詩爲中心,發現敦煌豐富的民俗生活以儒家文化爲主體,同時還存在佛教儀式的僧俗集會以及因自然環境而形成的活動,這些活動呈現出中西交融以及西北地域性的特徵,展現了隋唐五代敦煌地區社會生活的豐富多彩。李金梅、路志峻、林春《絲綢之路岩石上的原始體育文化探析》對甘肅、寧夏、青海等絲綢之路上分佈的岩畫資料進行收集利用,對與體育相關的圖像分析了內涵,透視原始體育的發展脈絡,強調了瞭解人性整體發展和原始文明當代價值的重要性。楊秀清《敦煌壁畫中的兒童服飾》利用敦煌石窟壁畫對中國古代兒童服飾進行論證。敦煌石窟壁畫中的兒童服飾類型多樣,既有日常的又有宗教的,既有傳統的又有民族的,展現了形象的中國兒童服飾史,補充了對中國古代兒童服飾的研究。

對吐魯番社會文化的研究上也有成果展現。裴成國《論高昌的在地建國與文化完善的進程》從在地建國和文化完善兩個角度分析了高昌國文化發展的歷程,指出向中原文化學習是高昌文化發展的主要方向,在這一過程中高昌文化呈現出多元性與獨特性的發展特點,高昌的漢文化水平不宜被過高估計,並用發展的眼光考察了高昌文化,加深了對高昌國文化的理解。黃樓《敦煌吐魯番文書所見的"打金敖"與"鑄金敖"》從吐魯番文書入手分析了"金敖"至"鏊"字形的演變,并對壁畫以及敦煌文書中的鏊進行了梳理,指出器物研究是瞭解中古敦煌以及西域地區民衆社會生活的重要切入點。

四、宗　教

對敦煌吐魯番的宗教研究仍然是非常熱門的研究方向,主要涉及佛教、道教研究。在佛教研究成果上,首先是對敦煌佛教融合發展的討論。鄭阿財《從格義到融合——論〈真言要決〉呈現三教和合的發展特色》談及儒釋道三教關係問題,對《真言要決》的存佚、性質以及引書條目進行梳理,是中古時期三教論述與融合的"論"著,對考察三教會通發展史具有幫助。張延清《從涅槃思想在唐蕃古道和絲路敦煌的傳播看佛教的中國化》圍繞涅槃經及其經變在唐蕃古道和絲路上的傳播,反映出藏傳佛教中國化的進程。梁麗玲《佛教護童信仰在敦煌的受容與轉變——以"護諸童子女神像"爲例》從宗教融合角度探索了"護童信仰"在敦煌的發展與性質,爲佛教護童信仰在敦煌的受容與轉變提供了證明。文岱婧、韓鋒《佛儒交涉:唐五代敦煌佛教空間中的儒學表達》對佛教傳入後敦煌地區的石窟與寺廟等佛教空間進行討論,隨著佛教中國化的發展,佛教空間內出現諸多儒學表達,反映了敦煌佛教佛儒交涉的發展狀況。

敦煌佛教發展的其他方面研究上,孔令梅《漢晉北朝敦煌大族文化發展研究》以時間爲綫說明了不同時期敦煌大族的發展情況,尤其指出佛教已經成爲敦煌大族的信仰,他們的抄經、建窟等活動也推動了敦煌佛教的繁榮。劉屹《禪修、觀想與石窟》圍繞莫高窟南區三"禪窟"進行討論,探索了禪修與禪窟,禪修與觀想、觀像的關係問題,指出禪經中對於觀想佛教的規定與石窟壁畫中的并不完全相符,禪修也無需在特定石窟內完成。張瀛之、陳大爲《唐五代宋初敦煌私家蘭若的興建與社會功能研究》對作爲宗教載體的敦煌地區的私家蘭若進行了專題探討,對其在宗教和社會中具備的不同功能進行總結,認爲私家蘭若在一定程度上成爲了民衆的公共活動空間,在社會生活中發揮重要作用。趙家棟《敦研361〈佛經〉考校與研究》對敦研361《佛經》殘卷進行了釋錄與考校,並就其中的惡婦之法等問題進行討論,認爲此經可能是爲教導警示佛教信徒中的婦女而僞造,體現了世俗佛教的教化作用。董大學《解經與講經:敦煌寫本斯2047號〈金剛經疏〉研究》從文獻學研究的角度對敦煌寫本斯2047號《金剛經疏》進行綴合與内容概述,分析了其具備的解經特色,認爲此經應與講經活動具備密切關係。林仁昱《從敦煌S.6631和P.4597之讚歌抄寫樣貌看戒、願相應的實踐意義》針對S.6631和P.4597的抄寫樣貌進行解析、考察和探討,兩卷組成相似且具有"分類抄寫"的抄寫思維,對其所展現的戒、願相應的實踐意義進行了分析,認爲此意義是二卷抄寫時所重視的思想意涵。侯沖《關於兩件法藏敦煌變文的擬名》梳理了敦煌遺書P.2122V與P.3210兩種佛經變文的研究成果,認爲其爲多主體文獻,根據主題内容進行重新擬名,並提出對敦煌遺書研究的個人理解。趙洋《英藏敦煌文獻S.6890號以後禪籍及相關文獻補遺》對S.6890以後的禪籍及相關文獻進行了定名與綴合,補充了英藏敦煌文獻的完整刊佈工作,也爲研究早期禪宗發展提供了資料。

其他涉及佛教研究的文章,董華鋒、趙赫《川渝唐宋七佛造像初探》認爲川渝地區的七佛造像與玄儵二宗入蜀避難,大批人才進入川渝地區有一定聯繫,對七佛造型的類型分期進行整理,七佛造像組合的新創造反映了七佛宗教内涵的不斷擴大。米德昉《造像修福:宋代巴蜀石窟中的供養人》對巴蜀石窟中的供養人像進行研究,指出巴蜀石窟供養人像體量增大,并且除了重視自己與家眷,也會表達對逝者的追憶,造像之後的慶讚儀式也備受重視,對於考察巴蜀地區民間宗教信仰具有重要意義。張先堂《中國古代殘損佛像瘞埋是舍利瘞埋嗎? ——再論中國古代殘損佛像瘞埋的性質》利用佛教義理典籍以及不同地區佛像瘞埋的考古材料糾正了"將殘損佛教瘞埋等同於舍利瘞埋的誤讀",這兩種活動應是既有關聯又獨立的佛教供養功德活動,是兩種互有交集又獨立發展的佛教歷史文化現象。趙青山《中古僧人林葬考》對僧人的喪葬方式進行研究,指出林葬是隨佛教傳入中土的一種僧人殯葬方式。作者對中土僧人對林葬的認識、林葬後的供養方式以及葬地管理、敦煌文獻中有關林葬的經文等諸多問題進行了考證。武海龍《後秦譯經與高昌佛教》對高昌所見的後秦譯經進行了全面的總結梳理,指出這些經典涉及經、律、論三藏,并對高昌佛教產生了持久影響。

道教研究方面,徐俊《上圖藏宋拓〈靈寶度人經變〉校研》對上海圖書館所藏《靈寶度人經》這一傳世變文進行校録,指出其在特徵上相較敦煌藏經洞所出變文有很大不足,推測其反映的是道教題材變文的特點,展現了變文題材在佛教外的情形。劉永明《盛唐時期的敦煌道教考述》利用道教典籍與文獻對盛唐時期敦煌地區的道士人數,觀主與三洞法師、其他道士、後備清信弟子,道士寫經等幾個方面進行考述,窺察唐代敦煌道士的全貌。

五、石窟與考古

在石窟與考古方面的研究,主要涉及敦煌石窟研究、其他地區石窟與圖像研究以及考古等方面。敦煌石窟研究方面,陳菊霞、馬丹陽《三世理念建構下的莫高窟第 254 窟》就第 254 窟構建上體現的三世三劫理念進行分析,指出還有一些造像組合反映了三世思想,這一思想產生具備特定的宗教與時代背景,旨在重申佛法的永續流傳。沙武田《敦煌石窟回鶻裝王像的身份歸屬》利用敦煌石窟中保留的回鶻王裝像對歸義軍和沙州回鶻之間的關係進行討論,保留了歸義軍"回鶻化"以及"沙州回鶻"問題的圖像資料,對研究歸義軍歷史、敦煌壁畫以及石窟分期問題都有所幫助。張景峰《敦煌佛教從涅槃到净土思想的轉變——莫高窟第 332 窟》綜合討論了莫高窟 332 窟中的涅槃圖、維摩詰經變、西方净土説法圖等圖像資料,認爲此窟反映了敦煌佛教從涅槃思想到西方净土思想的轉變。張春佳《莫高窟唐前期團形紋樣造型特徵——以藻井爲中心》對莫高窟的復合型團狀圖案進行研究,對團狀紋樣的分佈、結構變遷進行説明,又探究了唐前期藻井流變和團紋藝術特徵等問題,指出團紋的流行發展皆與當時的時代審美趨勢相聯繫。陳振旺《絲路背景下的莫高窟聯珠紋興衰探析》對外來紋樣——聯珠紋進行探析,從隋唐各階段時代背景出發,闡釋莫高窟聯珠紋的來源、發展、興起和式微,鈎沉出敦煌與西域聯珠紋樣的聯繫、差異與本土語境下的演化,以呈現隋唐莫高窟聯珠紋發生、變化之全貌。張元林《武威吐谷渾墓所見日、月輪與敦煌同類圖像之比較》將武威吐谷渾墓中的日、月輪圖像與敦煌出現的同類型圖像作了對比研究,認爲二者存在緊密聯繫,都是中國傳統日月輪信仰元素在河西地區傳承發展的結果。楊學勇《"老人入墓"相關問題研究——從敦煌石窟"老人入墓圖"説起》認爲"老人入墓圖"是依據彌勒經典繪製,是典型的佛儒交融的產物,而"老人入墓圖"中引帶出的賤老習俗大概是由於古代中國本土習俗、古印度社會風氣、古代愚民政策三個方面的原因。顧淑彥《敦煌莫高窟第 249 窟窟頂狩獵圖爲李廣狩獵圖研究》關注了莫高窟西魏第 249 窟窟頂的壁畫,並考察出窟頂北披的射虎圖應爲李廣射虎圖,且與周圍狩獵圖組成李廣狩獵圖,認爲狩獵圖并不是出行圖的固定搭配,這裏出現李廣狩獵圖是爲了保護出行主人順利到達佛國。

其他地區石窟與圖像研究方面，郭俊葉《成城灣大華塔及歸義軍晚期回鶻化問題》對歸義軍晚期曹宗順時唯一有確切紀年的佛教建築大華塔的概況及壁畫風格作出分析，指出塔内藝術風格的變化反映了歸義軍後期回鶻化的現象，并且這一現象應是受到了遼的影響。張總《水月與自在——觀音菩薩形貌圖式變遷》對觀音菩薩形貌圖式進行研考，尤其是對中唐出現的水月觀音像的内涵進行深入分析，呈現了觀音菩薩圖像樣式發展變化的過程。姚崇新《送子觀音信仰在西域的初傳——以高昌回鶻時期的圖像資料爲中心》利用回鶻高昌送子觀音圖像資料，印證了對“白衣送子觀音”造型生成機制的推測，探明了其造型的源頭，對我國本土化觀音信仰的圖像譜系進行了完善，同時反映了高昌回鶻的佛教文化及藝術將中原佛教文化視作來源。趙燕林《敦煌于闐國王像及其年代考辨》根據冕冠、衣裳以及配飾推測出莫高窟98、454、4窟中的于闐國王像爲李聖天，榆林窟31窟則爲尉遲蘇羅，并對五代宋初輿服制度展開討論，指出輿服改制影響了石窟造像的服飾造型。孫曉峰《麥積山第127窟正披壁畫内容獻疑》對127窟壁畫進行討論，認爲左右披確實是《薩埵那太子本生》，而通過對正披壁畫内容的具體分析，發現其不一定是此本生故事，但由於畫面缺損，對其經典來源還需考證。張善慶《麥積山石窟第127窟西方净土變獻疑》通過對第127窟右側壁畫經變細部的解讀，推斷這鋪經變畫爲法華經變，指出此窟代表了西魏藝術的最高水平，在表達上凸顯女性角色，彰顯了乙弗氏功德窟的性質。李昀《臺北“故宮博物院”藏唐閻立本〈職貢圖〉再考——一件唐朝畫樣的跨文化傳播》擇取臺北“故宮博物院”藏唐閻立本《職貢圖》，對其裝潢與流轉脈絡以及内容進行考釋，認爲此圖展現的并非特定歷史事件，而是多元語境下演繹出的盛唐氣象，體現了名畫樣的影響力與畫師的創造力。

考古研究主要包括石窟遺址考古以及文物考古兩方面。石窟遺址考古方面，趙曉星《關於敦煌西夏後期洞窟的判定》按照佛教石窟寺考古的基本辦法，依據石窟形制、文字題記與石窟壁畫對莫高窟以及榆林窟西夏後期洞窟的斷代進行梳理，指出西夏建窟從12世紀開始進入高峰，修建了一批具有代表性的石窟，元代出現一批“元代西夏窟”，隨著元朝滅亡石窟興建的短暫復興也隨之結束。夏立棟《考古重建丁谷窟寺：近年來吐峪溝石窟考古發現與研究進展》對吐峪溝石窟遺址的考古取得一系列成果進行説明，認爲隨著多學科合作的綜合研究不斷深化，其研究取得了五個方面的進展，包括明確了吐峪溝石窟遺址的時間、“涼州模式”下丁谷窟寺的“高昌樣式”、丁谷窟寺遺物方面的新發現，系統介紹了吐峪溝發掘出的多語種文書和壁面題記情況。

劉建軍《關於雲岡石窟的窟前建築問題討論——以第 9、10 窟爲中心》通過對雲岡石窟第 9、10 窟前建築遺跡和出土遺物的整理與研究,就第 9、10 窟前的外立壁仿木結構石雕建築形式和前後兩期木結構建築窟簷時代問題進行討論,加深了對 9、10 窟發現的北魏、遼金時期遺跡的認識。[日] 田林啓著,王俊鈞譯《敦煌莫高窟壁畫配置之規則性試論》以與在家信徒有密切關聯的洞窟爲例,對莫高窟的壁畫配置規則進行探討,推測莫高窟壁畫中有意識的南北對照性配置萌芽於唐,定型於五代,指出對敦煌及中國人民來說,有著近於時間性或空間性而選擇重要繪畫題材的原則。魏文斌、楊潤澤《永昌縣聖容寺佛教聚落遺址群的調查與認識》對聖容寺佛教聚落遺址的考古調查進行了詳細介紹,補充了遺址的圖片資料以及繪測數據,重新推斷了部分遺址的年代與性質,從宏觀角度認識了聖容寺佛教聚落的構成體系,爲日後進一步研究提供了資料,也對挖掘其歷史價值具有重要意義。于志勇《漢唐時期高昌若干歷史地理的考古新知》以戊己校尉治所與高昌壁壘、比胥鞬屯地和柳中屯田、兩漢烽燧設置、唐羅守捉位置爲例,簡述了漢唐時期高昌地區的考古新知。

文物考古方面,王樂、趙豐《印度新德里國立博物館藏敦煌絲綢》對印度新德里國立博物館所藏敦煌紡織品進行了介紹統計與調查,其所收藏的絲織物大部分爲幡畫,且與英國收藏的敦煌織物有關聯,在研究上應將它們與敦煌紡織品放在一起對比研究,有利於全面瞭解敦煌絲綢。陳麗萍《重識〈西域出土古文書片〉》對中村素堂所藏 9 件敦煌文書殘片《西域出土故文書片》進行介紹,認爲 9 件文書內容豐富,主題不一,應爲 10 世紀時期的抄本,而拍賣市場上較多出現日本散藏敦煌文書,引起我們對敦煌文獻"回流"問題的關注。

六、語言文學與寫本

此部分主要對敦煌吐魯番研究在語言文字、文學以及寫本研究方面的成果進行介紹。在語言文字方面的研究,李正宇《匈奴、單于、撐犂、祁連、閼氏、居次等譯音詞誤讀千載而不知》關注到古匈奴語譯音詞,認爲譯音詞的讀音應與古民族語原音相對應,舉出匈奴、單于等六例進行辨析,試著改變譯音詞不知所用注字古音而用今音的誤讀現象。張小豔《敦煌碑銘讚字詞校考》對敦煌碑銘讚中保存的一些俗字、典故詞和佛教名詞等疑難字詞進行校勘考釋,對敦煌碑銘讚寫本的進一步整理研究具有參考價值。敏春芳、王定宜《敦煌寫本〈佛本行集經〉變異俗字例釋》考察敦煌寫本《佛本行集經》,將其與《大正藏》本進行對照,發現敦煌本中包含大量字形類異文,或是部件變異,或是筆畫變異，對變異字形的研究有助於掌握當時漢字字形的書寫規律。郜同麟《談音韻學在敦煌道教文獻校勘中的作用》發現了敦煌道教文獻校録上細節處理欠缺的問題，爲解决這些問題將音韻學運用到道教文獻校勘中，對判斷異文是非、發現訛誤具有良好的作用。金少華《談談 P.2528〈西京賦〉寫本的旁注字和校改字》以《西京賦》爲例，指出寫本校録時應注意旁注字、校改字等與文本不同層次的文字，不能與正文作爲同一文本進行校勘。王媛媛《敦煌本〈下部讚〉中"末"字的異化》對道明所作《下部讚》中"末"之含義用法進行探析，認爲在讚詩作者姓名中的"末"與"末尼教"之"末"并非同理，在宗教義理中創教者摩尼不可言"末"。黄維忠、王志平《敦煌藏文詞匯ꡤ(phywa)字詞源頭初探》就ꡤ(phywa)這一敦煌藏文卷號中多次出現的重要專用詞匯進行研究，嘗試以語言學方法，綜合漢文、藏文文獻及八思巴字等文獻，討論該字的語源。

　　文學研究上的成果，李小榮《佛化生日：詩詞創作及其佛教文學史意義》對中國特色民俗佛教相關題材的古典詩詞進行討論，佛化生日詩詞創作依托於其内涵的發展以及壽主對象泛化這一背景，以三大人倫道德爲主題，凸顯出該類作品在佛教文學史上的特殊意義。何劍平《伯三一二八號背〈解座文二首〉内容考釋及定名檢討》根據前人成果，藉助其他寫卷、傳世文本及佛典注疏對伯三一二八號寫卷背面的解座文屬性和内容進行考釋，指出伯三一二八背所書前一首解座文當定名《法華經解座文》，其靈活的運用方式反映了敦煌講唱文學韻文傳唱的隨意性。王素《斯 6234 號佚名〈西州〉詩新探》從遣詞用字、地理物産、歷史背景等諸多方面對《西州》這首詩進行了全面探析，并且對疑似作者張球（張景球）的"雙名單稱"問題進行了解答。劉金波《敦煌寫本類書〈語對〉與唐詩創作》考察《語對》與唐詩創作的關係，指出《語對》對唐代詩歌的大量生成和繁榮起到了推動作用，并且其經典化模式化的内容也有助於降低唐詩創作的難度，明確了類書在文學創作中的具體使用路徑與價值。

　　寫本研究方面的成果，馮婧《敦煌寫本中的外來册子——以寫本紙張特徵爲綫索》以敦煌藏經洞發現的册子本爲研究對象，根據紙張廉紋、厚薄等特徵確定了一批在外地製作後携帶至敦煌的册子，反映了外地造紙技術以及絲路人員流動的情况，推進了對 9、10 世紀敦煌當地及外地寫本用紙的研究。趙鑫曄《也談敦煌寫本中的"包首題符號"》以傳世文獻、出土文獻和域外文學相結合的方式考證"包首題符號"，指出其首見於六朝寫經，唐五代時期廣泛運用並被宋以後的佛典刻本封面所繼承，形體上經歷了單鈎、頓點、雙鈎等多種變化，實爲古印度吉祥符號唵的漢化形式，對該符號的研究是對學界以往研究的發展和補充。羅慕君《俄藏敦煌殘片綴合正誤舉隅》在已有的綴合正誤成果之上,修正九組綴合或圖版歸并錯誤的俄藏敦煌殘片,提醒我們在整理文獻過程中不僅要完成新綴工作還要核對已綴部分。具體文本的校録整理與研究上,許建平《敦煌〈論語〉寫卷中的傳鈔本》關注到敦煌《論語》寫本,對寫本進行梳理對比,探討寫本的來源、前後傳承關係以及傳抄關係。意如、王湛《藏經洞寫經流散再考——以中國國家博物館藏兩卷敦煌寫經爲例》對中國國家博物館所藏兩件敦煌寫卷的題跋進行輯録,釐清了百年前寫卷進京及流散的情況,爲學界進一步研究提供背景資料。崔紅芬《俄藏黑水城漢文佛教文獻褙紙內容考析》對俄藏黑水城漢文佛教文獻所涉漢文、西夏文裱補內容進行考察,對裱補紙與原文獻內容所反映的問題進行初步探討,提高了對裱補褙紙與原文獻構成的新機體的重視。

七、少數民族歷史語言

關於少數民族歷史語言方面的研究,包含對突厥文、回鶻文、吐蕃文、于闐文以及西夏文的研究。在突厥文研究方面,白玉冬《暾欲谷碑譯注》對暾欲谷碑的遺跡狀況作出描述,對碑文進行了轉寫譯注,碑文重點描述了暾欲谷對後突厥汗國的功績,充滿個人英雄主義色彩,對於研究後突厥汗國的衰敗與亡國仍具有歷史意義。回鶻文方面的研究,吐送江·依明、陳泳君《文殊山石窟回鶻文題記釋讀——兼論清朝時期河西的回鶻佛教團體》對文殊山萬佛洞中保存的諸多回鶻文題記進行釋讀,這些題記證明了明清時期文殊山一帶存在回鶻佛教團體,并對這一團體的來源與去向進行考證。麥赫邁特·歐勒麥兹《110 Years of Pelliot 3509 from Dunhuang (Old Uyghur Kalyanamkara and Papamkara Text)》利用 P.3509 號文書,對寫本記載的《善惡二王子故事》進行深入分析,並對其學術研究史進行梳理回顧。劉戈《對八十二件回鶻文契約中條件式附加成分現象的普查》依據小田壽典等人所編《回鶻文契約集成》對回鶻文契約進行調查研究,在百餘件文書中,八十二件含有條件式附加成分且縮略形與全形并存,應屬於同一時期的語言文字現象。吐蕃文方面的研究,王東《敦煌文獻 P.T.992〈分別講説人的行止〉與吐蕃民衆日常生活研究》基於前人研究對《分別講説人的行止》這一文本內容與吐蕃民衆的日常生活作出梳理,勾勒出吐蕃統治敦煌時期本土以及敦煌等統治區域的民衆社會生活狀態,補充了對此文本學術價值的認識。陸離《再談吐蕃告身制度的幾個問題——對〈吐蕃告身制度相關問題研究〉一文的幾點商榷意見》中討論了吐蕃告身的授予對象、制度運行狀況以及作用等問題,對關於告身制度的漢藏史料做到了辨僞求真。沈琛《從朵斯麻 (Mdo smad) 到朵甘斯 (Mdo khams) 與德甘斯 (Bde khams)——敦煌文獻所見吐蕃"東境"概念的演變及其管理體制的變遷》抓住朵斯麻、朵甘斯、德甘斯這三個非常關鍵的地理概念進而對吐蕃東境管理體制的變遷進行探討,加強了學界對吐蕃史的整體認識。于闐文研究方面,范晶晶《對〈出生無邊門陀羅尼經〉于闐語本與漢譯本的考察》就《出生無邊門陀羅尼經》進行研究,認爲新疆出土的于闐與梵語殘葉補足了敦煌寫本,在此基礎上考察分析了于闐與梵語殘葉與漢譯本之間的關係。在西夏文研究方面,段玉泉《西夏文〈净土往生法略禮懺本〉考論》介紹了西夏文《净土往生法略禮懺本》,指出文本内容包含禮懺法八門以及禮懺前期準備兩個主體部分,其體現的懺悔思想融合了净土宗和華嚴宗的思想,是文本的主體思想。史金波《新見國家圖書館藏西夏文〈六祖壇經〉譯釋》對國家圖書館所藏《六祖大師法寶壇經》的情況進行概述,并對内容進行釋校,總結了其特點和價值,爲《壇經》研究提供了新材料,也反映了中國歷史上多民族文化的密切交流。西夏漢文文書方面,杜立暉《日本天理圖書館藏敦煌西夏借絹馬文書的性質與價值》認爲此件《漢文借絹馬文書》應爲西夏契約類文書,對文書進行了校録與判定,指出在内容上此件文書爲認識元代站赤的實際運作情況提供了一手資料。

八、學 術 動 態

學術動態方面涉及書籍出版相關的學術信息。吳麗娛、趙大瑩《〈敦煌學大辭典〉書儀辭條的修訂》主要總結了《敦煌學大辭典》修訂過程中對書儀詞條修訂增補時的情況,指出在修訂時充分尊重保留了前人成果,又盡可能反映新的研究面貌與深度,吸收新的研究成果,豐富内容和層次的同時又要糾正以往的錯誤與不足,使得《敦煌學大辭典》的修訂經得起檢驗。劉子凡《黃文弼〈高昌磚集〉與〈高昌陶集〉的編纂及其價值》總結了《高昌磚集》與《高昌陶集》的編纂過程,指出兩集作爲黃文弼最早刊佈的考古成果,體現了西北科學考察團的高尚精神與學術追求,具有劃時代意義。并且兩集保存的吐魯番出土墓誌、陶器資料對於今日之研究仍具有參考價值,兩集的再版對於吐魯番學研究的發展來説也無疑是一盛舉。趙豐、王樂《滿世界尋找敦煌絲綢:〈敦煌絲綢藝術全集〉中的國際合作》指出對敦煌絲綢實物和相關信息的收集,已經整理匯成了《敦煌絲綢藝術全集》,認爲此集包含英藏卷、法藏卷、俄藏卷、旅順卷、敦煌卷、補遺卷,是第一次對敦煌出土的所有絲織物進行系統整理,釐清了中國絲綢從内地向周邊傳播的途徑和過程,勾勒出絲綢之路沿途各地絲綢生產與技術發展的脈絡,爲絲綢之路中外文化交流史、紡織服飾美術史等各方面研究補充新的資料。府憲展《爲了敦煌——〈俄藏敦煌文獻〉〈俄藏敦煌藝術品〉的現場工作實録》以自己的瑣碎足跡爲綫對俄藏敦煌文獻和藝術品的公開過程進行粗略紀實,認爲在合作形式上體現了出版社與俄羅斯的深度融合,指出雙方爲了"敦煌""西域"的目標,而竭盡全力,對敦煌出版工作的追溯,是出版社創業史的展現,也是敦煌學術史的重要環節,同時激勵出版社抓住機遇在更高層次上出版可以傳世的敦煌巨作。曾曉紅《〈甘肅藏敦煌藏文文獻〉出版紀要》梳理了甘肅藏敦煌藏文文獻的出版背景以及研究概況,簡述叢書出版過程、主要内容以及重要價值,對中國散藏敦煌古藏文文獻的刊佈進行了補充,認爲其是一項重大的文化工程項目。

其他方面,李并成《敦煌學教學"課程思政"的探索與實踐——以近 40 年來西北師大敦煌學教學爲中心》貫徹習總書記在"學校思想政治理論課教師座談會"上的講話精神,以西北師大 40 年來敦煌學教學發展爲例,講述了如何將思想政治教育融入敦煌學課程,做到教學全過程全方位育人,以期實現思想政治教育與敦煌學知識體系學習的有機統一,體現了西北師大在敦煌學教學上對課程思政的重視。

此次會議的成果可謂精彩紛呈,各位專家學者緊緊圍繞著敦煌吐魯番學會與國際上的敦煌吐魯番研究、絲綢之路上的敦煌吐魯番研究以及敦煌吐魯番多學科研究等主題展開熱烈討論,回顧了敦煌吐魯番研究的學術史發展。其體現了多學科融合的研究方法,同時推動了敦煌吐魯番研究向更深層次的方向發展。是與會學者扎實的文獻考證功底和理論理念的傳承創新的展現,又是對大會"傳承與創新"的主題的突出。此次會議的召開以及成果的展現,更是對習近平總書記《在敦煌研究院座談時的講話》所指出的"研究和弘揚敦煌文化,既要深入挖掘敦煌文化和歷史遺存背後蘊含的哲學思想、人文精神、價值理念、道德規範等,推動中華優秀傳統文化創造性轉化、創新性發展,更要揭示蘊含其中的中華民族的文化精神、文化胸懷和文化自信,爲新時代堅持和發展中國特色社會主義提供精神支撐。要加強對國粹傳承和非物質文化遺産保護的支持和扶持,加強對少數民族歷史文化的研究,鑄牢中華民族共同體意識"講話精神的具體貫徹與執行,爲新時代敦煌吐魯番學的繁榮發展奠定了良好的基礎。

"吐魯番學的回顧與展望"學術研討會綜述

張慧潔(上海師範大學)

爲總結百餘年來中國吐魯番學的業績,展望新時期中國吐魯番學的前景,推動中國敦煌吐魯番學的繁榮發展,中國敦煌吐魯番學會、武漢大學歷史學院暨中國三至九世紀研究所於 2023 年 3 月 24 日至 26 日櫻花盛開時節,在武漢大學順利召開了"吐魯番學的回顧與展望"學術研討會。

此次會議彙聚了來自北京大學、故宮博物院、中國社會科學院、中央民族大學、中國歷史研究院、中國人民大學、北京師範大學、首都師範大學、北京外國語大學、中國政法大學、南開大學、山東大學、山東師範大學、上海古籍出版社、復旦大學、上海大學、上海師範大學、浙江大學、浙江工商大學、蘇州大學、《蘇州大學學報》編輯部、廣州孫中山大元帥府紀念館、華南師範大學、福建師範大學、《江西社會科學》編輯部、西南民族大學、四川大學、西北大學、西安電子科技大學、蘭州大學、敦煌研究院、西北師範大學、寧夏大學、新疆師範大學、新疆大學、新疆文物考古研究所、《西域研究》編輯部、新疆社會科學院、新疆吐魯番市文物局、新疆吐魯番學研究院、武漢大學、中南民族大學等 40 餘所單位的 80 餘名專家學者圍繞"吐魯番學回顧與展望"主題展開討論。

本次會議開幕式由武漢大學歷史學院院長劉安志教授主持,他首先介紹了會議緣起與諸位代表,並對所有到場來賓表示熱烈的歡迎。武漢大學黨委副書記沈壯海教授,中國敦煌吐魯番學會會長、北京大學博雅講席教授榮新江教授,中國中外關係史學會會長、蘭州大學萃英學者一級教授鄭炳林教授,故宮博物院研究員、故宮研究院古文獻研究所名譽所長王素先生,新疆吐魯番市文物局黨組書記、副局長張勇先生致辭。

一、官文書與政治制度

吐魯番文書的出土與研究,極大推動了政治制度的研究從靜態分析轉變爲動態運作的研究進程,"官文書"的程式構建也是目前研究的前沿問題之一。劉安志《深化文書行政運作程式探研,推進吐魯番出土文書再整理與新研究》依託國家社科基金重大項目"吐魯番出土文書再整理與研究",在新拍攝彩色照片基礎上,對文書進行再整理,並對中古史研究領域重大問題思考與探索。初步調查成果是唐代官文書處理程式的重要問題。黃正建《唐代官文書的斷句標點及其他——讀〈吐魯番出土文獻散錄〉劄記之一》關注《散録》中所收佔比很大的官文書，對“牒”字是否應斷開、“牒稱”“狀稱”“款稱”等斷句、年月日與署名之間標點等官文書格式研究方面，以及《辯》《牒》文書如何定名、區分“奉刺”“奉敕”等内容提出新見解。雷聞《唐代官文書研究述評》首先辨析了官文書的概念和内涵，認爲只要是與官府相關，在國家日常行政中使用的各種文書，都可視作“官文書”。進而介紹了秦漢魏晉及宋代官文書研究的發展及其與唐代的異同，分下行、上行、平行文書三類對研究成果進行介紹，並總結特點。

學者們結合吐魯番出土文書、墓誌資料等深入挖掘西北軍事制度運行的機理。杜立暉《唐代軍功公驗制度的運作與變化——以日本天理圖書館藏〈初唐景龍三年張君義告身三通〉爲中心》在張君義軍功公驗的登記内容和層次結構基礎上，歸納其書式結構，並發現在某些具體内容登載上具有一定的靈活性，分析其運作所涉及的發放機構與發放流程等問題，以及公驗制度的變化及歷史背景。劉子凡《阿斯塔那 506 號墓出土付領錢物抄與北庭關係考》認爲阿斯塔那 506 號墓出土的付領錢物抄，極有可能是北庭文書，其反映了開元十八年至二十年的北庭面貌，包括北庭節度使的僚佐群體、北庭的官方馬匹貿易以及多族群交往共存的情形。孫麗萍《〈唐咸亨三年西州都督府下軍團符〉文書校讀劄記》考證出《唐咸亨三年西州都督府下軍團符》是一件前庭府下發給其轄下機構某校尉團的符文，通過逐級下行的特點分析，認爲西州都督府不能下符給校尉團，“下軍團符”中的司馬應是折沖府司馬，掌付勾稽和判理府務，造立簽發文書。鈐印應爲“左領軍衛前庭府之印”。董永强《唐西州天山軍相關問題研究——從新見〈王懷勗墓〉談起》對 2022 年 7 月洛陽出土《唐王懷勗墓誌》拓片進行釋録研究，考證出王懷勗任職西州都督府别駕時間爲開元二十三年至二十八年，以其所兼任天山軍副使一職分析天山軍内部官僚組成，以文書所見活動説明天山軍及其所屬鸜鵒鎮對破碎葉之戰等有重要貢獻。張慧芬《唐西州軍屯設置及管理體制研究》通過文書中“天山屯”的記載，釐清了唐西州軍屯由西州都督府管理到天山軍主導的轉變過程，論證了大谷 3786(2)號文書確爲天山軍文書，辨析了參與營田事務的領導機構、運行機構和勞動者的關係，進一步瞭解了開元天寶時期軍政系統運行的變化。梁振濤《附貫、賦税與唐代羈縻府州的管理》指出“在蕃”包括邊疆和内地邊緣，核心在於蕃胡蠻夷本居之地；“入附”包括距離上的遷移和抽象意義的入附，核心在於附户貫，並據法令承擔賦税等義務；内附部族的來源、生計及社會組織形態的差異，決定了入附後管理體制的類型。張賀森《兩漢至南北朝時期吐魯番政治變遷》梳理了吐魯番政治變遷的過程，指出兩漢時期車師國成爲漢朝戊己校尉的屯田所在地，成爲漢朝抗擊匈奴，聯通西域諸城郭的重要樞紐;至兩晉高昌郡的設立,成爲西域地方政權里第一個由"土著"轉變爲中原地方行政機構的城郭。施新榮《從"北伐檄文"看明初北部邊疆之政策》認爲朱元璋繼承了春秋戰國以來的華夷觀;華夷有別是明初號召中原漢人驅逐胡虜的有力武器;而凡承認明朝統治,願爲臣民的"夷狄"之衆,都將被視爲"華夏之人"的理念對有明一代處理北方和西北民族問題與對外關係都產生了重要影響。

李軍《唐宣宗君臣"務反會昌之政"說辨正》認爲宋人將"務反會昌之政"視作宣宗大中朝施政的主要特徵,缺乏史實支撐,是不滿於宣宗興復佛教的做法而提出的,而宣宗在壓制宦官勢力以加強皇權、經略陷蕃失地以及党項等問題上反而實現了武宗未及完成的若干籌劃。吳炯炯《〈新唐書·宰相世系表〉隴西李氏丹楊房世系正補——初唐名將李靖與武周名臣李昭德親緣關係考》利用墓誌資料補正《宰相世系表》脫誤 37 處,發現李靖與李昭德之父李爽爲共五世祖的四從兄弟,李靖乃李昭德四從叔,而李昭德則是李靖四從侄,豐富了對李靖、李昭德家族内部之世系傳承與人物關係的認識。蔡偉瀚《"七百之祚"與中古時期的國祚觀變遷》認爲"七百之祚"以"周祚七百"爲依據預設本朝的理想國祚,並借助"天祚明德"與"盛德必百世祀"構築合理性,再結合"有德過曆,無德不及期"的思想,靈活處理了國祚有限與無限的矛盾。

歷史中個人浮沉與群體命運息息相關,學者們把個人或群體的發展代入到歷史場景中進行回顧,對基層民衆的歷史書寫也多有增益。陳愛峰、徐偉《麴氏高昌世系、職官補考——以〈麴仕悦像記〉爲中心》在對德國柏林亞洲藝術博物館藏吐魯番出土石刻《麴仕悦像記》錄文基礎上,考釋了麴仕悦及其家族世系、麴仕悦家族歷代職官等,揭示了麴仕悦家族與高昌王室的具體聯繫。杜海《遷徙歷史與家族世系:敦煌索氏家族的祖先歷史書寫》探討了北朝隋唐時期索氏家族的祖先歷史書寫的程式化特點,認爲這一書寫模式包括"殷商後裔""周初遷魯""西徙敦煌""名士索靖"等環節,而碑誌中包含某個或數個環節,並記述了北朝以後的家族世系。指出敦煌索氏大量外遷後,部分家族仍使用敦煌郡望,亦有著籍當地者,而晚唐五代歸義軍時期,敦煌本地索氏則望稱鉅鹿。徐暢《唐前期京畿兵民與絲綢之路——敦煌吐魯番文書的印證》勾稽長安及近畿縣鄉兵民通過絲綢之路,在河西、西域留下的活動印記,認爲唐前期有相當數量的京畿民衆,因充當防丁、應徵入鎮等原因,流向西北邊塞,這與唐前期經營西域的國家策略密切相關。張慧潔《唐西州官吏群體特徵研究——王孝傑西域史事發微》以王孝傑西域史事爲時空綫索,總結了西州官吏區別於内地官吏的群體特徵,以此解構唐朝經營西州的時代特徵,進一步明確西州在經略西域歷史中的重要地位。李兆宇《驛傳之外:唐代"遞"

文書與基層群體的流動》認爲唐代以基層群體爲主在流動過程中使用的"遞"文書,兼具通行憑證和領取程糧兩種用途,其運作方式前後形態變化,前期沿途縣倉節級遞給程料,後期可以在沿途館驛領取,由此構成了唐代驛傳之外的另一流通維度。

二、文書中的經濟生活

學者們通過敦煌吐魯番出土文書的研究,對州府公廨本錢的使用、戶籍手實的制定、寺廟經濟糾紛、地方官職田案、棉花種植業和西域貨幣等民生問題進一步探究。張慧芬、李錦繡《吐魯番出土"唐咸亨元年後西州倉曹文案爲公廨本錢及奴婢自贖價事"文書考釋》將該文書內容中的地點定爲西州都督府,時間在咸亨二年至儀鳳三年(671—678)之間,並以文書內容爲綫索,論述了唐代諸州府的本錢經營、州縣社稷祭祀、倉曹管理的非賦稅收入及咸亨元年後的西域形勢。張榮强《敦煌吐魯番戶籍文書劄記兩則》一是對 S.0613《西魏大統十三年》文書性質的辨析,認爲從戶動異記看,西魏大統十三年文書是一年一造,其中 B 卷具有計賬性質,A 卷在著錄家庭成員之後也有戶口統計及賦役結計,具有蘇綽改制之前戶籍與計賬合一、每年更造的特點。二是從武周載初元年,西州高昌縣寧和才等手實論證手實編造年限,認爲唐代手實一年一次,是編造戶籍、計賬的基礎。張恒《唐代手實制度新探——以吐魯番文書爲中心》從文書角度論證作爲唐籍帳制度下基礎性文書的手實,在唐前期一年一造應無疑問,且主要使用牒文格式,進而分析出唐前期牒文逐漸變爲中後期的帖文和狀文,唐代手實的某些功能也被戶帖或戶狀所取代,其名稱各異,但中國古代民戶基本信息的上報制度一直沿襲。

陳大爲、馬聚英《敦煌永安寺僧人借糧糾紛案審理研究》,指出 P.3223 文書審理程式大致包括訴訟人提起訴訟、官府立案受理、官員調查取證和審判官判決結案。該案承辦官員的處理調查手段類似於現代審理民事案件的取證方式。此案中除了有當事人的陳述,還有每位當事人的簽字畫押,構成了完整證據體系。王聖琳《吐魯番所出天授二年西州天山縣主簿高元禎職田案卷新探》,對該文書內容進行劃分,並將部分內容與同墓所出殘片綴合後重新定名。綴合《補編》中高元禎案的殘片,辨析《武周天授二年唐建進辯辭》的實際辯者並非唐建進,並分析案件可能的走向。

黃樓《吐魯番文書所見晉唐時期西域的棉花與棉布——以疊茸、疊布、緤花、緤布爲中心》,指出文獻、文書上先後存在"疊""緤""氈""氎"等寫法,反映出人們對棉花認識的歷史變遷。對應著高昌王國時期,棉花(疊茸)普遍種植,棉布(疊)較爲常見。唐平高昌後,棉花種植居於主導地位,借音字"疊"變爲形聲結構"緤"。晚唐五代,視其爲毛類紡織品,"毡""氈"逐漸興起。裴成國《魏晉時期鄯善國流通貨幣研究》,利用佉盧文文書對鄯善國流通貨幣進行了研究。鄯善國 muli(穆立)作爲一種虛擬的貨幣單位,使交易精細化,有利於賣方分割收益,在許多場合發揮價值尺度的作用。實物貨幣中毯和氎䊷因爲價值適中,便於攜帶、運輸,更可能作爲區域貨幣使用。魏晉時期的西域,毯可能都是一種通用貨幣。

三、官方宗教與民間信仰

宗教研究是敦煌吐魯番學發展亟須更加深入研究的重要方面,既有爲官方認可並利用的宗教,也有普羅大眾需要的民間信仰。張總、張鐵山《回鶻文〈十王經〉及圖畫新探——以吐魯番文物爲主綫》發現吐魯番地區的《十王經》與相關畫作等與敦煌有高度的對應性,都有回鶻文與漢文的《十王經》,特別是具圖贊本,但吐魯番圖贊本中也有文偈本痕跡;吐魯番更有高度對應《十王經》又具特點的麻布畫 MIK III 4782 號,還有兩幅地藏主尊,其中之一或有十王。王詩雨、孫英剛《從犍陀羅到中國:定光佛授記圖像的演變及其思想意涵》指出定光佛授記把釋迦牟尼前世接受過去佛授記的故事歸於犍陀羅,同時與彌勒信仰緊密聯繫,體現的是授記成佛的思想,在中土流傳時,在佛教圖像上並不執著於宣傳那竭(犍陀羅),但是以定光佛授記印證彌勒終將下生的思想,成爲南北朝隋唐時期重要的圖像主題。齊子通《吐魯番隨葬衣物疏所見五道大神原始性質新探——以〈增一阿含經〉爲中心》認爲《增一阿含經》所見五道大神屬於"外道",同時呈現出積極向佛教靠近的形象特徵,成爲五道大神此後被納入佛教系統的邏輯起點。《普曜經》所載五道大神則完成了從外道神靈到佛教護法菩薩的身份轉變,繼而以佛教形象傳入中國。

呂博《武則天爲何在長壽二年九月丁亥新譯〈佛說寶雨經〉? ——讀〈佛說寶雨經〉寫本劄記》認爲證明武則天的轉輪王身份的佛教經典,不是《大雲經》或《大雲經神皇授記義疏》,而是《寶雨經》,意在闡釋武則天以女身稱帝並且將要成爲轉輪王的現實,並營建象徵彌勒的明堂北部大佛像和模擬兜率天宮的佛像背後的功德堂,前事不成後又建造"大周萬國頌德天樞"以緩解論證政治合法性的危機。黃京、鍾妍《莫高窟北大像非武則天造型論》指出莫高窟北大像不是武則天造型。武則天並未宣稱自己是彌勒下世,而是以轉輪王自居。而 690—695 年間沙州局勢緊張,不具備修建大規模佛教造像的條件。《莫高窟記》所載時間是始建日期。修建該大像是出於彌勒信仰,反映了敦煌當地人民期望安居樂業的心理。

趙洋《柏孜克里克石窟出土吐魯番文獻拾遺》對新近發現五件殘片進行

綴合研究：80TBI：395a 與已比定的晉寫本《漢紀》綴合，80TBI：456－6a 與此前已比定的兩件《通玄真經》綴合，三件應定名爲《文子》。81TB10：02a《般若波羅蜜多心經》注寫本同 P.3904 本爲該經疏的另一寫本系統，屬吐魯番地區首見。80TBI：389 慧净《金剛經注》與此前已比定的佚名《金剛經注》爲同一寫本。漢文、回鶻文對譯抄寫的 80TBI：744－1a、2a 彦琮《衆經目録》則證明了其在高昌回鶻時期也曾流行。

張澤洪、佟囿蓉《敦煌文書中的煉度科儀》指出敦煌文書 P.2865《太上洞玄靈寶五煉生屍妙經》是關涉早期道教煉度科儀的寫本，並討論了五煉生屍經的歷史源流及仙道思想，五煉生屍經與《度人經》的關係，揭示出道教齋醮科儀由簡及繁的特點以及煉度科儀蘊涵的神仙信仰特質與濟生度死的大道情懷。

夏炎《白居易祈雨皋亭廟神與中古江南區域社會史的展開》研究了白居易通過祈雨皋亭廟神，搭建起地方官府與地方家族之間利益關係的橋梁，從而順利實現了利用上塘河水灌溉兩岸田地，以及決臨平湖以灌注官河的區域治理設想。揭示出以佛教與祠神雙重信仰爲媒介，江南地方富庶一方的陳氏家族、地方官府與區域社會之間互相結合的歷史過程。

四、多民族融合的歷史

多元一體格局下中華民族共同體的歷史演進中，突厥、回鶻、粟特、西夏、蒙古族等多民族的歷史也徐徐展開。白玉冬《闕利啜碑譯注》除了轉寫碑文外，還給出換寫，包括對大阪大學所藏拓片的實地考察結果。認爲第一部分（西面 1—7 行）是第一代始波羅時健闕利啜的功績，第二部分（西面 8 行—東面 11 行）是第二代始波羅毗伽闕利啜的功績，第三部分（東面 12 行至末尾）是始波羅毗伽闕利啜的葬禮。張鐵山《俄克羅特科夫收藏品中八件回鶻文契約文書研究》對克羅特科夫藏品中八件回鶻文契約文書進行釋録研究，包括《虎年三月十九日奇夫庫依借棉布契》《蛇年二月十二日依爾蘇勒借小麥契》《猪年六月二十日别克·鐵木爾借穀契》《猪年四月二十一日辛奎借棉布契》《兔年八月初十拜靈都·都統借物契》《蛇年十一月二十六日某人借官布契》《某年某人借馬、羊契殘片》《雞年歸還斯爾特·庫特魯克葡萄酒契》。李剛《柏孜克里克諸石窟遺存回鶻文題記研究》對千佛洞 14 個洞窟遺存回鶻文題記進行研究，認爲其内容多爲香客遊人來此膜拜後所留題記，偶有部分榜題，並從語言學角度對 9、15、18、20、23 號窟遺存的回鶻文題記進行釋讀研究。阿依達爾·米爾卡馬力《敦煌吐魯番回鶻文文獻綴合研究》考察了與張大千有關的散藏在普林斯頓大學和天理圖書館等地的敦煌文獻，並將其與其他散藏文獻綴合。同時對張大千、梁素文與現在散藏敦煌文獻的因緣予以梳理。

馮培紅《從伊吾獻地到買地置郡——隋代伊吾郡考論》從"買地置郡"這一說法,剖析隋代伊吾郡的特殊性質。指出伊吾郡實際上是隋朝與伊吾商胡之間妥協合作的產物,本地商胡的勢力更大,甚至稱王,即使在隋軍佔據伊吾甚至在設置伊吾郡之後,這裏仍是以粟特人爲主的商胡勢力的天下。王丁《胡名之爲史料——女性胡名研究的一些問題》基於漢文史料(史籍、筆記、僧傳、行紀、詩文、文書、墓誌、造像記、壁畫榜題等),結合胡語文書,鉤稽中古時期以昭武九姓爲主體的女性胡人以漢字書寫的名字,以自由民與婢女的二分法爲經,以音譯、義譯、音義合璧與純漢名的四分類爲緯,對名例加以排比,作出語言分析和意義解釋。

許偉偉《西夏的物質文化與絲綢之路》梳理了西夏文、漢文文獻和考古文物等方面的西夏物質資料,從農牧業、紡織、建築、器具、武備、服飾、食品等方面做分類,認爲西夏物質文化交流既有境内物質,也有一些物質中轉,還通過朝貢、貿易、掠奪等不同途徑輸入外來物質文化。單愛美《〈杭氏宗譜〉整理初步認識》對杭貴祥先生提供的《杭氏宗譜》進行點校整理,發現杭州不花是宗譜之祖,伯顏不花爲其三弟,而其中唐代史料部分大多不甚準確,辨析了高昌王後裔遷徙内地的四支,指出宗譜可補高昌王後裔明清時期歷史記載的空白,以及明清時期家族漢化過程。阿布都沙拉木·克熱木《16—19世紀阿姆河下游河道變化研究》,根據察合台文史書、各類契約文書以及西方旅行家著遊記資料,分析阿姆河河道變化對希瓦汗國部族和城鎮分佈、水陸交通、灌溉農業發展的影響,探究河道變化與希瓦汗國等綠洲國家存亡之間,中亞綠洲國家歷史互動關係。

五、語言文字與古籍文學

吐魯番出土文書中文字的音、義、形等是解決釋録問題的關鍵,也是學者們素來關注的熱點問題。王素《南北朝沮渠氏茂虔與牧犍名字譯音問題——兼談俄藏"揖王入高昌城事"文本的來源》探討了沮渠蒙遜第三子的名字讀音,指出其在南朝正史作"茂虔",是變化的中古音;北朝正史爲"牧犍","牧"是繼承的上古音。認爲俄藏 ДX.2670V"揖王入高昌城事"文書中,記蒙遜繼承者之名作"茂虔",故原始文本當來源於南朝。張小豔《吐魯番出土文獻字詞辨釋》對"夈""打鏉""交""鉸""瞀""梅""曲長""缺鹹""柔""石鎧""遜然""鼃鼓"等重要字詞進行形、音、義上的考釋。王啓濤《吐魯番出土文獻語言文字研究的回顧和展望》從語音、辭彙、語法、文字四個方面闡述吐魯番出土文獻的語言文字史價值,指出語言文字變化大量發生在麴氏高昌時期,這時中原王朝通用語言文字政策和功能在邊地地方政權中影響力較低,而北方民族語言對其影響增大,但這種辭彙、文字成分隨著西州的建立而得以規範。毛秋瑾《寫本學視域下敦煌吐魯番文獻書法研究》從三個方面進行課題研究,一是從寫本的物質性來探討不同紙張和書寫效果的關係;二是從寫本的內容和所使用的書體探討兩者之間的關係;三是從寫本的性質探討書寫者的身份及其書法的風格特徵。

新疆出土古代典籍和文學作品爲學者們所關注,其間既有新資料的推動,也有研究視角的轉換。許建平《新疆出土〈左傳〉殘片敘錄》對新疆出土《左傳》殘片撰寫敘錄,主要包括編號、寫本形態、行數、定名、綴合以及出土地的介紹,並介紹了該殘片已經公佈圖版的影本、錄文及相關研究成果。張新朋《新疆所出〈黃仕强傳〉殘片綴合與研究》將旅博藏文獻 LM－20－1520－37－14、LM20－1507－C1107d、LM20－1523－15－140b 三件《黃仕强傳》抄本殘片與大谷文書4961號殘片綴合,指出這也是目前所知新疆所出諸文獻中唯一《黃仕强傳》抄本。王志鵬《魏晉南北朝詩歌中的絲路景觀》指出魏晉南北朝時期歌詠絲綢之路的詩歌,體式上主要爲五言,除少部分作品爲寫實外,多爲泛詠。認爲這批詩歌不僅反映了絲路沿綫各地的發展狀況,也體現出時人對於絲路行旅的認知和態度。李小榮《宗教儀式·人物譜系·文藝形態——目連孝行故事在地化傳播的三大表現》從在地化傳播視角分析目連孝行故事,認爲突出表現有三:一者宗教儀式,與之有密切關係的是盂蘭盆會、中元節,從並行不悖到混融互用;二者人物譜系,是從單一家庭結構到家族的擴大化;三者文藝形態,是從宗教講唱到戲藝展演。

六、數術文獻與科技交流

敦煌吐魯番出土數術類文獻,蘊含著古人對宇宙規律的認識和初步探索,是研究先民社會生活的重要依託,古代天文曆法、算數等科技也是先民智慧的結晶。游自勇《唐代漢地堪輿觀念在吐魯番地區的傳播——以出土文書爲中心》認爲旅博藏 LM20－1523－13－128 文書是《宅經》"推移徙黃黑法"在實際行用中的簡化抄本。辨析了吐魯番出土堪輿文書中反映鎮宅法、葬事"發故"、影響後世子孫職官等級的葬書等,並結合其他文書中體現的堪輿觀念,指出漢地堪輿觀念受衆已超出了漢民範圍。余欣《西方星學在中古中國的行容與變容:敦煌文獻〈康遵批命課〉再考索》在重新校釋 P.4071《康遵批命課》基礎上,結合《重刻聿斯經並注》《謹算》《靈臺經》《三辰通載》以及日本《宿曜運命勘錄》互相發明,與《卡門占星術》及星占學著作重加論考,對粟特術士康遵的知識來源、占辭造作、職業實踐以及西方星學入華後的行容與變容諸問題作新闡釋。趙貞《中古曆日的整體特徵及影響》從形制、寫本學、材料、功用等方面分析了中古曆日的整體特徵,認爲中古曆日的形成及曆注要素的豐富,經歷了術數文化的漸次疊加和有關知識的“層類”過程,基本奠定了後世曆書的框架和格式,在中國古代曆日文化中佔有重要地位。吳羽《吐魯番出土唐代殘曆鋪注研究》認爲吐魯番出土唐代殘曆代表的是大衍曆之前的曆日殘況,主要是從六壬式理論著作中挑選一些神煞。神煞和朔望弦晦、二十四節氣在曆注中的吉凶輕重有明顯的等級,曆序中規定的神煞等級貫徹程度不一,曆注中的宜行事項,與建除關係不定,還反映出當時的主流時間觀念。楊寶玉、劉英華《敦煌漢藏文獻中所存九九表研究》梳理了漢、藏文書中近 20 件九九表的現存狀況與主要特徵,認爲漢文文書可將對九九表從小到大表述順序出現時間提前至少兩百多年,而藏文文書表明古代九九表還有 64 句式,早在 10 世紀時已有大九九而非遲至明代以後,並辨析了九九表與算表的概念界定問題。

七、石窟、考古與文物保護

　　體現西北獨特歷史風貌的關隘和石窟,在本次會議中的關注度依然較高,敦煌、西域與周邊多民族地區的互動是研究的亮點。鄭炳林、魏迎春《陽關:西漢經敦煌郡與西域間交流交往的關隘——基於漢唐敦煌出土文獻的考察》認爲陽關得名與西漢敦煌郡移民實邊政策有關。推測太初四年後,玉門關西移至後世陽關位置,至後元元年,玉門關北移至小方盤城一帶,而被命名爲陽關。指出陽關承擔著迎送接待使者、使客和安置降民、傳遞文書信件、發放俸錢及物資等職能,考證了以陽關爲治所的陽關都尉職權與作用。

　　陳菊霞、馬東陽《唐與回鶻和親紀念堂:庫木吐喇第 79 窟新探》認爲在該窟中既繪製了昭禮可汗與二位夫人、已故的父母、未成年之子和親兄、家族成員頡里阿斯的供養人像,還繪製了旁信和法行等漢僧。指出重修一方面爲亡故的騰里可汗和咸安公主祈願,也爲昭禮可汗家族健在成員祈福;另一方面一窟之中同時繪製兩位和親公主,意在彰顯和紀念大唐與回鶻的友好歷史。張小剛《11—13 世紀敦煌石窟中的西域新風》分析了沙州回鶻和西夏統治敦煌時期,敦煌石窟中出現的一些具有明顯高昌、龜茲等地石窟特點的元素,包括石窟形制、造像題材和藝術風格等各個方面。指出如東千佛洞西夏第 2、4、5、8 窟和玉門昌馬石窟第 1 窟,形制上均受到龜茲式中心柱窟的影響。而榆林窟第 39 窟可能是受到柏孜克里克石窟高昌回鶻時期的同類題材的影響,以及敦煌石窟有甬道兩側壁所繪回鶻王和王妃的裝束,壁畫中以土紅色爲主要色彩等。吾買爾·卡得爾、徐亞新《吐峪溝石窟“樹下誕生”圖淺析》公佈了吐峪溝石窟現狀與壁畫信息,指出東區溝口新發現一個中心柱窟,窟內壁畫風格呈現敦煌唐風因素,分析其中的一幅"樹下誕生"圖,認爲其中構圖形式、人物姿態遵循犍陀羅藝術樣式,服飾、發飾與繪畫技法表現受敦煌藝術因素影響。

新疆地區的考古發掘工作仍然在如火如荼地展開,助力吐魯番學與敦煌學比翼齊飛,更爲長遠。同時我國文物保護工作不僅是對國內文物及遺址的保護,也應當更加關注流失海外的文物情況。張海龍《2022 年吐魯番巴達木東墓群考古新發現》介紹了 2022 年 5 月至 11 月對巴達木東墓群進行搶救性考古發掘的情況,指出共發掘了唐墓 11 座,其中 M11 有墓誌一方爲《大唐程府君墓誌銘》,對研究唐王朝對西域的有效治理及北庭都護府所轄西州軍政建置具有極其重要的史料價值。尚玉平、武海龍《吐魯番新出唐〈程府君墓誌〉考釋》對《程府君墓誌》進行考釋,指出根據志文可知墓主生前曾攝北庭副都護,通過對該墓誌的考釋,釐清了墓主的仕宦經歷。這一重要發現對於唐西州及北庭都護府的軍政建置及安史之亂後北庭都護府的相關研究有著重要價值。任冠《絲綢之路新北道東西文化交流的考古學觀察——以唐朝墩古城遺址爲中心》總結了 2018—2022 年中國人民大學與新疆文物考古所經過五年的考古工作,釐清了唐朝墩古城遺址的形制佈局、使用年代和不同時期遺存的文化面貌,指出這些工作清理出了公共浴場遺址、佛寺遺址和景教寺院遺址等反映絲綢之路中西文化交流的重要建築遺存,出土了包括景教題材壁畫在內的大量珍貴文物。劉文鎖、王澤祥、王龍《2021 年新疆吐魯番西旁景教寺院遺址考古發掘的主要收穫與初步認識》認爲 2021 年基本完成了對崗頂區域建築的全面揭露,指出遺址出土了敘利亞文、回鶻文等文書殘片、壁畫殘塊及陶、木、銅、鐵、織物等文物千餘件,確認了西旁遺址的景教寺院性質,初步判斷其至少存在三期使用過程,始建於唐,主體年代爲高昌回鶻時期。買合木提江・卡地爾《吐魯番十六國——北朝墓葬出土木俑源流考》認爲東漢時期主要流行於受楚文化較深的南方地區的木俑傳播至河西地區,可能跟西漢中期以來的南方人口向河西的遷徙有關,而十六國時期,河西各地方政權統治西域,隨葬木俑的習俗也隨之進入吐魯番地區。

王冀青《印度國家博物館藏吐魯番柏孜克里克千佛洞壁畫溯源》主要梳理了斯坦因在吐魯番的壁畫剝移方案、剝移壁畫的原因、剝移壁畫的過程、壁畫在哈拉和卓的裝箱、從吐魯番運抵喀什噶爾、在喀什噶爾的裝箱、從喀什噶爾運抵斯利那加、安德魯斯在中亞古物博物館對柏孜克里克千佛洞壁畫的整理等,並強調斯坦因第三次中國考察全過程非法,印度國家博物館藏吐魯番文物系斯坦因非法走私出境,其所有權在法律上仍歸中國。

八、學人研究述評與吐魯番學展望

學者們對學人的研究成果進行述評,同時也表達對斯人的追思。孟憲實《朱雷先生〈吐魯番出土文書補編〉述評》對朱雷先生《吐魯番出土文書補編》所補充的吐魯番文書按照墓號予以概括,分析其學術價值,同時強調了這本書用十年時間,斷斷續續用盡人生的最後精力整理而成,蘊含的是對朱先生的生命禮贊。程存潔《廣州圖書館藏〈吐魯番出土文書〉朱雷師批註校注整理》對朱雷老師 2017 年捐贈給廣州圖書館中的《吐魯番出土文書》批註校注進行整理,並按照十冊本,分爲"字、詞的解釋""誤字、標點等糾正""作補注""文書定名再議""補字、補文書"等五個方面進行了概述。

趙晶《敦煌、吐魯番文獻與仁井田陞的中國法制史研究(下)》總結了仁井田陞利用敦煌、吐魯番文獻進行的研究,認爲其可分爲"外史"與"內史"兩大部分,"外史"包括對文獻本身的搜羅與校錄、對某類文獻的體系化整理,以及圍繞畫押、印章等文書樣式展開研究;"內史"著眼於文獻所載的內容,藉此討論法源、財産法、身份法、刑罰等問題。

榮新江《關於吐魯番文書研究的幾點展望》從調查、編目、整理刊佈和研究四個方面進行了展望。指出在整理文書基礎上可進行四方面的研究,一是吐魯番的地域社會史,二是胡漢文書反映的民族關係,三是摩尼教、基督教教團,四是絲綢之路城鎮及相互關聯性。這些方面的研究,不僅推動了吐魯番文書研究的進步,也是對整個中國歷史研究的貢獻。

小　　結

"吐魯番學的回顧與展望"學術研討會論文共六十九篇,關注到了吐魯番學研究的官文書與政治制度、文書中的經濟生活、官方宗教與民間信仰、多民族融合的歷史、語言文字與古籍文學、數術文獻與科技交流、石窟、考古與文物保護、學人研究述評與吐魯番學展望等方面,既有學術熱點問題,也體現了最新的研究前沿,在新資料、新方法、新視角等多個方面,真正做到了"回顧"已有成果,"展望"新的突破。各位學者爲吐魯番學的進一步發展砥礪前行。

"第六届吐魯番學國際學術研討會"綜述

張藝凡(上海師範大學)

2023 年 8 月 21 日,第六届吐魯番學國際學術研討會在新疆吐魯番市召開。本届研討會以"新時代吐魯番學傳承與發展"爲主題,由中國敦煌吐魯番學會、新疆維吾爾自治區文化和旅遊廳(文物局)、自治區人力資源和社會保障廳、自治區文博院、吐魯番市人民政府主辦,旨在不斷提升和完善吐魯番學學科體系,持續擴大吐魯番學研究國際影響力。來自 40 多所大學、20 多家研究或展示機構的 140 餘名國内外專家學者參加了此次研討會。

會上舉辦了《黄文弼所獲西域文書》首發式,同時隆重推出《吐魯番考古第一人——紀念黄文弼誕辰 130 周年特展》《考古揚自信　火洲顯華章——吐魯番近年來文物考古新發現特展》兩大展覽,北京大學博雅講席教授、中國敦煌吐魯番學會會長榮新江,中山大學人類學系教授劉文鎖,中央民族大學教授張鐵山,英國劍橋大學博士艾默瑞克·亨特分别以《"吐魯番文書總目"的編纂與展望》《吐魯番西旁景教寺院遺址的考古發現》《回鶻文〈易經〉殘片研究》《敘利亞文手稿中的西旁景教寺院》爲題目作主旨報告。榮新江對"吐魯番文書總目"所涉及的歐美收藏部分、日本收藏部分、中國收藏部分作了介紹,指出現今的編目、整理與研究工作爲完善的《吐魯番文書總目》編纂打下了基礎。劉文鎖介紹了 2021 年及 2023 年吐魯番西旁景教寺院遺址發掘的主要情況。張鐵山對回鶻文《易經》殘片進行文獻學釋讀,在與漢文《易經》比對的基礎上探討了兩者之間的異同。艾默瑞克·亨特指出西旁景教寺院遺址出土的敘利亞人手稿揭示了西旁景教寺院不僅是禮拜場所、治療中心,甚至承擔著經濟方面的作用。

本次會議共收到 110 多篇論文,涉及内容廣泛、匯聚資料詳實,分歷史考古組、出土文獻組、語言宗教與藝術組進行討論。

一　歷　史　考　古

首先是考古發掘、出土文物與遺跡研究。魏堅《中西文化的交匯——唐朝墩古城遺址考古發現的啓示》指出唐朝墩古城遺址清理出唐代高昌回鶻時期至元代的各類遺址,印證了天山北麓自唐代至元代多民族融合、多宗教共存、多文化相容的歷史事實。夏立棟《2023 年度新疆吐峪溝石窟考古發掘成果與初步研究》對 2023 年吐峪溝東區南部遺址的發掘成果進行了簡單介紹,認爲其爲一處西州回鶻時期規模較大的地面佛教寺院遺址。姚崇新《近年新疆考古新發現的景教十字架圖像及遺物的初步考察》探討了近年吐魯番西旁景教遺址考古發掘中發現的十字架執柄文物、此次出土的殘壁畫中的十字架圖像以及奇臺唐朝墩景教寺院遺址出土的殘壁畫中的十字架圖像類型、淵源、裝飾等。恩克土爾(Enkhtur Altangerel)《第二突厥汗國骨咄禄可汗祭祀遺址發掘簡報》對第二突厥汗國骨咄禄可汗祭祀遺址的發掘情況做了簡單介紹。郭物《北庭故城形制佈局初探》、安哈巴雅爾(Batsuuri Ankhbayar)《蒙古國東部發現的回鶻時期古城研究》分別對北庭故城、夏拉傑山古城的結構佈局、功用做了介紹。蔣洪恩《高昌回鶻西旁景教寺院人群的植物資源利用》指出從 2021 年高昌回鶻西旁景教寺院發掘出土的大量植物遺存可以看出,先民利用的植物種類多樣,多來源於本地,植物資源在先民的宗教生活中扮演了重要的角色。王永強《新疆出土的波斯薩珊朝錢幣及其研究》介紹了波斯薩珊朝錢幣的發現情況、種類、流通情況以及目前的研究情況。劉學堂《洋海與蘇貝希》梳理了洋海墓群與蘇貝希墓群的相關情況。劉志佳《新疆吐魯番出土"秦王鏡"斷代的新思考》指出 2005 年新疆吐魯番木納爾墓地 M311 出土的"秦王鏡"或爲隋"蒲山公"李密所作。王婷婷《多穩定同位素分析追蹤營盤男子的生活史》通過對營盤 15 號墓出土男子的骨骼、牙齒、頭髮以及營盤墓地出土的多種動植物進行研究,從生物考古的角度重建了營盤男子的個體生活史。山部能宜(Nobuyoshi Yamabe)《再論吐峪溝石窟的意義》討論了吐峪溝石窟側室的結構、壁畫以及題記,並探討了石窟藝術與日本佛教藝術的相似之處。楊益民《薩珊王朝自產印太玻璃珠的吐魯番證據》、艾克拜爾·尼牙孜《洋海墓出土的馬鞭研究》、柳方《吐魯番博物館藏洋海墓地出土褲裝文物初步考察》、王丁《吐魯番考古史上一處被遺忘的發掘地點》分別對相關地方出土的玻璃珠、馬鞭、褲裝等作了介紹。

其次是對歷史人物的研究,包括對西域地區產生過一定歷史影響的個人及人物家族的研究。張良仁《吐魯番盆地早期居民》從考古資料入手,對吐魯番盆地的居民的日常生產生活作了探討。董永強《鄉里秩序中的地方大族——唐代西州的張氏》指出吐魯番社會里的張氏人群大致可分爲前朝故老、府兵軍將以及内遷子弟等三個類別,他們爲唐全面改造當地社會、構建與中原一體化的鄉里秩序作出了積極貢獻。趙潔潔《北庭貫雲石的中華文化認同》從思想、行爲、創作三個方面論述了貫雲石對中華民族身份的認同。毛秋瑾《漢代西域書法人物考略——以傳世文獻和考古材料爲中心》探討了馮嫽、傅介子、李陵、班超等在書法史上留名的原因及各自擅長的書體,並梳理了書法在西域早期的傳播情況。朱玉麒《奧登堡檔案裏的中國人名片——第一次中亞考察》對奧登堡第一次考察中接觸的十五種中國人名片進行了考證,指出這些名片反映了當時中國西北邊疆在對外交流方面的實際形態。王冀青《斯坦因吐魯番柏孜克里克千佛洞考古日記整理研究報告》梳理了斯坦因吐魯番考古日記的形態、內容及史料價值。西村陽子(Nishimura Yoko)《德國探險隊所攝老照片與高昌故城遺址及其周圍遺址的勘定》介紹了德國探險隊拍攝老照片中高昌故城情況以及將其周圍各遺跡勘定的初步成果。武紅霞《人類學視域下的民間文學田野調查研究——以貢納爾·雅林"四卷集"文獻爲例》以《新疆南部的維吾爾語知識資料》爲研究對象,剖析了雅林搜集記錄並研究維吾爾民間文學的過程。吳華峰《黃文弼日記中的吐魯番》梳理了《黃文弼日記》中所記在吐魯番的所見所聞所感,指出日記展現了二十世紀二三十年代吐魯番地區的社會文化風貌。賈海濤《東方學與中印關係的歷史敘事》指出中國學者關於印度研究與中印關係史的研究,需要突破近百年來自己構建的作繭自縛式的固定模式與話語體系,也需要擺脫東方學與印度民族主義史學的不良影響。

此外,對歷代中央王朝經略西域問題與民族關係的研究是本次研討會的重要議題。于志勇《關於漢代高昌的壁壘與烽燧》指出高昌壁壘之設,與兩漢時期戊己校尉建置密切相關;戊己校尉的有效運作,依賴於高昌壁壘的堅實保障。周繁文《文明比較視角下的漢唐時期西域城邑》指出通過對絲綢之路兩端城邑體系的比較,可以揭示不同區域的城市性質、營城理念。肖啓榮《從克亞克庫都克烽燧遺址看唐代孔雀河中游的自然地理環境》指出漢唐時期之所以在克亞克庫都克烽燧所在的新疆尉犁縣修築烽燧、設置遊奕所,適合農作的綠洲環境應是主要考慮因素之一。巴圖·寶力德(Gonchig Batbold)《殺人石起源新探》指出突厥墓前的殺人石數量與所殺人數無必然聯繫,可能是軍隊中其他人所殺的敵人,最終獻給了墓主人。孫海芳《空間建構與邊疆治理——基於"新疆交通考古遺存"的研究》通過對新疆現存交通考古遺存的梳理,勾勒出新疆歷史上道路網絡的空間佈局及時代變遷,在此基礎上闡釋了歷代王朝對新疆進行的有效管理。羅帥《月氏副王謝與早期貴霜官制》指出"謝"是"翕侯"的音譯;"副王"則爲"翕侯"的意譯,是王儲的專稱;與班超對峙的"副王謝",正是後來的貴霜王閻膏珍。秦丙坤《敦煌邈真贊所見世俗職官研究》梳理了敦煌邈真贊所見武官、水利營田職官以及基層職官等,指出這些職官對於維護地方秩序、穩定社會生活以及敦煌所轄地區的安全有著重要的作用。沈琛《再論8世紀末9世紀初吐蕃在"二庭四鎮"的經略》梳理了吐蕃在8世紀末9世紀初在北庭、西州、焉耆、于闐、疏勒、龜茲等地方的經略活動。孟憲實《唐代西域官寺及其功能》概述了西域地區的官寺,在此基礎上指出官寺在一定程度上發揮了穩定軍心、慰藉官兵的功能。米婷婷《〈皇清職貢圖〉中的肅州金塔寺魯克察等族》指出《皇清職貢圖》卷二最後題解説魯克察克、闢展二族回民俱吐魯番部落,説明當時吐魯番魯克察克、闢展的維吾爾族都住在甘肅。趙劍鋒、韓延彬《從〈新疆圖志〉看清代新疆與内地的交往與交流》以《新疆圖志》所載史料爲基礎,探討了清代新疆與内地在學校教育、壇廟文化、農業、手工業、商業方面體現出的交往與交流特點。張安福《天山廊道文明互鑒視域下唐人對胡人世界的認知研究》指出天山廊道不僅是唐朝對外交往促進中外文明互鑒的主要通道,也是唐人認識西域胡人世界的主要途徑。劉國俊《論清代對羅布地區管理方式及隸屬關係的變化》總結了 18 世紀中葉羅布人歸順清朝後羅布地區的管理方式及隸屬關係變化,指出這種變化對促進羅布人經濟方式和生活方式的轉變有重大意義。蘇奎俊《滿洲八旗移駐吐魯番與廣安滿城的建立》梳理了滿洲八旗移駐吐魯番以及廣安滿城建立的相關史事。毛選《明代西域多民族交融與發展——〈西域番國志〉之諸地名芻議》考證了《西域番國志》中的 19 個地名,論述了這些地名體現的多民族交融與發展。

二、出土文獻

首先是出土文學類文書的研究。鄭阿財《晉唐時期吐魯番地區流傳的蒙書》梳理了晉唐時期吐魯番地區流傳的主要蒙書,並詮釋了這些蒙書呈現的意涵。許建平《阿斯塔那 27 號墓出土景龍、開元兩〈論語〉寫本的關係》指出《吐魯番出土文書》公佈的阿斯塔那 27 號墓文書中的鄭玄《論語》寫本第七種《唐景龍二年(708)寫本〈論語〉鄭氏注〈雍也〉〈述而〉〈泰伯〉〈子罕〉〈鄉黨〉殘卷》與第八種《唐開元四年(716)寫本〈論語〉鄭氏注〈雍也〉〈述而〉〈泰伯〉〈子罕〉〈鄉黨〉殘卷》是同一寫卷,抄寫者是賈忠禮,抄寫時間在 650 年到 708年間。黃錦前《吐魯番出土晉寫本"潘嶽書劄"辨析》指出吐魯番出土晉人書劄殘卷"張嶽白"爲文末尾題,是東晉張嶽爲西遊的友人楊生所作的送行文,此書劄殘卷對於研究東晉士族西遷,漢語漢文化在西域的傳播頗有助益。韓宇嬌《洋海 M4 出土古寫本〈詩經〉補説》討論了洋海 M4 出土古寫本《詩經》的書寫形式及抄本形制等相關問題。

利用敦煌吐魯番文獻考察唐代的社會、經濟與法制是長盛不衰的課題。王旭送《唐神龍二年西州的括户運動——以〈唐神龍三年(707)高昌縣崇化鄉點籍樣〉爲中心》指出唐朝政府於神龍二年對崇化鄉等地進行了一場括户運動,點籍樣正是這場括户運動的結果。張榮强《敦煌吐魯番户籍文書劄記兩則》對吐魯番新發現的兩則户籍文書作了探討。黃樓《西域文書所見晉唐時期的棉花與棉布——以疊茸、疊布、緤布、氈布爲中心》從出土文書入手,考證了晉唐時期棉花種植區域以及發展水平,指出不同時期棉花稱謂及寫法的演變反映出人們觀念中對棉花認識的歷史變遷。沈國光《〈日本寧樂美術館藏吐魯番文書〉第 4 號文書考——兼論唐代西州府兵月番攤派的文書行政》對《日本寧樂美術館藏吐魯番文書》4 號文書中所涉蘇才應上番等相關問題進行了考證,指出西州衛士在地方番上的項目多與色役相同,原本作爲兵役的府兵番上在開元時期呈現色役化的趨勢。楊榮春《北涼法制初探——基於吐魯番出土北涼法制文書的考察》從傳世文獻入手,勾勒出北涼在選官、經濟、民事、刑事、軍事等方面的法制狀況,指出北涼的法制上承漢晉法制、下啓北朝隋唐法制。劉子凡《吐魯番出土〈唐懷洛辭爲請公驗事〉考釋》通過對《唐懷洛辭爲請公驗事》的考證,指出其中所載懷洛申請公驗爲了解唐代捉送盜賊環節申請公驗提供了實例。裴成國《兩漢魏晉南北朝絲路貿易的形態變化與西域經濟的發展》指出兩漢至魏晉南北朝由於西域時局的變化,絲路貿易大體經歷了朝貢貿易爲主到隊商貿易爲主的轉變。孫麗萍《關於國博所藏三件轉運坊文書的再認識》分析了國家博物館收藏的三件"轉運坊"文書,提出文書涉及的轉運坊向伊州征收五萬圍年支草事反映了開元時期伊州基層車坊中人員短缺的現狀。潘攀《阿斯塔那——哈拉和卓晉唐墓葬出土"衣物疏"流變考》整理了吐魯番阿斯塔那與哈拉和卓出土的 60 多件晉唐時期衣物疏,在此基礎上將其內容剖析爲標題、物品清單、尾題三大類,並重新對衣物疏進行分期。沈雪《吐魯番出土隨葬衣物疏服飾名物考辨——以"尖"爲例》梳理了隨葬衣物疏中"尖"的信息,在此基礎上結合考古資料釐清了"尖"的形貌。劉屹《"宋雲行記"中兩處錯簡及相關問題討論》通過比對《惠生行記》,指出《宋雲行記》中"缽盧勒國向烏場國""宋雲見了兩個嚈噠王"兩處錯簡,並對惠生是否經陀曆道回國等問題做了探討。游自勇《吐魯番所出解夢書考論》考證了吐魯番出土的四件解夢書。呂博《讀"克亞克庫都克烽燧出土文書"劄記》整理了烽燧預警中與計會交牌相關的木牘、文書,並結合以往文書,探討了孔雀河流域的烽燧、遊奕、馬鋪等運作機制。

除此之外,還有一些論文涉及各地館藏以及個人藏敦煌吐魯番文書的研究。王湛《中國國家博物館藏馬其昶舊藏敦煌寫經考》對中國國家博物館藏馬其昶舊藏敦煌寫經的題跋做了多方面考證。陳麗萍《張大千舊藏敦煌吐魯番文獻考略》對張大千舊藏敦煌吐魯番文獻的分藏地和內容作了考述。胡曉丹《黃文弼收集品與德藏吐魯番文書的聯繫——從摩尼文殘片談起》通過對黃文弼收集品與德藏吐魯番文書中同類殘片的綴合,探討了黃文弼收集品中殘片的原始出土地,以及兩批藏品之間的密切聯繫。畢麗蘭(Dr. Lilla Russell-smith)《柏林藏吐魯番檔案的研究與數字化》介紹了柏林藏吐魯番檔案的研究情況以及數字化最新成果。楊寶玉《法藏敦煌文書 P.3952、P.4072（3）復原整理與研究》指出 P.3952、P.4072 兩件敦煌文書既非正規度牒，也非規範奏狀，最大的可能是在特殊政治形勢下，楊休明等創製的臨時度牒代用品。楊楊《翰墨留香　絲路溢彩——吐魯番出土文物精粹展述評》結合展覽圖録，對《翰墨留香　絲路溢彩——吐魯番出土文物精粹展》内容、結構做了介紹，並指出了該展的獨特意義。

三、語言、宗教與藝術

首先是語言文字的研究。涉及對文獻文字的考釋、文字背後的文化關聯等方面。王啓濤《吐魯番文獻中的賤名和佳名論考》從語言文字學和民俗學等角度對吐魯番文獻中的賤名和佳名進行了考論。張小豔《〈大谷文書集成〉（壹）釋文校訂與考釋》從改正誤録和補録缺文兩方面對小田義久教授主編的三卷本《大谷文書集成》（壹）中的釋文進行校訂，並就其中一些疑難字詞作了考釋。陳瑞翾《龜兹語新考舉隅》介紹了一些龜兹語語義最新研究的結論，並探討了這些結論潛在的學術意義。阿依謝姆古麗·圖爾蓀《吐魯番出土回鶻文契約文獻量詞研究》梳理了吐魯番出土回鶻文契約文獻中的量詞，在分類的基礎上總結了這些量詞的特點以及發展情況。程佳玉《回鶻文人口買賣契約文書中的契式與套語》通過對回鶻文人口買賣契約文書中固定契式與套語的研究，探討了其背後所涉及的相關經濟與法律制度。布熱比婭·莫敏《回鶻文獻方位詞詞語考釋》從《高昌館雜字》和《畏兀兒館譯語》方隅門辭彙對比入手，對回鶻文獻中方位詞的詞源、語義演變進行了初步研究。喬睿《回鶻文〈慈悲道場懺法〉的形容詞範疇》論述了現存較爲完整的、譯自漢文的回鶻文文獻《慈悲道場懺法》語言中的形容詞分類及語法特點。立斌《〈烏古斯可汗傳説〉中的回鶻語、蒙古語共有詞的特點》以《烏古斯可汗傳説》爲基本史料，梳理了回鶻語和蒙古語的共有辭彙，在此基礎上總結了這些辭彙語音、語義方面的特點。陳習剛《阿富汗巴克特裏亞文書所見葡萄文化初探》探討了阿富汗巴克特裏亞文書中反映的葡萄種植、葡萄加工、葡萄貿易與消費以及相關管理等方面的問題。鄭昊《回鶻文文獻中的上樂金剛修法考論》利用漢、藏、梵、西夏文文獻對 U557 文獻進行對勘與考釋，在此基礎上釐清了上樂系教法在回鶻的傳播問題。艾爾肯·阿熱孜《試論回鶻文翻譯家勝光法師的翻譯思想》通過分析《大慈恩寺三藏法師傳》《金光明最勝王經》等文獻的回鶻文譯文，對勝光法師的翻譯思想進行了初步研究。白玉冬《翁金碑譯注》對後突厥可汗碑《翁金碑》進行了譯注，在此基礎上挖掘了碑文反映的突厥射摩可汗去世後的相關史實。吾爾開西·阿布力孜《吐魯番地名研究劄記(一)》根據對音以及地理位置,認爲勝金鄉開斯突爾村爲橫截城之遺名,蘇巴什遺址與開斯突爾村直綫距離僅幾公里,極有可能橫截城人後遷移至開斯突爾村,保留了原來的地名。宋清揚《新見〈高昌館雜字〉版本研究》介紹了新見本《高昌館雜字》的文獻背景、國内研究情況以及國内已知版本《高昌館雜字》的研究情況,對比了新見本和國圖明抄本《華夷譯語·高昌館雜字》兩個版本,爲學界瞭解明清時期高昌地區回鶻語的信息提供參考。

其次是宗教信仰研究。包括對佛教、道教、摩尼教等宗教文獻及遺跡的新考釋,同時對宗教儀式和占卜信仰的關注頗具特色。余欣《中古時代的式占:〈卜筮書〉寫本綜考》將今上海圖書館藏與神奈川縣立金澤文庫藏《卜筮書》綴合和校録,在此基礎上探討了隋唐之際的式占知識譜系的源流、構造及其實踐。趙洋《旅順博物館藏新疆出土〈法苑珠林〉殘片考——兼論〈法苑珠林〉佛經引典與“述曰”的來源》指出《法苑珠林》不是道世另起爐竈的撰作,書中有許多佛典、外典以及“述曰”借鑒自道世以往撰述以及道宣的作品。任冠《唐朝墩景教寺院遺址與東西文化交流》介紹了唐朝墩景教寺院遺址的相關情況,從壁畫以及遺物入手,指出其印證了唐代至元代多民族融合、多宗教共存、多文化相容的歷史事實。陳大爲《葉爾羌河流域的多元宗教調查與研究》梳理了葉爾羌河流域漢唐時期的佛教、拜火教等宗教遺存。張總《高昌與龜茲的地獄輪回及十王圖像等》介紹了高昌與龜茲地區石窟與寺廟遺址中的地獄輪回及十王圖像。區佩儀《高昌彌勒信仰形態——小乘禪觀到大乘浄土》指出彌勒信仰是在 2 世紀末至 4 世紀中時由以烏仗那國爲中心的法藏部及其相關大、小乘支系經唐道宣稱爲“陀曆道”的“罽賓道”東傳至西域。田璐《中亞的 NAKṣatras:占星學知識的來源、意象、功能和傳播的反思》以在塔里木盆地周邊發現的相關考古資料爲研究對象,運用藝術史的視角,探討了 NAKṣatras 圖像的來源、意象、功能等,並總結了中世紀時期這種有意義的占星學知識是如何在中亞傳播、轉化和感知的。李國《西域石窟佛寺古遺址中的“風神、雷神”形象淺識——兼議柏孜克里克第 40 窟新見“風雷神”》指出西域石窟佛寺古遺址中的“風神”“雷神”不再是“自然神”,而成爲佛教的護法神,並對與此相關的吐魯番柏孜克里克第 40 窟新見“風雷神”形象進行了探討。賀婷《回鶻文阿含經看中華民族文化的交往交流交融》介紹了回鶻文《阿含經》的歷史背景、文化内涵以及其基本收藏研究情況,分析了回鶻文《阿含經》的傳播和研究對中華民族文化交融交往的積極意義。李肖《犍陀羅地區佛寺建築與西域佛寺建築的異同——以佛塔演變爲例》指出佛教在傳播的過程中也汲取了當地文化元素,呈現出印度本土風格外加沿途諸文化的混合特徵;

反之,佛教藝術元素的多樣性也標示出佛教傳佈所經過的區域和時代。付馬《回鶻文書所見水旁景教教團》利用吐魯番葡萄溝水旁景教寺遺址出土的回鶻文書探討了西州回鶻水旁景教團的日常運作及其所處的社會環境,並鈎稽了吐魯番其他遺址出土回鶻文書中涉及該寺的信息。孟嗣徽《敦煌的幽禜發微》指出張淮興供養的《熾盛光佛並五星神》是被當作祭星的"幽禜"儀式使用的。在正月初八祭星,既合於中國傳統的"穀日",又合於佛教"六齋日"之首日。張小貴《古波斯勝利神及其在絲綢之路上的傳播》從相關考古和遺存入手,探討了古波斯勝利神在絲綢之路上的傳播及其體現的文化交流問題。林麗娟《亞裏士多德在吐魯番:論西旁景教修道院遺址出土敘利亞語哲學殘篇》指出西旁遺址中發掘的大量敘利亞語殘片中有七件殘篇中包含來自古希臘哲學家亞里士多德《範疇篇》的平行文本,表明亞里士多德思想抵達中國的時間遠比我們想像的早得多。

　　藝術方面。涉及佛經壁畫、供養人像、圖案紋樣等方面的研究。王曉玲《吐魯番阿斯塔那出土人首蛇身圖像與伏羲女媧圖像比較研究》認爲並不是所有阿斯塔那出土的人首蛇身圖像都是伏羲女媧圖像,出現在祠堂、廟堂石、泥等牆體的圖像或雕塑可以認定爲伏羲女媧;出現在墓門兩側或棺板上的人首蛇身圖像則不能認定爲伏羲女媧。侯明明《吐魯番發現的"大隨求陀羅尼咒經"圖像相關問題研究》從吐魯番發現的大隨求圖像入手,探討唐代高昌的喪葬習俗與中原文化的一致性及其本土化特徵。張世奇《回鶻佛教壁畫"優曇鉢花"考——兼談其對回鶻洞窟斷代的意義》指出回鶻佛教壁畫中的"優曇鉢花"是在回鶻轉輪王思想的影響下,受佛典中"優曇鉢花開,轉輪王出世"的影響所致,可爲判斷洞窟爲回鶻洞窟的重要標識物。陳曉紅《淺析北庭高昌回鶻佛寺爭分舍利圖》對北庭西大寺西壁殘存的爭分舍利圖人物形象、畫面情節、文化內涵等方面進行了探討。陳菊霞、劉宏梅《回鶻王室兒童供養人及其服飾研究》對敦煌石窟和新疆石窟中的回鶻王室兒童的排列規律、身份及其服飾特徵做了全面考察。楊傳宇《北庭回鶻佛教晚期的空間秩序與藝術風格——以 S102 殿塑像群爲中心》指出北庭高昌回鶻佛寺遺址 S102 配殿不論空間秩序還是藝術風格都體現出高昌王室對中原文化認同的進一步加強。劉韜《吐峪溝西區第 18 窟千手眼大悲像考釋》對吐峪溝西區第 18 窟"千手眼大悲像"壁畫進行了圖像層面的釋讀,並對其圖像佈局做了初步探討。劉婷婷《從吐魯番勝金店出土織錦對稱紋樣看周邊文化交流》對吐魯番勝金店的織錦對稱紋樣與內地相似紋樣的組織形式、紋樣題材、紋樣特徵進行綜合比較分析,指出其源於中原地區,體現了西域當地民族與漢民族之間的文化交流。畢麗蘭(Dr.Lilla Russell-smith)《新概念:洪堡論壇柏林亞洲藝術博物館新永久性展覽中吐魯番地區文物的研究、修復和展出》對 2021 年 9 月和 2022 年 9 月在洪堡論壇柏林亞洲藝術博物館展覽的文物的藝術性做了探討。

會後，專家學者實地考察了西旁景教寺院遺址和吐峪溝石窟。專家學者們一邊參觀考察，一邊進行學術性交流，分別從文物保護、復原及深度研究等方面提出新方法。

總括以觀，會議取得了圓滿成功。其一，取得了一批新的研究成果，涉及內容全面，論文大多視角新穎，資料豐富，論據扎實，擴展了新時代吐魯番學傳承與發展的研究視角，爲完善吐魯番學學科體系，不斷提升吐魯番學學科質量，持續擴大吐魯番學研究國際影響力作出貢獻。其二，本次學術會議參與者來自國內外不同院校和科研機構，會議加強了學者之間交流溝通的力度，有利於學者之間互相學習、互相促進。其三，本次參會的學者中不乏風華正茂的年輕學者，爲吐魯番學的發展提供了充足的新鮮血液。

"河西石窟與中西文化交流"學術研討會綜述

郭澤志（上海師範大學）

河西地區是中西文化交流融合的重要地帶,以敦煌莫高窟、武威天梯山石窟和張掖金塔寺石窟、文殊山石窟爲代表的河西石窟是佛教石窟發展演變的關鍵環節,在中國石窟寺體系中具有重要地位。爲深入貫徹習近平總書記關於加强石窟寺保護利用的重要指示和"9·28"重要講話精神,落實《國務院辦公廳關於加强石窟寺保護利用工作的指導意見》和國家文物局《"十四五"石窟寺保護利用專項規劃》,2023 年 8 月 6 至 9 日,"河西石窟與中西文化交流學術研討會"在甘肅省張掖市順利召開。本次會議由中國考古學會、中國社會科學院考古研究所、北京大學考古文博學院、蘭州大學敦煌學研究所、甘肅省文物局、張掖市人民政府主辦;中國考古學會宗教考古專業委員會、張掖市文化廣電和旅遊局、甘肅省文物考古研究所、甘肅敦煌學學會承辦;張掖市文物保護研究所、甘州區文體廣電和旅遊局、肅南縣文體廣電和旅遊局協辦。來自中國社會科學院考古研究所、中國文化遺產研究院、敦煌研究院、甘肅省文物考古研究所、北京大學考古文博學院、蘭州大學敦煌學研究所、四川大學、南京大學、浙江大學、臺灣大學、佛光大學、早稻田大學等共計六十多家考古科研機構和國內外高校各類單位的 110 多名專家學者出席了本次會議。

本次會議開幕式由張掖市政府黨組成員、副市長安維國主持,張掖市委常委、宣傳部部長尚友俊,北京大學考古文博學院院長沈睿文,甘肅省文物局副局長仇健做會議致辭,蘭州大學敦煌學研究所副所長魏迎春代蘭州大學敦煌學研究所所長鄭炳林教授致辭。

尚友俊代表張掖市委市政府,對研討會的開幕表示熱烈祝賀,對各位領導、專家學者的到來表示熱烈歡迎。他指出張掖地區的馬蹄寺石窟群、文殊山石窟與麥積山石窟、天梯山石窟、敦煌莫高窟等著名石窟共同構建了一條世界上獨一無二的石窟寺文化藝術走廊,體現了中華文化的豐富多彩、開放、包容,爲研究中國古代政治、經濟、歷史、文化、技術的發展提供了寶貴資料,在中國石窟藝術上佔據重要地位。他衷心希望各位專家在已有研究成果的基礎上,進一步深入挖掘城市的歷史文化、歷史魅力,不斷將河西石窟的保護、利用和藝術價值推向新的高度。

提升石窟寺保護管理水平、做好考古研究工作十分重要。沈睿文表示隨著考古資料的不斷刊佈,石窟寺已成爲考古學、藝術史、圖像學、社會史等學科學者共同關注的課題。他簡述了對石窟寺考古的幾點思考：第一，考古學的清理和記錄，是關於如何發現問題和研究問題；第二，多學科交叉研究已是科學研究的常態，佛教石窟寺考古也不例外，當前尤其要探索科技手段在佛教石窟寺考古中的應用；第三，將石窟寺遺址置於交通網絡、人居環境中予以考察，探討遺址與附近相關聚落，比如跟村落、佛教寺院之間動態的互動關係；第四，新時代對石窟寺考古研究者提出了更高要求，要具備更爲全面的知識結構，對石窟寺進行不同學科面向的綜合研究，將石窟寺置於時代的整體文化中加以考察。

仇健指出做好石窟寺數字保護管理是全省文物工作的重中之重，已在場地保護、操作編程及石窟寺保護體製等方面取得了一定成效，初步構建了具有甘肅特色的石窟寺保護利用體系。他表示甘肅省未來將發佈河西走廊國家文化遺產協作行動計劃，爲河西走廊文化保護和東西文化交流提供更加廣闊的空間，並希望各位專家、學者積極建言獻策，共同助力河西文化保護和中西文化交流再上新臺階，爲建設中華民族現代文明貢獻獨特的力量。

蘭州大學敦煌學研究所已經建立起一套完整的敦煌學碩士、博士、博士後科研人才培養體系。敦煌學研究所研究團隊在絲綢之路歷史出土文獻和絲綢之路宗教藝術等方面完成多部學術著作。作爲主辦方之一，魏迎春衷心感謝多年來各位專家對研究所的幫助，也請大家繼續不遺余力地支持蘭州大學敦煌學研究所的發展，並代鄭炳林教授以《敦煌：漢唐與西域交融的都會——基於敦煌出土漢唐文獻的考察》爲題做主旨發言。

分組討論中，會議專家學者圍繞河西石窟壁畫與造像研究、河西石窟考古與文物保護、河西佛教與中西文化交流、其他地區石窟考古與藝術等議題進行了集中匯報和熱烈研討。

一、河西石窟壁畫與造像研究

石窟壁畫研究方面。唐宇《會飲與示疾：炳靈寺第 169 窟維摩變相淵源考》探究了炳靈寺第 169 窟留存下來的維摩變相淵源，認爲炳靈寺 169 窟維摩變相的淵源存在兩種可能：一是西秦畫師兼容中西的本土創造，二是摹寫自受西域畫風影響的中原粉本。夏朗雲《河西新疆石窟漢風"未生怨"壁畫與麥積山石窟》考證了河西、新疆石窟漢風"未生怨"壁畫的發生和傳播過程，探討了河西、新疆石窟的漢風"未生怨"壁畫"10 要素"的基本模式及壁畫所繪母親、太子的姿態，指出麥積山石窟似均有其早期形態。王凌雲《中西文化交流視域下的樂舞形象——以河西中小型石窟爲中心》分析了河西中小型石窟中的樂伎和樂器，指出河西中小型石窟中的樂舞形象和整個河西地區石窟藝術一樣,是中西文化交流的結晶;樂舞形象中國化是漸進的,河西中小石窟的樂舞形象是中國本土樂舞繪畫的延伸。張景峰、顧淑彥《從須達拏故事畫看中國佛教藝術發展的進程》梳理對比犍陀羅、新疆及敦煌、河西地區的須達拏本生故事畫,指出由於須達拏故事流傳較廣,其造像及繪畫作品在各地流傳也非常廣泛,敦煌莫高窟的須達拏故事畫則畫面更爲豐富,情節更加完整。易丹韻《論南北朝至初唐時期漢地的須彌山圖》發現在漢地南北朝至初唐時期的須彌山圖中存在一些與佛教經典記載相齟齬的圖像要素及表現,且不見於漢地之外地域的須彌山圖。指出這些圖像要素及表現起因於古代中國對須彌山之性質及功能的獨特理解,其源頭可追溯到古代中國對山嶽及天地構造的認識與理解。

朱希帆《莫高窟第 154 窟〈法華經·火宅喻〉舞蹈圖像粟特屬性試析》分析了莫高窟第 154 窟《法華經·火宅喻》舞蹈圖像中隱含的粟特意識,指出中唐粟特遺民在敦煌以及整個河西地區的影響頗大。樊雪崧、殷博《敦煌莫高窟新辨識的施身聞偈本生故事畫及隋代佈色符號》考察了敦煌莫高窟早期的施身聞偈本生故事畫,補充了第 285 窟施身聞偈圖相關細節,指出第 285 窟圖中新發現的褪色人物形象更新了對此圖畫面敘事的認識;判明第 302 窟圖像情節和主要人物形象身份,新辨識出第 438 窟一幅施身聞偈圖。朱曉蘭、沙武田《敦煌彌勒經變剃度圖澡豆考》考證了敦煌彌勒經變剃度圖中的澡豆圖像,梳理了佛經中澡豆的使用、澡豆的製作與劑型,辨析了澡豆與灰類物質,簡述了民眾的衛生心態,指出澡豆在敦煌的使用中具有實用性和宗教性。神帥《敦煌莫高窟第 249 窟:“龍車鳳輦圖式”溯源再論》對敦煌石窟北朝時期出現的“龍車鳳輦圖式”進行溯源,指出莫高窟龍車鳳輦圖式畫樣經由麥積山石窟傳入的可能性較小,認爲敦煌石窟龍車鳳輦圖的出現與家族營建息息相關。黃孟鋆《敦煌歸義軍時期邈真畫的構圖形式探析》結合歸義軍時期邈真畫構圖形式分類以及邈真畫對卷軸畫發展的影響,指出敦煌邈真畫不僅通過下方的供養人邈真像反映晚唐五代宋初敦煌地區百姓的真實形象,還借上方尊像與世俗人物的畫面構圖佈局反映人們禮佛心理的變化。張麗香探討了降魔圖像從印度到敦煌的途徑與變化。

造像藝術研究方面。張先堂《從北涼石塔七佛與彌勒組合造像題材看北朝時期佛教藝術的傳承演變》指出北涼石塔是絲綢之路上佛教藝術西來東傳的歷史實證,對於研究中國北朝時期佛教藝術的傳承演變具有重要的歷史價值。李崇峰《佛教造像組合二題》對比天竺和漢化的佛教造像組合,指出中土地面佛寺和石窟寺的造像組合形式似乎都是中土所創作品,符合當時漢地僧俗觀念,應是佛教藝術漢化或中國化的真實反映。馬歌陽《河西地區石窟所見"非對稱的造像組合"——以"三尊形式"爲中心的考察》從"三尊形式"像的形成出發,分析其來源及衍變過程,認爲這樣的造像組合保留了佛教藝術傳入的早期形態。李玉珉《中國早期帝釋與梵天爲脅侍的尊像組合》指出中國早期帝釋與梵天爲脅侍的圖像與印度佛教藝術有關,在形塑帝釋爲戰神形象時融入了龜兹的服飾元素,而中國 5 世紀帝釋和梵天作脅侍的尊像組合是多元文化融合的結晶。孫雨《金塔寺石窟菩薩形象溯源》推斷出金塔寺菩薩形象取材於十六國時期西秦、北涼境內流行的菩薩形象,這種流行於西秦、北涼境內的菩薩形象影響了雲岡石窟以及龍門石窟古陽洞中部分菩薩像的設計,一定程度上反映出兩晉南北朝時期中外文化交流的盛況。張含悦《唐代弟子像法服的"橫拔式"上衣——以佛教石窟造像及壁畫爲例》指出伴隨著佛教逐步中國化的過程,僧人法服也在最初的通肩和祖右兩種形式上,增添了新的部分和披覆方式,"橫拔式"上衣無疑是僧人法服中國化過程中承前啓後的重要一環。

二、河西石窟考古與文物保護

石窟考古方面。夏立棟、姚桂蘭、王衛東《張掖金塔寺石窟考古報告的整理編寫》記述了對金塔寺及周邊石窟進行的考古調查,初步明確了窟前倒塌堆積的形成過程,發現了可能與洞窟開鑿同時的早期原始崖面和窟前建築遺址,爲重新認識金塔寺石窟的形制、性質和窟前寺院遺址的位置提供了重要綫索。姚桂蘭《張掖市境內石窟寺考古調查與初步研究》對張掖市境內的石窟寺進行全面調查和研究,公佈了 24 處張掖石窟寺的地理位置、開鑿年代、洞窟數量,指出張掖境內石窟寺遺址雖規模大小各異、保存現狀有差距,但均從不同角度、不同形式、不同社會生活習俗反映了中西文化交流,以及各民族文化交融形成的具有獨特地域特色的歷史文化傳統。

李甜《酒泉文殊山石窟的分區與洞窟組合關係》考察了酒泉文殊山石窟每個區域遺存的洞窟形制類型和洞窟組合,發現每個區域的同類型洞窟或組合洞窟都開鑿於同一時期且具有相同功能,進一步深化了對文殊山石窟遺址的認識。王璞《玉門境內石窟的分期斷代研究和新發現》梳理了甘肅玉門境內的石窟,簡述了學界對玉門石窟的分期與開鑿斷代工作,介紹了近年來新發現的玉門石窟,指出玉門有較多的石窟資源,是中國早期石窟發展綫路上的重要一環。孫曉峰《麥積山石窟第 126 窟調查與研究》從該窟開鑿位置、題材組合、造像風格、藝術特點等方面綜合分析,判定其開鑿時間約在北魏末年至西魏初期。何卯平《關於文殊山古佛洞西夏涅槃圖繪製時間稽考的幾重證據》根據古佛洞水月觀音圖的繪製時間,結合宋、遼《涅槃圖》以及寧波佛畫

《涅槃圖》的相關細節證據,將文殊山古佛洞《涅槃圖》的成畫時間推定爲1178年前。丁得天《最早的"觀經"圖像——張掖民樂縣童子寺第1窟"九品往生"圖像的斷代及初識》梳理張掖民樂縣童子寺石窟的概況,介紹第1窟"九品往生"圖像窟北壁早期壁畫的内容題材,初步判斷第1窟北壁早期壁畫至遲爲北魏6世紀初的作品,並暫將該幅圖像稱爲"觀經圖像"而非"觀經變相"。李國、王海彬《甘州史小玉敦煌莫高窟漫題輯考——兼談史小玉並非元末之畫工》考證莫高窟遺留的"甘州史小玉"相關題記,指出史小玉並非曾經盛傳的甘州畫匠,他在莫高窟的題名也不能真正反映畫師在莫高窟創作壁畫的情況,史小玉僅爲到過敦煌莫高窟朝聖巡禮的一名信衆,而題記也只是隨手題寫。

吴荭《涼州佛塔耀東西——武威新出土佛塔》研究了2011年武威市涼州區新出土的2件殘佛塔,記録武威新塔的概況,比較武威新塔和北涼石塔的異同,斷定武威新塔年代爲北涼至北魏早期,認爲其保留了更多犍陀羅地區佛塔及造像的特徵。王衛東《馬蹄寺石窟群藏傳佛教遺跡——浮雕舍利塔》梳理記録了馬蹄寺石窟群内迄今所發現的塔龕,指出鑿塔開穴以身置灰的埋葬方式屬典型的石窟寺佛教瘞葬。張雪芬《由洞窟停廢談慶陽北石窟寺165號窟的營建》考察慶陽北石窟寺165窟的造像,認爲165窟爲未完工洞窟,其初創年代約在北魏景明初至正始二年間(500—505),洞窟功德主可能與幽州刺史山累有關,而洞窟停廢則與奚康生及南石窟寺的營建有較密切關係。黎静波、康世奇《對金塔寺與天梯山開鑿關係的再思考》總結了學界對金塔寺與天梯山開鑿的相關研究,比較了金塔寺與天梯山的造像與壁畫風格,認爲金塔寺石窟是由沮渠蒙遜主持開鑿的皇家石窟,其開鑿於北涼早期,早於天梯山石窟,時間約在397—412年間。李勇傑、曹生奎《甘肅永昌廟灣子石刻塔群調查》詳敍甘肅永昌廟灣子石刻塔群的調查情況,指出永昌廟灣子石刻塔群與元明清時期雲莊寺之間的關係有待進一步考證,判斷廟灣子石刻塔群屬於明清時期藏傳佛教摩崖石刻塔群遺址。此外,鳳飛(英國)用景觀考古視角考察了河西石窟中的大像、大像龕與大像窟。

陳國科《張掖地區史前考古主要收穫》梳理研究張掖地區所發現的史前考古遺址,指出張掖地區史前考古遺址所出土的遺物爲認識早期東西方文化交流提供了重要的實物資料,證實了黑河流域是早期東西方文化交流的重要通道,該地區是我國早期銅冶金技術發展的關鍵區域。吴浩軍《〈敕賜景會寺重建碑記〉校録及相關問題考證》校録了甘肅景會寺碑刻《敕賜景會寺重建碑記》,補充碑文撰者趙錦和書寫者王繼祖的相關資料,剖析景會寺修建者沙迦舍念和羅谷領真的身份背景,總結藏傳佛教在河西走廊的傳播活動情況。謝繼忠《從碑刻看明清時期黑河中游張掖水利秩序的構建》利用新見碑刻、契約文書和方志材料,考察明清時期黑河中游張掖水利社會的構建過程,指出明清時期黑河中游張掖水利社會的構建具有時間跨度大、國家在水利社會構建中居主導地位以及水利社會秩序出現"建立——破壞——重建"的循環等特點。

文物保護與數字化方面。李瑋《新時代絲綢之路文化遺産保護可持續發展策略研究》總結新時代文化遺産保護利用的現實意義和實質内涵,闡明其實現路徑爲既要改善原住居民的人居環境,也要保存自身的歷史文化底蘊,讓歷史文化和現代生活融爲一體,最終促進各方互利共贏。丁小勝《用數字技術擘畫文化遺産科技保護——以"數字敦煌"爲例》梳理"數字敦煌"的提出和發展歷程,闡釋文物數字化的内涵,指出數字科技突破了傳統的時空限製,讓千年輝煌的敦煌石窟文化"永久保存,永續利用"成爲現實,有效支撑了文物的科學保護工作。劉建國則提出河西石窟的三維重建對石窟保護具有重要意義。武克軍、楊拴豔《河西走廊石窟遺産文旅融合邏輯理路、現實(實踐)困境與優化路徑》總結石窟遺産旅遊助力文旅融合的邏輯理路以及優化路徑,指出石窟遺産旅遊和文旅融合之間並非相互割裂,而是存在清晰的邏輯銜接關係。

三、河西佛教與中西文化交流

楊秀清《敦煌石窟遊人題記反映的佛教信仰——以清代以來遊人題記爲中心》指出敦煌石窟作爲佛教聖地,仍然影響著人們的信仰方式,敦煌石窟遊人題記和《龜兹石窟題記》有著相同意義;豐富的遊人題記反映了敦煌社會歷史的變遷,記録了敦煌大眾的社會生活、宗教信仰、思想觀念等内容。張善慶《古代張掖地區涼州瑞像信仰》指出涼州瑞像信仰發展延續的原因非常複雜,或因該地鄰近瑞像發生地永昌,這一信仰輻射面廣闊、輻射力度深遠;或因歷史上數次重大事件都把古張掖裹挾其中;或因該地區同屬河西走廊交通要道,各民族交錯雜居,瑞像長期以來被賦予了"懲革胡性"的功能。項婷婷《敦煌僧人六時禮懺活動探析》解釋敦煌僧人六時禮懺的含義,梳理六時禮懺的實踐和功用,輯録敦煌文書中的六時禮懺文,並指出佛教懺儀在中國有悠久的歷史,自南朝齊梁以來就有禮懺文的製作。王百歲《隴南石窟與佛教史》立足隴南石窟寺,大致勾勒隴南佛教史,指出佛教於東漢前期已傳入今隴南市境内;魏晉南北朝時獲得迅猛發展,隨之誕生最早的一批石窟寺;隋唐五代宋時達於鼎盛,石窟寺的開鑿和普通寺院的修建呈現繁榮局面;元明清時逐漸萎縮,石窟寺鑿修及宗教活動亦趨衰落。隴南佛教既有漢傳系統也有藏傳系統,漢傳系統比藏傳系統傳入早,居主要地位。杜斗城探討了《大般涅槃經》在河西的傳譯及其對南朝的影響。陳大爲、馬聚英《敦煌永安寺僧人借糧糾紛案審理研究》以敦煌文獻 P.3223《勘尋永安寺法律願慶與老宿紹建相諍根由狀》爲依據,參考其他文獻材料,探討歸義軍時期敦煌僧尼民事訴訟審理情況,指出 P.3223 文書所記永安寺僧人借糧糾紛案的審理程序包括四個環節:訴訟人提起訴訟、官府立案受理、官員調查取證和審判官判決結案。李并成《深刻理解中華文明的突出特徵——以敦煌文化爲中心的考察》指出敦煌文化呈現東西方文化融合創新的亮麗底色與嶄新格局,突出體現了佛教"中國化"的創新成就;認爲敦煌文化在其長期的歷史演進中形成了極强的包容性,它並不排斥外來的同質或異質文化,是以我爲主對外來文化進行的改造與融合,是在更高層次上和更廣範圍内的優勢互補和創新發展。張延清研究了吐蕃時期張掖地區中華民族共同體意識的形成和發展。賈小軍對五涼時期中西文明交流史跡進行了鈎沉。

四、其他地區石窟考古與藝術

董華鋒《中古時期四川地區的丈六佛造像及其淵源》總結了四川南朝至唐代丈六佛造像的代表性材料及其特徵,考證了四川南朝丈六佛造像的淵源,指出四川地區特別是成都平原一帶是中國丈六佛造像的重要分佈區域之一,這一區域的丈六佛造像起源於南朝劉宋時期並從涼州地區傳入;至唐代,丈六佛造像題材不再限於釋迦佛,並成爲"大像"的重要類別之一。張媛媛《四川地區新發現的彌勒經變造像研究》指出四川資陽最近新發現的一龕彌勒經變是開鑿於中晚唐時期的彌勒上生下生經變,經變的主要經典依據是沮渠京聲譯《觀彌勒菩薩上生兜率天經》和鳩摩羅什譯《彌勒大成佛經》,個別情節參考了《彌勒下生成佛經》。此外,楊瀟探討了四川盆地中部的兩鋪"新樣"涅槃造像。雷玉華對四川瀘縣明代玉蟾山摩崖造像進行了調查與研究。王劍平對廣元千佛崖摩崖造像題記進行了整理與研究。王雁卿《雲岡石窟的金剛力士》聚焦雲岡石窟的金剛力士造像,指出雲岡石窟的金剛力士在表現形式上應與平城考古墓葬甬道鎮墓武士的排列有關,此外還應受到平城佛教寺院藝術的影響。康敬亭《〈雲岡日記:戰爭時期的佛教石窟調查〉中所見的石窟寺田野調查法及相關認識》指出抗戰時期水野清一、長廣敏雄領導的日本雲岡石窟調查隊所開展的雲岡石窟調查工作是在日本侵華戰爭背景下、日軍佔領晉北期間進行的,在性質上屬於文化侵略與掠奪;日本調查隊的調查工作雖較爲科學、嚴謹,但在具體調查過程中,爲便於調查,盡可能採集雲岡石窟北魏造像信息,對雲岡石窟遺産的完整性産生了嚴重破壞。劉建軍則研究了雲岡第 6 窟造像題材,闡釋了洞窟空間經營與圖像樣式演繹問題。

白曙璋《山西省霍州千佛崖摩崖造像的發掘與初步研究概述》簡述山西霍州千佛崖摩崖造像的發掘以及造像分佈情況,指出霍州千佛崖摩崖造像始鑿於唐高宗、武則天時期,而以開元年間爲主,開元以後亦有雕刻,是晉中南地區重要的唐代中型規模造像群,爲研究唐代中後期造像風格、類型演變提供重要材料。王炎《龍門石窟"千秋"圖像考——兼論河西莫高窟"千秋"來源問題》發現龍門石窟北朝雙翅鳥造型區位與佛經中金翅鳥和伽陵頻迦的描述存在差異,認爲龍門石窟北朝四處露天雙翅鳥是南北融合的産物,保留了南朝"千秋"形象的典型人面鳥身特徵,是東晉《抱樸子》中"千歲之鳥"形象在石窟造像中的最早運用,是中西交流下河西莫高窟"千秋"形象的重要"中原因素"來源。陳晶鑫、索朗白吉《杭州飛來峰元代造像量度研究》統計分析了飛來峰元代造像尺度的實測數據,指出飛來峰元代造像至少存在三到四個量度粉本,這些粉本在題材和造像風格上存在一些差異,量度的差異仍可能存在圖像淵源的差異,飛來峰漢式造像在量度比例數據上與梵式造像存在不同,這可能與杭州本地漢傳佛教造像傳統有關。賀雲翱對以六朝都城建康爲中心的"六朝佛教考古"進行了概説。

楊文博、楊懷彥《克孜爾石窟"鹿野苑初轉法輪"與"降伏三迦葉"説法圖研究》指出克孜爾石窟第 207 窟的鹿野苑初轉法輪受犍陀羅造像影響,而克孜爾石窟中的其他鹿野苑初轉法輪及降伏三迦葉是龜茲本土工匠自己的創作,並未受到外來影響。蓋佳擇《祖爾萬乘天鵝——摩尼教大明尊信仰圖像釋證》總結柏孜克里克"摩尼教窟"三幹樹圖像的研究成果,結合西安碑林存藏"釋迦降伏外道"佛像外道形象,指出學界將高昌"摩尼教窟"中三幹樹的性質及其下半圓空間、禽鳥解讀爲寶座或寶車而非水盤,將二禽解讀爲代表明尊祖爾萬或大梵天的天鵝或孔雀的假説存在一定合理性。趙寧《龜茲石窟寺的部派問題》指出雖龜茲石窟寺中尚未發現明確顯示部派屬性的考古學證據(如銘文),但在龜茲石窟寺中可以看到屬於大乘系統的物質遺跡,結合龜茲佛教歷史的文獻記載,可以推知大乘信仰大概至少在 3 世紀已在龜茲出現,密教信仰同樣長期在龜茲醖釀,龜茲實際的歷史情況當是大小乘長期並行。邵強軍《交融與流變:喀什三仙洞、莫爾佛塔寺考察及相關問題》從佛教藝術文化演變史上的三個重要課題著手,考察新疆喀什三仙洞和莫爾佛塔寺,敘述喀什地區佛教遺跡的基本情況,梳理外來佛教藝術文化在喀什地區的中國化變革,認識到中國首次面對外來佛教是"以本土融外來"的文化態度,是有選擇性的而非全盤接受。此外,李笑笑釋讀了雅爾湖 4 號窟後室壁畫。苗利輝對馬蹄寺石窟與克孜爾石窟進行了比較研究。

郭鳳妍《犍陀羅新發現——從 1947 年巴基斯坦獨立後的考古發現談起》詳敘犍陀羅地區 1947 年前後的考古情況,總結犍陀羅考古研究的現狀與困難,指出犍陀羅地區的考古研究自英國殖民時期迄今已歷經一個半世紀;殖民時期主要關注佛教造像及文物,1947 年巴基斯坦獨立後研究重心逐漸轉向犍陀羅地區歷史的梳理。山部能宜研究了印度僧院裏的禪修和禪堂。姚瑶《日本藥師寺金堂藥師三尊像與相關唐代佛教造像研究》比較考察了日本藥師寺金堂三尊像及其周邊造像與相關唐代佛教造像的樣式,指出金堂藥師三尊像的製作時間應晚於 718 年,且與武周後期及稍後的中國唐代造像有密切關係。楊效俊《法隆寺玉蟲廚子與隋仁壽舍利崇拜的關係》梳理隋倭之間的外交關係以及 7 世紀早期倭國佛教的發展情況,認爲法隆寺玉蟲廚子是倭國受隋仁壽舍利崇拜主題、圖像的直接影響而製作的佛具,是 7 世紀初期東亞地區佛教藝術交流、融合而産生的珍品。黃雯蘭《柬埔寨吳哥城癩王台研究——兼談柬埔寨佛教的特質與内涵》重新梳理柬埔寨吳哥城癩王台建築雕刻和癩王像的概況,綜合研究癩王台雕刻的主要内容、癩王台的時代功用、癩王台及其圖像的意義,指出癩王台是吳哥文明的恢宏傑作,象征國家統治權威。

賽本加、于春《"拂廬"再考——以青海郭里木棺板畫爲中心》考釋漢文文獻中"拂廬"一詞的詞源和詞義,指出"拂廬"並非藏文"sbra"和"gur"的音譯,應代指吐蕃使用的可移動的帳篷,其製作材料主要爲氊或青絹布,並無形制、大小、等級上的特指,郭里木棺板畫中的帳篷圖像"gur"就是唐人文獻中的"拂廬"。此外,馮麗娟發表了《藝術 VS 學術——敦煌藝術先行者的學術視野與方法建構(1941—1943)》。

總之,在中國考古學會等多家機構的組織下、在全體與會人員的共同努力下,本次會議研討活動豐富多元,相關學術研究成果斐然,大會全部議程圓滿完成,達到了組織此次學術研討會的初衷和目的。論文成果引起石窟考古、藝術、宗教、歷史等領域專家學者的廣泛關注,對進一步深化拓展河西石窟研究的廣度與深度,高標準、高質量、高水平建設全國排名前列的文化高地,推進民族文化産業深度融合,促進中外文化交流,必將起到巨大推動作用。

回鶻・西夏・元代石窟研究的新奉獻
——"敦煌晚期石窟的分期與斷代研究工作坊(第三期)"成果述評

張麗蓉(西北民族大學)

一、概　　説

　　敦煌文化集建築藝術、彩塑藝術、壁畫藝術、佛教文化於一身,歷史底蘊雄渾深厚,文化内涵博大精深,藝術形象美輪美奐。敦煌石窟大體可以 1036 年歸義軍政權滅亡爲界,分爲前後二期。前期(即 1036 年以前)的敦煌石窟藝術以漢文化占絶對主流,宗教思想以漢傳佛教爲主,藝術的内容和形式變化有序,只有中唐時期因爲吐蕃對敦煌的統治而一度被打斷,但漢風藝術的主流不曾中止。藝術風格傳承比較明顯,賦色、綫條、構圖、題材方面可以説都存在一定的連貫性,是故,對各個時期石窟的分期斷代相對明確。[①] 然而,自 1036 年歸義軍政權滅亡後,這一情況發生了根本性變化。曹氏歸義軍晚期已經出現明顯的回鶻化傾向,繼其後的沙州回鶻、西夏與元代,統治者都不爲漢族,民族特色明顯,藝術的傳承性出現斷裂,與早期石窟以漢文化特色爲主的情況明顯有别。在此情況下,對其分期與斷代需要特别重視民族文化因素。

　　爲促進敦煌晚期石窟的分期與斷代研究的持續推進,敦煌研究院於 2021 年 6 月 26—28 日和 2022 年 11 月 19—21 日相繼舉辦了第一、二屆"敦煌晚期石窟的分期與斷代研究工作坊",達到了預期目的。爲進一步推進這一課題的深入,敦煌研究院於 2023 年 7 月 7—11 日舉辦了"第三屆敦煌晚期石窟的分期與斷代研究工作坊",來自全國各地的 40 余位專家學者出席了會議,提交論文 34 篇,圍繞主要議題敦煌晚期石窟的分期與斷代研究、絲路佛教造像及佛教藝術研究、石窟考古與石窟藝術研究、所涉及的歷史文獻與調查研究等展開。

　　會議開幕式由敦煌研究院人文研究部部長楊富學研究員主持,敦煌研究院副院長張小剛研究員致開幕詞。張小剛研究員指出敦煌晚期石窟的研究是近年來敦煌學研究的一個熱門方向,敦煌晚期石窟的分期與斷代研究,是敦煌晚期石窟的一個基礎性研究,近年來引起學界高度關注,希望與會專家

[①]　楊富學《敦煌晚期石窟研究的若干思考》,《天水師範學院學報》2020 年第 1 期,第 68—74 頁。

學者共獻學術智慧,分享學術創新性成果,增進友誼,擴大合作,爲敦煌學的發展作出貢獻。

本次會議圍繞"敦煌石窟的分期與斷代研究"這一主題展開,對涉及敦煌晚期石窟的壁畫彩塑、歷史文獻、民族宗教、藝術風格等各方面分別展開研討與交流,結合敦煌周邊歷史地理,通過歷史文獻研究、民族宗教研究、圖像研究、考古與藝術研究等研究選題對敦煌晚期石窟的分期與斷代進行多角度、多維度的思考與論證。這裏謹就其中内容比較集中的熱點議題略作述評。

二、關於敦煌晚期石窟的分期與斷代研究

敦煌石窟分期斷代,向以晚期者最爲難治,"關鍵在於民族更迭頻繁,藝術風格繼承性不明顯,漢文文獻記載稀少"。[①] 故而特別需要關注出土文獻、石窟題記和少數民族歷史文化活動的研究。如敦煌莫高窟第 61 窟甬道之壁畫,過去多被認定爲西夏窟,主要依據在於該窟出現了夏漢合璧僧人題記和西夏裝僧人畫像。[②] 雖然此前有學者提倡元代之説,但缺乏論證。[③] 楊富學《莫高窟第 61 窟甬道爲元末西夏遺民重修新證》一文認爲莫高窟第 61 窟甬道西夏僧人的榜題採用漢文—西夏文合璧書寫,漢字居前,西夏文居後,與西夏王朝"特重"西夏文,敕令西夏文必書於他文之前的規定相左;黃道十二宮中處女座與人馬座不具西夏服飾特點,卻有元代特色;甬道南壁的龍紋,與唐宋西夏時代的温馴風格差別很大,卻接近於西亞、回鶻的惡龍,當與元代西亞、中亞、西域色目人大量入居敦煌有關。尤爲重要的是,西夏助緣僧像疊壓於 1350 年左右題寫的蒙古文題記之上,其時代自然要晚於蒙古文壁題,非西夏時代之物,昭然若揭。[④] 持西夏説者聲稱元代西夏文已棄用,故莫高窟第 61 窟甬道北壁的西夏文不可能書寫於元代。[⑤] 其實這是一個誤解,松江府僧録管主八於大德年間將《西夏文大藏經》三十餘藏,施與敦煌諸地,足證元代敦煌的西夏遺民數量衆多,否則管主八絶不會將如此難得的西夏文經藏施於敦

---

① 楊富學:《敦煌晚期石窟研究的若干思考》,《天水師範學院學報》2020 年第 1 期,第 68—74 頁。

② 沙武田《莫高窟第 61 窟甬道壁畫繪於西夏時代考》,《西北第二民族學院學報》2006 年第 3 期,第 61 頁;關友惠《敦煌宋西夏石窟壁畫裝飾風格及其相關的問題》,《2004 石窟研究國際學術會議論文集》(下),上海:上海古籍出版社,2006 年,第 1139—1140 頁;朱生雲《西夏時期重修莫高窟第 61 窟原因分析》,《敦煌學輯刊》2016 年第 3 期,第 123—134 頁;楊冰華《莫高窟第 61 窟甬道北壁西夏重修僧尼供養人像蠡探》,《敦煌學輯刊》2017 年第 4 期,第 147—158 頁。

③ 向達《莫高、榆林二窟雜考——瓜沙談往之三》,《文物參考資料》第 2 卷第 5 期,1951 年,第 84 頁;段文傑《晚期的莫高窟藝術》,《敦煌研究》第 3 期(總第 5 期),1985 年,第 13 頁;潘玉閃、馬世長《莫高窟窟前殿堂遺址》,北京:文物出版社,1985 年,第 39 頁;宿白《敦煌莫高窟密教遺跡劄記》,《文物》1989 年第 10 期,第 83 頁。

④ 楊富學:《莫高窟第 61 窟甬道由元末西夏遺民重修新證》,《敦煌研究》2023 年第 4 期,第 187—199 頁。

⑤ 沙武田《西夏儀式佛教的圖像——莫高窟第 61 窟熾盛光佛巡行圖的幾點思考》,《四川文物》2020 年第 3 期,第 95 頁。

煌,畢竟當時印造的僅有三十餘藏,數量極少,且非常珍貴。[1] 足見元代西夏文不僅流行地域更爲廣遠,而且西夏人勢力強大,有助於證明元代説的成立。

敦煌曹氏歸義軍時期可細分爲五代、宋兩個時期。據賀世哲先生統計,現存此一時期《維摩詰經變》共計24鋪,其中莫高窟23鋪,榆林窟1鋪。[2] 趙燕林《敦煌曹氏歸義軍時期維摩詰經變中的帝王圖像研究》提出,以上諸窟中,除第334、335、261、172、203、264、437窟繪於前室西壁,第44、202繪於前室南、北壁,漫漶不清外,其餘皆繪於主室東壁,而且無一例外地在"文殊來問"下部繪有中原帝王像,帝王服制像服制不盡一致,但仍然顯示出不同歸義軍節度使統治時期的時代特徵,爲進一步研討彼時輿服制度及相關洞窟的營建年代提供了珍貴的形象資料。

晚期石窟的分期斷代研究一直是研究者必備基本功之一,向稱難治,又備受矚目。王曉玲《敦煌西夏石窟分期研究述評》指出敦煌晚期石窟中的西夏窟因史書缺載,加上實物資料有限,成爲難中之難。從石窟斷代研究常用的方法和途徑入手,認爲對西夏石窟的斷代,不能不看藝術風格,看西夏藝術不能不對照西夏之前的藝術風格,也不能不對照之後的藝術風格;藝術風格的產生和消亡,都有一個醖釀期、發展期、高潮和消亡前期、消亡後期這樣一個過程。該文通過對40年來敦煌晚期石窟研究成果的系統觀察,提出近期"西夏洞窟斷代分期研究的顯著特點如下:1. 莫高窟西夏洞窟數目變動不定,西夏窟越分越多;2. 西夏洞窟分期對象也在不斷增多,新增了五個廟石窟、西千佛洞;3. 元代説式微"。近期重修的《敦煌莫高窟内容總錄》將敦煌西夏洞窟數量界定爲123個。[3] 本次會議岳鍵提交的《"表像"下的真相:瓜州"世界聖宫"考》一文更是將西夏洞窟推定爲131個。然觀西夏時代的敦煌,人口大量外移,荒無人煙,而且經濟凋敝,農業停滯,僅有牧業而已。[4] 在這種情況下,如何能有如此衆多的石窟營建,頗值得懷疑。

沙州回鶻石窟在近年受到學界越來越多的關注,但由於各種原因,沙州回鶻石窟常與西夏洞窟混爲一談。在第一、二屆"敦煌晚期石窟的分期與斷代研究工作坊"中,回鶻窟就是核心議題之一,如吳家璵、沙武田《回鶻洞窟對敦煌宋夏石窟分期的意義》,閆珠君、楊富學《由紅靴童子形象與回鶻藝術的關聯看敦煌晚期石窟之分期》,劉人銘《莫高窟第245窟藥師圖像研究》,陳愛峰、田利萍《柏孜克里克第17窟無量壽經變考釋》,岳鍵《沙州回鶻石窟藝術

---

① 段玉泉:《管主八施印〈河西字大藏經〉初探》,杜建録主編《西夏學》第1輯,銀川:寧夏人民出版社,2006年,第99—104頁;孫伯君:《元刊〈河西藏〉考補》,《民族研究》2011年第2期。
② 賀世哲:《敦煌莫高窟壁畫中的〈維摩詰經變〉》,《敦煌研究》(試刊第2期),1982年,第62—87頁
③ 敦煌研究院編《敦煌石窟内容總錄》,北京:文物出版社,1996年。
④ 楊富學《振衰起敝:西夏至元代敦煌的凋敝與繁榮》,《暨南學報》2023年第11期,第35—46頁。

分期》等論文,就沙州回鶻石窟及其與高昌回鶻石窟之關係問題展開了熱烈討論。本次會議,王曉玲《敦煌西夏石窟分期研究述評》和岳鍵《"表像"下的真相:瓜州"世界聖宮"考》所論"西夏石窟"中就有不少屬於回鶻洞窟。

這裏所論的回鶻洞窟,包括三個時代,其一爲曹氏歸義軍晚期的回鶻化時期,其二爲沙州回鶻國時期(1036—1067),其三爲元代回鶻時期。回鶻在敦煌活躍了 5 個世紀,留下了豐富的文化遺産,其中就包括豐富的回鶻石窟。回鶻石窟的分期與斷代,有賴於高昌回鶻石窟、龜兹回鶻石窟所提供的豐富圖像。楊波《回鶻時期的説一切有部寺院——9 至 11 世紀森木塞姆石窟壁畫研究》一文將回鶻時期的森木塞姆石窟定性爲説一切有部寺院。洞窟壁畫的創作者也主要是龜兹系畫家,他們是一批新式的畫家群體,和其先輩相比,美術素養更爲綜合,在傳統龜兹風基礎上創造出一種新的美術風格。在龜兹回鶻時期,龜兹本土佛教文化的延續、本土佛教教團的活動是一個較新的課題。和漢文化、漢傳佛教一樣,龜兹本土佛教也參與塑造了龜兹回鶻佛教文明。

崔瓊、陳愛峰所撰《柏孜克里克 17 窟券頂續考之讀圖順序》一文指出柏孜克里克石窟第 17 窟現存壁畫均繪製於高昌回鶻時期,正壁和兩側壁原有七身觀音塑像,爲觀音窟。並從所據文本的敘事結構出發,嘗試對柏孜克里克千佛洞第 17 窟券頂讀圖順序進行分析,認爲整體券面以觀音授記一事爲起始,由内而外以佛佛相續之授記次第展開,先述其前阿彌陀前生得授記一事,而後據《寶王經》中釋迦前世聽聞觀音生平的法會相繼次序,自左而右繪出每一世中觀音之威神功德,再轉接《法華經》至現世救度。

與西夏石窟常常混爲一談的還有元代洞窟。邢耀龍《榆林窟第 10 窟重修年代芻議》認爲榆林窟第 10 窟開鑿於西夏晚期,但現存壁畫應爲元代之物。榆林窟第 10 窟主室西壁南側的一則畫師題記記載了來自不同地方的四位畫師於至元七年(1341)在榆林窟繪製"秘畫"。[①] 題記中的秘畫指的就是榆林窟第 10 窟的元代壁畫。這些"秘畫"爲密教明王和明妃形象,與清代民間傳統禮教發生衝突,所以被鄉民鏟去了。筆者對該窟進行仔細觀察,發現甬道爲二層,内層壁畫爲紅色,與西夏風格一致,外層壁畫呈綠色,與元代風格一致。是證邢文觀點可以信從。

胡曉麗、楊富學合撰的《元代莫高窟 465 窟壁畫舞姿研究》以元代莫高窟第 465 窟舞姿造型的歷史流變爲研究視角,對其中的壁畫舞姿體態的形成、發展、演變的歷史過程進行研究,指出 465 窟壁畫中舞姿是元代蒙古族、漢族、藏族、印度文化藝術交流融合而産生,反映了元代宮廷樂舞發展脈絡;具體以持

---

① 邢耀龍《劉世福題記與榆林窟第 4 窟的斷代》,提交"第二屆敦煌多民族文化的交流交往交融學術研討會"(敦煌,2023 年 5 月 12—16 日)論文。

缽舞和蒙古族碗舞爲例做了細緻的分析,認爲元代宮廷樂舞的歷史文獻記載與莫高窟 465 窟壁畫舞姿具有對應關係,反映了元代宮廷樂舞與寺廟查瑪舞蹈形象。

張田芳、閆珠君合撰的《生命之樹與絲路文化交流——以瓜州東千佛洞棕櫚樹爲中心》一文提出東千佛洞第 5 窟後室北壁的四臂觀音和綠度母圖中出現了以圖案狀的山峰和棕櫚類植物與無憂樹組合爲背景的壁面,壁畫中枝葉伸展的傘狀樹,可以斷定爲棕櫚類植物,而敦煌早期壁畫中的很多樹,很少有單獨的形象存在。同類題材的表現方式還出現在黑水城出土的唐卡中,① 這些信息反映出東千佛洞石窟藝術與黑水城出土唐卡之間的内在關聯,從棕櫚樹的文化内涵與絲綢之路的流播關係、在石窟中的表現形式以及與黑水城唐卡的關係等方面進行研究。

李甜《酒泉文殊山古佛洞涅槃圖像——兼談古佛洞重繪壁畫的年代》以文殊山石窟後山古佛洞中心柱正面上層涅槃經變圖像爲研究中心,對古佛洞窟室結構、壁畫内容、組合形式、主題思想進行考釋,並與其他石窟涅槃經變圖像進行比較,梳理其異同。研究發現古佛洞涅槃經變圖是元代對河西地區傳統涅槃圖像以及回鶻、西夏涅槃圖像的傳承和延續,説明河西地區的涅槃信仰自北周開始一直延續至元代。從而爲研究元代多民族文化藝術融合交流及河西晚期石窟斷代提供新依據。

劉子群、行佳麗《工藝證史——晉南元代畫塑特徵溯源》一文指出:晉南的元代壁畫與泥塑在共時性上存在著藝術共性,但在歷時性上與前朝相比風格迥異。通過在世界範圍内比對同時期的藝術作品,會發現晉南寺觀畫塑群並没有傳承山西本土藝術風格,反而與歐亞大陸當時的文明藝術存在密切聯繫。考察晉南留存至今的畫塑工藝(非物質文化遺產),更有效佐證了元代寺觀藝術受到外來影響的觀點。通過晉南元代畫塑群之圖像、工藝互證,可以發現元代壁畫、彩塑的"標準器",進而爲敦煌晚期石窟斷代提供全新坐標。

三、絲路佛教造像及佛教藝術研究

地處古印度東北部孟加拉地區的波羅王朝,是佛教在古印度的最後庇護所,主要流行的密續信仰和造像表現爲以下四個特徵:從胎金密教到無上瑜伽密續、佛教和印度教的會通、成就法與密續神祇儀軌、造像譜系的完整性與損缺存佚等。張同標《波羅王朝密續造像譜系及其在中國的發展》一文提出密續造像在孟加拉地區消失後,主要通過雪域高原對我國産生影響:首先是

---

① Lost Empire of the Silk Road. Buddhist Art from Khara Khoto (Ⅹ－ⅩⅢth Century), Edited by Mikhail Piotrovesky, Electa; Thyssen-Bornemiza Foundation, 1993, p. 69.

在西藏地區與苯教等當地宗教文化相結合,形成西藏特色。然後從西藏地區漫延至其他地區,直至内地行政都市,與内地原有的造像傳統和唐密發生混融,在八思巴和阿尼哥等人活動的蒙元時代臻至極盛,被稱爲梵式造像,其保留了標識性的密續造像特徵,以維繫與古印度波羅朝之間的源流關係,梵式造像自身的譜系也有所發展,具有與印藏地區不同的特色,在現存佛教文物之中得以展示。梵漢兩式造像在中國内地同時並存,各自形成閉鎖的自我系統。

張小剛《再談唐代倚山立佛式"聖容像"——從開元二十五年賈元封等八人造玉石聖容像談起》一文提出涼州番禾縣聖容像是十六國北朝時期中國北方高僧劉薩訶西行至番禾禦谷所預言的八十餘年後在這裏裂山而出的石像,認爲在敦煌石窟中形象爲右臂直垂於體側,右手掌心朝外作與願印,左手於胸前握袈裟衣角,身後表現山岩的立佛造像一般都是涼州番禾縣聖容像,在今山西、四川以及古涼州地區發現的唐代類似姿勢並且題作"聖容像"的造像很可能也是涼州番禾縣聖容像。

侯世新《佛教傳播過程中樂舞藝術的交流與交融》指出石窟壁畫中的繪畫藝術、色彩運用尤其是飛天造型、樂器及其供養人的服飾,真實地再現出當地當時人們的審美情趣和藝術造詣,從研究佛教産生後傳播的手段和途徑來看,與音樂的關係密不可分,大量考古實物可以證明。在西域龜兹石窟、高昌的伯孜克里克、吐峪溝石窟、敦煌莫高窟、榆林窟及四川萬佛寺、廣元千佛崖石窟、大同雲岡等以及東南亞等地的佛教石窟中,佛教樂舞藝術在傳承、吸收、融合中得以發展。

孫曉峰《麥積山石窟北魏晚期法華造像初識——以第126窟爲例》通過對麥積山石窟西上區第126窟造像的仔細考察和研究後發現,相較於麥積山此前主要以釋迦、多寶爲明顯標識體現和反映法華造像思想的窟龕不同,這是一個以佛説《法華經·譬喻品》場景爲核心來展現和弘揚法華"會三歸一"思想的洞窟。該文結合該窟位置、窟内現存影塑坐佛、弟子、飛天、供養人等綜合論證認爲,該窟並非一次性完成;窟内影塑供養人高度漢化特徵表明,秦州地區到北魏晚期時已深受當時中原及南朝文化影響;獨特的非對稱性造像組合樣式,實際上表現了《法華經》"會三歸一"的修行理念;該窟基本可以判定其開鑿時間約在北魏末年至西魏初期。

麥積山石窟北朝大型崖閣八座是研究我國古代政治、經濟、文化、藝術、佛教等難得的寶貴資料。項一峰《試論麥積山石窟對絲綢之路佛教造像的影響》一文從麥積山石窟佛教與開窟造像、題材、藝術特點對絲路佛教造像的影響等方面探討認爲,麥積山石窟已形成中國地域、民族化的藝術特點,乃至地域民族的審美情趣;作爲"秦地模式",尤其是早期佛教文化藝術的代表,對絲路其他地域的佛教造像,無疑產生了巨大的影響。

羌姆一詞起源於藏語,蒙古語原封不動地使用了羌姆藏語的發音。内蒙古自治區有關羌姆的稱呼,根據地區不同,通常也被稱爲"跳鬼"(漢語),"跳查瑪"(漢語與蒙語的合成詞)"跳羌姆"(漢語與藏語的合成詞)等。[①] 根敦阿斯爾《蒙古佛教舞蹈文化的起源與變遷——以内蒙古呼和浩特市的羌姆爲例》以大召的羌姆舞蹈的復興爲例,闡釋了藏傳佛教寺院復興的現狀,並結合莫高窟中與面具相關的壁畫,分析羌姆舞蹈中各面具的文化内涵及現代的羌姆舞蹈中的文化元素,以冀對羌姆適應現代社會、實現佛教中國化有更深入的記錄和分析。

炳靈寺第3窟石塔由塔基、塔身、塔刹組成,遺憾的是,石塔上的塔刹、索鐸、勾欄、塔心室元件全部失佚。趙雪芬《炳靈寺唐代佛塔研究》研究認爲,石塔體量大,造型準確,寫實性强,規格高,塔心室豎穴是瘞埋舍利的物證,塔上的金剛座塔基和須彌座刹基是釋迦佛的標配,突出了石塔的尊格。唐代木構建築留存下來的較少,建於唐德宗建中三年(782年)的山西五臺山南禪寺大殿,是中國已知現存最早的木構建築,[②]炳靈寺石塔鑿於656—667年間,早於南禪寺大殿115年,對研究中國唐代早期木構建築具有重要的參考價值。

石建剛、楊軍合撰《陝西富縣北宋石佛堂石窟調查與研究》提出,石佛堂第6窟,是一座典型的中央佛壇窟,創建於北宋政和七年,造像工匠是鄜州介氏工匠家族成員介子用等人;中央佛壇初始造像應是由三佛(由阿彌陀佛、釋迦佛、彌勒佛組成的橫三世佛)及二菩薩、二天王等組成的九尊像組合,洞窟前廊左壁老者像則應是具有獨立尊格的文殊聖老人;就造像思想而言,該窟以羅漢信仰爲核心,融入了净土信仰、五臺山信仰及涅槃信仰的内容,表現了當地普通信衆樸素的信仰需求。據銘文記載,該窟至少在明成化三年和民國十九年分别進行過一次重修,窟内現存泥塑、壁畫及造像彩繪均爲民國十九年重修時留下的。

祁曉慶《粟特地區佛教藝術尋蹤》通過對中亞地區佛教考古遺跡的梳理,可知中亞最早的佛教建築出現在2—4世紀的巴克特里亞—吐火羅斯坦的北部,2—4世紀佛教社團的規模可以通過古代鐵爾梅兹的佛教建築的數量判斷出來。在佛教建築形制方面,巴克特里亞-吐火羅斯坦佛教建築與中亞梅爾夫的寺院建築的比較,表明巴克特里亞-吐火羅斯坦北部與梅爾夫的寺院在

---

① 木村理子『モンゴルの仮面舞儀禮チャム—伝統文化の継承と創造の現場から—』風響社,2007年。
② 譚樹桐《敦煌唐塑和南禪寺彩塑藝術的比較研究》,《1987年敦煌石窟研究國際討論會文集·石窟藝術編》,瀋陽:遼寧美術出版社,1990年,第95—111頁。

設計和組織方面都主要遵循了印度傳統形式。

翁彬彬、徐瑶《絲路佛教樂舞造像藝術研究——談迦陵頻伽審美意蘊》一文結合佛教典籍、敦煌壁畫等文獻資料,首先梳理迦陵頻伽造像的含義及溯源,探討其在敦煌莫高窟壁畫中的歷史流變與形態呈現;其次結合敦煌舞舞臺劇碼分析迦陵頻伽造像在敦煌舞中的活態轉化;最後總結迦陵頻伽樂舞造像的審美意蘊及價值,以期對絲路佛教樂舞造像中迦陵頻伽這一樂伎形象的深入理解與舞臺呈現提供有力依據。

四、相關石窟與民族文化

除了與晚期石窟研究密切相關的議題之外,本次會議還收到多篇比較有價值的學術論文,如楊燕、楊富學合撰《斯里蘭卡獅子岩天女與敦煌飛天比較研究》通過對比敦煌不同時期飛天的樣式、色彩搭配、綫描方式,可以得知獅子岩天女與敦煌飛天均受到了印度佛教的影響,從而形成了不同地域特有的佛教藝術形式。指出:敦煌飛天注重利用綫描方式和飄帶刻畫、襯托飛天的飄逸感,從而凸顯舞蹈韻律;獅子岩注重寫實天女的真實存在感,畫面真實細膩、色彩鮮明,借助涌動的雲朵增加天女的姿態的動態感,而且姿態優雅氣質。若論其差異性,最顯著者莫過於敦煌“飛天”是在佛教和道教交融的狀態下形成的,意在強調“飛”的狀態和反映舞蹈動作,服飾、飄帶和體態與獅子岩天女形象顯得大相徑庭。

閻小龍《隋代故事畫佈局中“亂石鋪街”的審美意象》指出在敦煌石窟故事畫中山石、樹木、建築將畫面分隔出形狀各異、大小不一、相互穿插的空間佈局,這種佈局方式與書法字形、行書的章法有著相同的“亂石鋪街”的審美意象特徵。而依據這種佈局的審美意象特徵,莫高窟北魏長卷故事畫佈局中就已產生,經過西魏和北周的不斷探索創新,到了敦煌隋代石窟故事畫佈局中已被熟練運用。這種故事畫的佈局特徵在新疆及西域故事畫中並沒有找到類似的佈局形式,它是在中國本土審美意識下產生的具有本民族審美特徵的構圖佈局形式。

楊赫赫《敦煌石窟建築形制與平面佈局分析》提出莫高窟石窟平面佈局的變化體現了佛教石窟藝術在敦煌地區的交融與發展,由模仿印度和西域石窟的佈局做法到不斷嘗試改進,最後逐漸形成更易爲本土接受的多進院落式佈局,在實現洞窟尺度和空間擴展的同時,也爲受衆呈現出更爲熟悉且舒適的建築空間形態。而導致這一變化的原因是多方面的,其中主導因素應是不同佛教思想信仰導向的石窟空間功能轉變和主流建築文化的滲透影響。

趙天英《西夏契約中的賤名與醜名》從以“狗”爲名、以“驢”爲名、以“醜”

爲名、以"奴"爲名、以"糞"爲名等方面逐一分析,提出這些帶有"狗""驢""醜""奴""糞"名字的人有男有女,在契約裹有各種身份,有立文字人,同立文字人,知見人,經手人。除了奴吉子、狗榮、狗兒榮是使軍,確實是奴僕以外,其他人並無這種身份。西夏對漢文化的接受程度高,這些賤名和醜名應該承襲了漢文化裹"賤名好養"的思想。

海霞《〈雜病醫療百方〉所見回鶻醫學與西域其他民族醫學的互動》一文從方劑學角度,對回鶻文醫學文書殘片《雜病醫療百方》和《回回藥方》殘卷進行對比分析,通過"醫學理論基礎"和"外治方法"的比較,認爲《回回醫藥》的醫學基礎理論是"四元説",其來源於恩培多克勒的四根論;回鶻醫學的"四大物質"則來源於佛教,而佛教的四大理論有可能曾受到恩培多克勒的四根論的影響。因此,回鶻醫學基礎理論中"四大物質"與《回回醫藥》中的"四元"在一定程度上存在一致性。此外,通過分析二者外治中所用的含漱法、熏法以及滴鼻療法等,得知二者在一定程度上存在一致性。

此外,提交會議的還有任党利、謝洋《基於 Cite Space 視覺化分析的敦煌壁畫研究現狀與進展》、高莉《〈格薩爾〉史詩的視覺文化建構與超文字傳播》、謝曉燕《元代婚姻中的財富契約觀念形成原因探微》等多篇論文,因與會議主題有距離,故不一一贅述。

五、結　語

敦煌,作爲古代絲綢之路上重要的文化遺產,對敦煌石窟的深入探索與研究是一項不容忽視、意義重大的工作,特別是敦煌石窟唐代以後至元代各個時代尤其是西夏、回鶻時期洞窟的分期斷代工作尤爲重要,也是敦煌學學術領域未來發展無可比擬的一部分。前輩學者們在艱苦的環境下,通過對比文獻依據、探究造像源流、分析演變規律,有助於現代學者對敦煌晚期石窟分期與斷代研究學習與掌握。

縱觀這次會議,在對敦煌晚期石窟的分期與斷代的進一步研究上,取得了良好效果。研究較多的是對敦煌晚期石窟的分期與斷代的考證,通過對現有歷史文獻的記載與敦煌壁畫題記、繪畫藝術、供養人題記、人物服飾的比對,多維度論證再次加強了對敦煌晚期石窟分期與斷代的考證。其次就是絲路佛教文化的研究,涉及内容也十分豐富。與以往的研究相比,這次學術研討會更多得是從微觀的視角,具體到敦煌晚期石窟中出現的爭議較多的問題進行分析,包括歷史、宗教、文學、藝術、民族等方面做了細緻考察,再次推動了敦煌晚期石窟的分期與斷代研究的進程。因此,此次會議在第一屆、第二屆敦煌晚期石窟的分期與斷代會議的持續開展下,利用現有所有的石窟資料,將敦煌晚期石窟和"敦煌學"充分結合起來,實現深度的學術融合性探究,互通有無,對"敦煌學"研究、敦煌晚期石窟與敦煌的關係研究、絲綢之路上的佛教文化傳播的考證都具有十分重要的意義。

要而論之,本次學術研討會主題广泛,内容丰富,並安排了敦煌莫高窟、西千佛洞、瓜州榆林窟、東千佛洞、鎖陽城等實地考察交流活動,進一步拓寬了敦煌晚期石窟的研究視野,創新了研究方法,互通學術信息,互動增進友誼,收获颇丰。希望通過本次會議的圓滿舉辦,能夠使國内外有志於敦煌學研究及敦煌晚期石窟分期與斷代研究的專家學者暢通溝通渠道,創新新型合作方式,共同將敦煌晚期石窟分期与斷代深入化、系统化、全面化的研究推向一个新的高峰。

基金項目:國家社科基金重點項目"多元民族文化與敦煌晚期石窟的分期斷代研究"(編號:23AZS004)。

《法國國家圖書館藏敦煌文獻》出版
陳付毅（上海師範大學）

榮新江主編《法國國家圖書館藏敦煌文獻》全彩圖録第 1 册至第 60 册已於 2023 年 7 月至 12 月由上海古籍出版社出版發行。

本書爲《敦煌文獻全集》之一種，是法國國家圖書館藏敦煌文獻的高清彩色圖録。首批出版第 1 册至第 10 册，目前已出版 70 册。全書預計 160 册，採用八開精裝，高清四色全彩印製。刊佈法國國家圖書館所藏敦煌文獻 P.2001 至 P.6040 的圖版，涉及文獻編號 4 000 餘號，圖版近 40 000 幅，定名文獻 6 000 餘種。本書所收範圍包括伯希和在敦煌藏經洞所獲全部漢文文獻，以及原列入漢文文庫的粟特語、于闐語、龜兹語、梵語和部分回鶻語文獻；部分漢、藏文同卷共存，既有漢文文獻編號也有藏文文獻編號的，早年被抽出列入藏文文庫，現抽回漢文文庫刊出。這批資料學術價值極高，既有佛教典籍、道教佚書、四部文獻，也包括公私文書、絹紙繪畫等。更爲重要的是，榮新江教授爲首的編纂團隊彙集以往研究成果，全新修訂文獻定名。

敦煌遺書首次以高清彩色圖録形式在中國出版，完整刊佈法藏敦煌文獻圖版，高度還原文獻面貌，開啓了敦煌文獻出版和研究的新篇章，在敦煌學學術史上具有里程碑的意義。

《敦煌通史》（七卷本）出版
肖翊婷（上海師範大學）

鄭炳林主編，魏迎春、李軍副主編的《敦煌通史》一書已於 2023 年 4 月至 7 月由甘肅教育出版社出版發行。

該書是"十四五"國家重點圖書出版規劃項目和 2021 年度國家出版基金資助項目成果。全書體量龐大、内容豐富。充分利用敦煌遺書、漢晉簡牘、正史文獻、石刻碑銘等史料，對秦漢至明清時期敦煌地區的歷史進行貫通性、總結性研究。書中將中西方交流、絲綢之路興衰、蒙古高原與青藏高原碰撞等諸多波瀾壯闊的歷史一一呈現，爲讀者描繪了一個完整的、清晰的、鮮活的敦煌及絲綢之路東段的歷史變遷畫卷。七卷分别爲《敦煌通史·兩漢卷》（鄭炳林、司豪强著)、《敦煌通史·魏晉北朝卷》(杜海著)、《敦煌通史·隋及唐前期卷》(吳炯炯著)、《敦煌通史·吐蕃卷》(陳繼宏著)、《敦煌通史·晚唐歸義軍卷》(李軍著)、《敦煌通史·五代宋初歸義軍卷》(杜海著)、《敦煌通史·西夏元明清卷》(陳光文著)。

這部書是敦煌學領域里程碑式的研究成果,不僅爲從事敦煌學研究的學者提供了史料參考,同時也爲初入敦煌學領域的研究者提供了瞭解敦煌的路徑。它的出版,爲新時代敦煌學的繁榮發展增光添彩,爲中華民族共同體和多元一體格局的形成和發展梳理出清晰的歷史脈絡。

中亞與絲路文明研究叢書出版
陳世傑(上海師範大學)

劉進寶主編"中亞與絲路文明研究叢書"已於 2023 年 3 月由甘肅教育出版社出版發行。

叢書包括《西北史地與絲路文明》(劉進寶著)、《漢代絲綢之路文化史》(王子今著)、《唐宋于闐史探研》(榮新江著)、《古代中國與亞洲文明》(劉迎勝著)、《歐亞交通、貿易與唐帝國》(〔日〕荒川正晴著,馮培紅、王蕾譯)、《西域文獻與中古中國知識—信仰世界》(余欣著)、《魚國之謎——從蔥嶺東西到黃河兩岸》(馮培紅著)、《絲綢之路南道的歷史變遷——塔里木盆地南緣綠洲史地考索》(羅帥著)共 8 部著作。研究内容涉及歷史、地理、政治、經濟、文化等各個方面。既有對國内新成果、新資料的繼承和利用,又有對國際學術界相關研究成果、研究方法的吸收和借鑒;既注意將中亞與絲綢之路研究置於中西政治、經濟、文化交流的研究視角之下,對各種考古發現和文獻文本材料進行精細解讀、微觀探討,又注意將其置於國際學術視野中,從更長更大的時空維度來探討"絲路文明"的價值和意義。

總的來説,叢書較爲系統地反映了中亞與絲綢之路的歷史變遷和多元文化的交流互鑒,爲讀者進一步瞭解中亞與絲綢之路的歷史面貌提供了全新的視角。在此基礎上,也可爲國家"一帶一路"倡議的實施,提供學術支撐和歷史借鑒。

2023 年敦煌學研究論著目録

李銀濤　陶志瑩　徐　航(上海師範大學)

　　2023 年度,中國大陸地區共出版敦煌學專著 70 多部,公開發表相關論文 300 餘篇。現將研究論著目録編制如下,其編排次序爲: 一、專著部分; 二、論文部分。論文部分又細分爲概説、歷史、社會文化、宗教、語言文字、文學、藝術、考古與文物保護、少數民族歷史語言、古籍、科技、書評與學術動態十二個專題。

一、專　著

［英］奧里爾·斯坦因著,巫新華譯《斯坦因西域考古探險記　西域寶藏》,北京: 商務印書館,2023 年 5 月。

［英］奧里爾·斯坦因著,巫新華譯《斯坦因西域考古探險記　河西探險》,北京: 商務印書館,2023 年 7 月。

才讓《人神相接: 敦煌藏文密教文獻研究論集》,上海: 上海古籍出版社,2023 年 5 月。

柴劍虹《敦煌學十講》,杭州: 浙江古籍出版社,2023 年 3 月。

常沙娜《敦煌! 父親的召唤》,北京: 中國大百科全書出版社,2023 年 5 月。

陳光文《敦煌通史(西夏元明清卷)》,蘭州: 甘肅教育出版社,2023 年 7 月。

陳繼宏《敦煌通史(吐蕃卷)》,蘭州: 甘肅教育出版社,2023 年 7 月。

丹曲《敦煌古藏文文獻釋讀與研究——對中古時期于闐歷史的解讀》,蘭州: 甘肅教育出版社,2023 年 6 月。

杜海《敦煌通史(魏晋北朝卷)》,蘭州: 甘肅教育出版社,2023 年 7 月。

杜海《敦煌通史(五代宋初歸義軍卷)》,蘭州: 甘肅教育出版社,2023 年 7 月。

敦煌研究院、麥積山石窟藝術研究所編《麥積山文書總目·索引(第一卷)》,上海: 上海古籍出版社,2023 年 8 月。

敦煌研究院編、趙聲良主編《敦煌文化驛站》(叢書),北京: 文物出版社,2023 年 8 月。

樊錦詩《樊錦詩文集》,北京: 文物出版社,2023 年 6 月。

樊錦詩、趙聲良著《燦爛敦煌　親歷中國考古》,杭州: 浙江文藝出版社,2023 年 5 月。

方廣錩、林霄主編《香港藏敦煌遺書》(上、下),桂林: 廣西師範大學出版社,

2023 年 5 月。

方廣錩、李際寧主編《伍倫經眼古經圖錄》,北京:國家圖書館出版社,2023 年 3 月。

馮培紅《師恩:追憶我的老師齊陳駿先生》,蘭州:甘肅教育出版社,2023 年 8 月。

伏俊璉《敦煌文學總論》(增訂本),上海:上海古籍出版社,2023 年 4 月。

甘肅簡牘博物館、甘肅省文物考古研究所、西北師範大學簡牘研究院、清華大學出土文獻研究與保護中心編《懸泉漢簡(三)》,上海:中西書局,2023 年 5 月。

甘肅省文物考古研究所、甘肅簡牘博物館《敦煌懸泉置遺址:1990—1992 年田野發掘報告》,北京:文物出版社,2023 年 12 月。

郜同麟《拘校道文:敦煌吐魯番道教文獻研究》,北京:中國社會科學出版社,2023 年 5 月。

關友惠《莫高畫語》,蘭州:甘肅教育出版社,2023 年 4 月。

郭俊葉《敦煌莫高窟土塔研究》,北京:社會科學出版社,2023 年 5 月。

郝春文、寧欣主編《寧可文集》(第七卷、第八卷),北京:人民出版社,2023 年 4 月、12 月。

郝春文主編《2023 敦煌學國際聯絡委員會通訊》,上海:上海古籍出版社,2023 年 7 月。

郝春文主編《敦煌吐魯番研究》(第二十二卷),上海:上海古籍出版社,2023 年 7 月。

侯成成《中古時期敦煌文人詩歌傳播研究》,北京:中國社會科學出版社,2023 年 1 月。

胡曉丹《摩尼教離合詩研究》,上海:上海古籍出版社,2023 年 5 月。

黃幼蓮《敦煌吐魯番文獻裏的俗詞語研究》,杭州:浙江工商大學出版社,2023 年 6 月。

紀忠元、紀永元、武國愛《敦煌詩歌集萃》(上下卷),北京:中國書籍出版社,2023 年 8 月。

金雙平《敦煌寫本〈四分律〉用字研究》,上海:上海古籍出版社,2023 年 10 月。

雷聞《官文書與唐代政務運行研究》,上海:上海古籍出版社,2023 年 5 月。

[日]礪波護著,黃錚譯《從敦煌到奈良·京都》,成都:四川人民出版社,2023 年 4 月。

李宏偉、張景峰、魏迎春《瓜州東千佛洞·第 2 窟》,合肥:安徽美術出版社,2023 年 8 月。

李軍《敦煌通史（晚唐歸義軍卷）》，蘭州：甘肅教育出版社，2023 年 7 月。

劉波《敦煌西域文獻題跋輯録》，上海：上海古籍出版社，2023 年 8 月。

劉進寶《從隴上到吳越》，蘭州：甘肅文化出版社，2023 年 7 月。

劉人銘《敦煌沙州回鶻洞窟研究》，蘭州：甘肅文化出版社，2023 年 7 月。

劉詩平、孟憲實《尋夢與歸來：敦煌寶藏離合史》，桂林：廣西師範大學出版社，2023 年 6 月。

劉元風、趙聲良主編《敦煌服飾文化圖典·盛唐卷》，北京：中國紡織出版社，2023 年 8 月。

劉元風《絲路之光：2023 敦煌服飾文化論文集》，北京：中國紡織出版社，2023 年 10 月。

羅國威《敦煌本文選音考釋》，成都：四川人民出版社，2023 年 1 月。

馬燕雲《唐宋時期敦煌社會消費研究》，蘭州：甘肅人民出版社，2023 年 11 月。

邱源媛主編《中國古文書學研究》（第一輯），桂林：廣西師範大學出版社，2023 年 10 月。

任占鵬《敦煌蒙書校釋與研究·習字卷》，北京：文物出版社，2023 年 3 月。

任占鵬《敦煌蒙書校釋與研究·算術卷》，北京：文物出版社，2023 年 6 月。

榮新江《唐宋于闐史探研》，蘭州：甘肅教育出版社，2023 年 3 月。

榮新江《法國國家圖書館藏敦煌文獻》（1~10 冊），上海：上海古籍出版社，2023 年 7 月。

榮新江《三升齋三筆》，蘭州：甘肅文化出版社，2023 年 7 月。

史敏、秦堃洲《敦煌舞蹈教程：伎樂天男子舞蹈形象呈現》，北京：文化藝術出版社，2023 年 5 月。

石文《面壁窮經一甲子：施萍婷先生敦煌研究六十年紀念文集》，蘭州：甘肅文化出版社，2023 年 7 月。

王慶衛《從長安到西域：石刻銘記的絲路文史》，蘭州：甘肅文化出版社，2023 年 10 月。

王素《敦煌吐魯番與漢唐西域史》，北京：三聯書店，2023 年 9 月。

魏健鵬《圖像與文本：敦煌石窟維摩詰經變研究》，蘭州：甘肅文化出版社，2023 年 7 月。

魏迎春、張景峰、李宏偉《瓜州東千佛洞·外景 第 4、6、8 窟》，合肥：安徽美術出版社，2023 年 8 月。

吳炯炯《敦煌通史（隋及唐前期卷）》，蘭州：甘肅教育出版社，2023 年 7 月。

西北民族大學、上海古籍出版社、英國國家圖書館編纂《英國國家圖書館藏敦煌西域藏文文獻》（18—20 冊），上海：上海古籍出版社，2023 年 9 月。

邢耀龍《敦煌藝術的第二巔峰——榆林窟》,西安:西安出版社,2023 年 8 月。

楊富學主編,吳浩軍著《河西方志匯考》,蘭州:甘肅文化出版社,2023 年 10 月。

楊富學《絲綢之路與中外關係史諸相》,蘭州:甘肅文化出版社,2023 年 10 月。

張春秀、秦越《敦煌變文名物輯釋》,成都:四川大學出版社,2023 年 8 月。

張景峰、魏迎春、李宏偉《瓜州東千佛洞・第 5 窟》,合肥:安徽美術出版社,2023 年 8 月。

張景峰、李宏偉、魏迎春《瓜州東千佛洞・第 7 窟》,合肥:安徽美術出版社,2023 年 8 月。

張麗《尋訪敦煌遺書》(英藏篇),桂林:廣西師範大學出版社,2023 年 7 月。

張琴《敦煌詩集佚詩、佚句、異文叢考》,太原:山西經濟出版社,2023 年 7 月。

張榮強《從戶版到紙籍:戰國至唐代戶籍制度考論》,北京:科學出版社,2023 年 9 月。

張如清《敦煌西域醫學文獻百年研究薈萃》,上海:上海科學技術出版社,2023 年 1 月。

趙聲良《敦煌壁畫風景研究》(修訂本),北京:中華書局,2023 年 1 月。

鄭炳林、司豪強《敦煌通史(兩漢卷)》,蘭州:甘肅教育出版社,2023 年 4 月。

鄭顯文、王蕾《敦煌西域出土的法律文書與中國古代法制研究》,北京:中國法制出版社,2023 年 11 月。

朱雷《敦煌吐魯番文書論叢》,武漢:武漢大學出版社,2023 年 12 月。

朱曉峰《榆林窟壁畫樂舞圖像研究》,北京:文物出版社,2023 年 5 月。

二、論　文

(一) 概説

柴劍虹《啓功藏敦煌隋代寫經殘卷的故事》,《文津流觴》(第三輯),桂林:廣西師範大學出版社,2023 年 7 月。

陳雙印《莫高窟王道士之名獻疑》,《敦煌學輯刊》2023 年第 1 期。

陳雙印《汪宗翰與敦煌藏經洞文物的早期流散》,《敦煌學輯刊》2023 年第 3 期。

程希《新見任中敏致唐圭璋敦煌學論劄九通考釋》,《文學研究》2023 年第 1 期。

定源《日本杏雨書屋藏敦煌遺書補綴——兼論遺書真僞問題》,《敦煌吐魯番研究》(第二十二卷),上海:上海古籍出版社,2023 年 7 月。

伏俊璉《敦煌文學研究的困境和出路》,《敦煌研究》2023 年第 5 期。

高穎《奏響敦煌文化保護、研究、弘揚三部曲》,《環球時報》2023 年 12 月 28 日。

郭來美《俄羅斯基於敦煌吐魯番文獻的唐代社會歷史研究》,《青海師範大學學報》2023 年第 2 期。

韓樹偉《敦煌法學區位優勢與研究概況》,《中國社會科學報》2023 年 4 月 24 日。

郝春文、劉屹《寧可:沉浸於歷史時空的史學大家》,《中國社會科學報》2023 年 1 月 3 日。

郝春文《敦煌學史概説》,《文史知識》2023 年第 8 期。

李驊《敦煌哲學内涵探析》,《絲綢之路》2023 年第 4 期。

劉進寶《吳廷璆先生與敦煌學》,《文史知識》2023 年第 4 期。

劉進寶《敦煌學的世界意義》,《文史知識》2023 年第 8 期。

劉克敵《敦煌學與陳寅恪之中國古代文學研究——以陳寅恪有關〈敦煌零拾〉讀書劄記爲中心》,《敦煌研究》2023 年第 6 期。

任怡君、張如青《中尾萬三對敦煌〈食療本草〉殘卷的研究》,《中醫藥文化》2023 年第 6 期。

榮新江《從羽田亨紀念館到杏雨書屋》,《文史知識》2023 年第 4 期。

榮新江《再訪英倫未刊寶藏》,《文史知識》2023 年第 5 期。

榮新江《從列寧格勒到聖彼得堡》,《文史知識》2023 年第 6 期。

榮新江《再訪兩德統一後的柏林"吐魯番收藏品"》,《文史知識》2023 年第 7 期。

榮新江《追尋美國各地的吉光片羽》,《文史知識》2023 年第 8 期。

榮新江《談談敦煌學研究的新問題與新方法》,《華中師範大學學報》2023 年第 2 期。

蘇伯民《〈敦煌研究〉推動文物保護發展的簡要回顧》,《敦煌研究》2023 年第 4 期。

萬仕國《劉師培所見敦煌卷子的來歷》,《揚州文化研究論叢》2023 年第 1 期。

王琪斐《關於饒宗頤與戴密微合著〈敦煌曲〉〈敦煌白畫〉的研究》,《敦煌學輯刊》2023 年第 3 期。

王營《樊錦詩:絲路明珠敦煌莫高窟及其現代文化角色》,《光明日報》2023 年 9 月 14 日。

魏美强、李文、史梅《廉泉、吳芝瑛舊藏敦煌寫經來源、真僞及流散考——以南京大學博物館藏爲綫索》,《敦煌研究》2023 年第 6 期。

徐浩《據點勘記判定藏經洞寫卷原貌》,《浙江大學學報》2023 年第 9 期。

薛正昌、安安《絲路與敦煌：多元文化交流融合的地區》,《寧夏師範學院學報》2023 年第 8 期。

閆麗《夏鼐與常書鴻——以敦煌學爲中心》,《考古》2023 年第 12 期。

［日］永田知之撰,張西豔、凌天元譯《陳寅恪論及敦煌文獻雜記——以利用經路爲中心》,《域外漢籍研究集刊》(第二十六輯),北京：中華書局,2023 年 12 月。

袁勇《李征與新疆文物考古研究所藏敦煌寫本〈大乘入楞伽經〉》,《敦煌學輯刊》2023 年第 2 期。

張兵、楊東興《范振緒〈敦煌訪古圖〉及其題詠考釋》,《敦煌研究》2023 年第 6 期。

張慧潔、郭澤志、鄭長遠《2022 年敦煌學研究綜述》,《2023 敦煌學國際聯絡委員會通訊》,上海：上海古籍出版社,2023 年 7 月。

趙大旺《向達第二次敦煌考察中的"美國捐款"》,《敦煌研究》2023 年第 1 期。

趙豐《敦煌：千年一夢》,《文史知識》2023 年第 9 期。

趙聲良《敦煌文化與文明交流互鑒》,《當代中國與世界》2023 年第 4 期。

（二）歷史

敖特根、袁嘉《S.389〈肅州防戍都狀〉文本研究》,《敦煌學輯刊》2023 年第 3 期。

［日］阪尻彰宏著,鞏彥芬、楊富學譯《三身索勳像所見歸義軍史事》,《絲綢之路研究集刊》(第十輯),北京：社會科學文獻出版社,2023 年 9 月。

陳麗萍《跋國圖藏敦煌文書 BD15777 號》,《隋唐遼宋金元史論叢》(第十三輯),上海：上海古籍出版社,2023 年 8 月。

戴春陽《敦煌的早期開發與有關問題(一)——〈堯典〉中"三危""三苗"的考古學觀察》,《敦煌研究》2023 年第 5 期。

管俊瑋《從國圖藏 BD11178 等文書看唐代公文鈐印流程》,邱源媛主編《中國古文書學研究》(第一輯),桂林：廣西師範大學出版社,2023 年 10 月。

何美峰《唐宋敦煌歸義軍節度使所受功臣號研究》,《唐宋歷史評論》(第十一輯),北京：社會科學文獻出版社,2023 年 5 月。

黃孟鋆,鄭炳林《敦煌歸義軍時期功臣像讚源流初探》,《美術》2023 年第 11 期。

黃銀洲、孫治、劉央、秦世華《漢敦煌郡之昆侖障、昆侖塞新考》,《敦煌研究》2023 年第 2 期。

焦樹峰《莫高窟第 332 窟營建的政治隱喻——基於武周政治視角的觀察》,《安陽師範學院學報》2023 年第 3 期。

巨虹《傳統社會分家析産及糾紛規避探究——以敦煌契約文書爲中心》,《中原文化研究》2023 年第 6 期。

李并成《敦煌唐五代時期"物權"文獻研究》,《石河子大學學報》2023 年第 6 期。

李大堂《敦煌陰氏郡望新考》,《尋根》2023 年第 6 期。

李浩博《張議潮收復肅、甘二州繫年再議——兼論大中時期歸義軍與尚婢婢等吐蕃勢力關係》,《唐史論叢》(第三十六輯),西安:三秦出版社,2023 年 3 月。

劉拉毛卓瑪、楊富學《元代印本在莫高窟的發現及其重要性——兼論元代敦煌在中西交通中的地位》,《青海民族大學學報》2023 年第 3 期。

劉振剛《敦煌所出〈沙州伊州地志〉的中古西域史地研究價值》,《古籍整理研究學刊》2023 年第 1 期。

劉子凡《北庭軍鎮體系的發展——敦煌 S.11453、S.11459 瀚海軍文書再探討》,北庭學研究院編《北庭學研究》(第三輯),北京:中國文史出版社,2023 年 3 月。

劉子凡《唐代的軍令——以國圖 BD9330 號文書與國博 38 號文書爲中心》,邱源媛主編《中國古文書學研究》(第一輯),桂林:廣西師範大學出版社,2023 年 10 月。

路旻《唐代敦煌官方祭祀新探——以 S.1725V 所載祭品爲中心》,《敦煌研究》2023 年第 1 期。

羅海山《〈俄藏敦煌文獻〉Дx.19076R 號契約文書研究》,《北方論叢》2023 年第 4 期。

羅將《制定法與習慣法:唐宋與西夏的比較研究——以敦煌、黑水城契約文書爲中心》,《天水師範學院學報》2023 年第 4 期。

馬托弟、王晶波《吐蕃時期敦煌瘟疫考論——兼論"長慶會盟"的歷史背景》,《中國藏學》2023 年第 2 期。

馬振穎、黃瑞娜《敦煌新出土〈隋鄯善郡司馬張毅墓誌〉考釋——敦煌相關金石整理研究之三》,《西域研究》2023 年第 4 期。

馬振穎、鄭炳林《出土碑誌與敦煌文獻的互證——以〈陰叔玉墓誌〉與 P.2625〈敦煌名族志〉爲中心》,《敦煌學輯刊》2023 年第 2 期。

馬振穎、鄭炳林《與敦煌有關的北周隋代裴氏墓誌三種集釋》,《敦煌吐魯番研究》(第二十二卷),上海:上海古籍出版社,2023 年 7 月。

馬振穎、鄭炳林《新見青州出土〈唐敦煌令狐弁墓誌〉考釋——敦煌相關金石整理研究之四》,《敦煌學輯刊》2023 年第 3 期。

馬智全《敦煌懸泉置牆壁題記中的醫藥詔書》,《敦煌研究》2023 年第 2 期。

穆永强、王鋭《敦煌契約文書擔保責任制度論析》,《天水師範學院學報》2023 年第 4 期。

榮新江《從幾件文物看于闐與敦煌的關係》,和田地區博物館編《文物中的和田》,北京:北京時代華文書局,2023 年 9 月。

沙武田、尹瀟《歸義軍地方王權意識在洞窟中的體現》,《敦煌學輯刊》2023 年第 1 期。

石明秀《敦煌漢長城價值述論》,《長城學研究》2023 年第 1 期。

司豪强《東漢與北匈奴殘部在西域的對抗——以永元八年系囚減死"詣敦煌戍"爲綫索》,《秦漢研究》2023 年第 1 期。

王斐弘《樣本與意涵:敦煌特別借貸契約研究》,《天水師範學院學報》2023 年第 4 期。

王晶《敦煌姓氏書 BD08679 郡望性質再探:以〈元和姓纂〉與 BD08679 對校爲中心》,《唐史論叢》(第三十七輯),西安:三秦出版社,2023 年 9 月。

王使臻《敦煌所出北宋歸義軍節度使官告檔案解讀》,《地方檔案與社會治理》(第二輯),成都:巴蜀書社,2023 年 6 月。

王子今《漢代絲綢之路的敦煌樞紐》,《敦煌研究》2023 年第 2 期。

文欣撰,付佳奧譯《敦煌天子——對 10 世紀中國政治地方主義的反思》,《域外漢籍研究集刊》(第二十六輯),北京:中華書局,2023 年 12 月。

徐曉卉《唐宋時期敦煌社會的宗教消費觀研究》,《青海師範大學學報》2023 年第 4 期。

楊富學《振衰起敝:西夏至元代敦煌的凋敝與繁榮》,《暨南學報》2023 年第 11 期。

尹瀟《武周時期敦煌與中原王朝的關係——以莫高窟第 332 窟涅槃圖爲中心》,《甘肅開放大學學報》2023 年第 3 期。

張德芳《再讀敦煌研究院所藏漢簡》,《敦煌研究》2023 年第 5 期。

張俊民《敦煌懸泉置漢簡西域都護資料鈎沉》,《西部史學》第十一輯,重慶:西南大學出版社,2023 年。

張豔玉《歸義軍時期敦煌的鄉族與社會》,《敦煌研究》2023 年第 2 期。

趙洋《道路梗澀與奏報難通——S.2589〈中和四年肅州康漢君等狀〉所見的信息傳遞》,邱源媛主編《中國古文書學研究》(第一輯),桂林:廣西師範大學出版社,2023 年 10 月。

鄭炳林《西漢敦煌郡釀酒業研究》,《敦煌研究》2023 年第 5 期。

鄭炳林《西漢政府的罪犯徙邊敦煌郡——以敦煌出土文獻爲中心的考察》,

《華中師範大學學報》2023 年第 2 期。

鄭炳林、陳晶晶《西漢經敦煌郡與匈奴在西域地區的争奪》,《中國社會科學院大學學報》2023 年第 6 期。

鄭炳林、司豪强《西漢敦煌郡長城的修築——兼論酒泉都尉、酒泉候官的設置》,《敦煌學輯刊》2023 年第 2 期。

鄭炳林、司豪强《西漢敦煌郡錢幣的使用與調配——以敦煌出土簡牘文獻爲中心》,《敦煌學輯刊》2023 年第 1 期。

鄭炳林、魏迎春《西漢敦煌郡陽關設置與功能——基於漢唐敦煌出土文獻的考察》,《寧夏社會科學》2023 年第 2 期。

鄭炳林、張静怡《西漢敦煌郡廄置傳馬的配置、損耗與補充研究——以懸泉廄置傳馬爲中心》,《敦煌學輯刊》2023 年第 3 期。

朱旭亮《唐代"清官"制度與文武關係之演進研究——以 P.2504〈天寶官品令〉爲中心》,《西北大學學報》2023 年第 6 期。

(三) 社會文化

董昳雲《絲綢之路視域下敦煌石窟天王衣袖袪口的來源及演化考略》,《絲綢》2023 年第 8 期。

李慧國《敦煌吐魯番文書所見"側書"義證》,《出土文獻》2023 年第 2 期。

李潤强《論敦煌文化中人生哲學思想的融通》,《敦煌研究》2023 年第 3 期。

李藝臻《論敦煌占卜書中的天人觀念》,《敦煌學輯刊》2023 年第 4 期。

李殷《敦煌蒙書〈辯才家教〉的成書與傳佈》,《首都師範大學學報》2023 年第 3 期。

劉婷《國家圖書館藏敦煌遺書〈急就篇〉〈開蒙要訓〉》,《文津流觴》(第三輯),桂林:廣西師範大學出版社,2023 年 7 月。

劉馨陽、王勝澤《曹氏歸義軍時期敦煌壁畫中的發釵首飾研究》,《民族藝林》2023 年第 2 期。

劉毅超《國家圖書館藏敦煌遺書〈敦煌百家姓〉》,《文津流觴》(第三輯),桂林:廣西師範大學出版社,2023 年 7 月。

馬洪連《敦煌新出曹魏朱書鎮墓文考釋》,《敦煌研究》2023 年第 2 期。

米文靖《中古敦煌本土民俗與外來佛俗的對峙與合流——以臘八民俗爲例》,《石河子大學學報》2023 年第 5 期。

沙武田、陳璇《莫高窟 B47 窟所反映的葬俗與觀念初探》,《文博》2023 年第 5 期。

王東《金銀(飾品)與吐蕃統治敦煌時期敦煌民衆的社會生活》,《敦煌研究》2023 年第 5 期。

王倩倩《敦煌古代農業生産與飲食風俗考論》,《農業考古》2023 年第 4 期。

王禹浪、吕志敏、張秀麗《敦煌變文〈杖前馬球飛〉再釋讀——兼談敦煌變文中的西北民族馬球體育運動》,《黑龍江民族叢刊》2023 年第 4 期。

王子今《漢代的“酒池”“酒泉”“酒河”》,《西北大學學報》2023 年第 6 期。

吳波、趙茜《敦煌榆林窟第 29 窟之雲鏤冠冠式考釋》,《裝飾》2023 年第 5 期。

武紹衛《五代宋初絲路上遊方僧的境遇與應對—以敦煌本“乞衣類”〈秋吟〉爲中心》,《中國邊疆史地研究》2023 年第 1 期。

徐言斌《寫本學視域下 S.4504 寫本綜合研究》,《綿陽師範學院學報》2023 年第 1 期。

張豔玉《唐五代時期敦煌宴飲的社會功能》,《敦煌學輯刊》2023 年第 1 期。

趙茜、吳波《敦煌莫高窟唐五代經變畫中天女服飾之雲肩式領型考釋》,《敦煌研究》2023 年第 3 期。

趙玉平《敦煌寫本〈雜抄〉中的節俗逸説》,《中國社會科學報》2023 年 11 月 17 日。

朱國立、王晶波《時間・秩序・政治：節俗行事與歸義軍政權》,《蘭州大學學報》2023 年第 2 期。

（四）宗教

鮑宗偉《敦煌寺院建置沿革考》,《敦煌學輯刊》2023 年第 2 期。

陳凱源《法華思想統攝下的禮懺空間——莫高窟第 23 窟功能蠡探》,《絲綢之路研究集刊》2023 年第 1 期。

陳凱源《醫咒合一：試論唐代佛教醫學中的密教化現象》,《南京中醫藥大學學報》2023 年第 4 期。

［日］大西磨希子撰,康昊譯《武則天的明堂與嵩山封禪——以〈大雲經疏〉S.6502爲中心》,《域外漢籍研究集刊》（第二十六輯）,北京：中華書局,2023 年 12 月。

定源（王招國）《敦煌遺書中的唐代沙門道氤——對傳世文獻的若干補充》,《敦煌研究》2023 年第 2 期。

竇懷永、徐迪《敦煌本〈普門品〉殘卷綴合十一例》,《敦煌吐魯番研究》（第二十二卷）,上海：上海古籍出版社,2023 年 7 月。

段小强、劉暘《敦煌本〈父子互托〉芻議》,《敦煌研究》2023 年第 3 期。

樊雪崧、殷博《莫高窟第 275 窟佛傳圖像與〈佛本行經〉關聯試論》,《絲綢之路研究集刊》（第十輯）,北京：社會科學文獻出版社,2023 年 9 月。

郜同麟《再談敦煌本“靈寶經目録”的分類和時代》,《世界宗教研究》2023 年第 1 期。

郭丹《遼寧省博物館藏敦煌〈大般涅槃經〉綴合研究》,《敦煌吐魯番研究》(第二十二卷),上海:上海古籍出版社,2023 年 7 月。

韓傳強《論敦煌本〈歷代法寶記〉對北禪宗的批判》,《佛學研究》2023 年第 2 期。

何劍平、蕭龍《中土法華注疏中的音樂供養觀及其影響》,《世界宗教研究》2023 年第 8 期。

霍思佳《被隱没的角色:沙州刺史李無虧與莫高窟北大像的營建》,《文藝研究》2023 年第 12 期。

紀應昕《敦煌本〈四十九種壇法儀則〉與〈壇樣圖〉發微》,《敦煌研究》2023 年第 2 期。

姜春蘭《古代的道教講經及其啓示,以敦煌文獻的道教講經文爲例》,《中國宗教》2023 年第 9 期。

景盛軒《敦煌南本〈大般涅槃經〉寫卷考辨》,《敦煌吐魯番研究》(第二十二卷),上海:上海古籍出版社,2023 年 7 月。

李夢溪《黑水城出土西夏譯印藏佛教注釋文獻〈明義燈記〉與敦煌所流行之漢傳佛教》,《世界宗教研究》2023 年第 7 期。

劉進寶《民族融合與宗教平等的典範——以〈莫高窟六字真言碣〉爲中心的探討》,《絲路文明》(第八輯),上海:上海古籍出版社,2023 年 11 月。

劉志《唐玄宗御本〈道德經〉考——敦煌寫卷與唐代經籍典範探析》,《世界宗教研究》2023 年第 9 期。

馬德《一紙文書兩界因緣——敦煌本 S.1686 淺識》,《古典文學知識》2023 年第 8 期。

馬麗亞·艾海提、林梅村《元大都智全寺畏兀兒高僧考》,《敦煌研究》2023 年第 5 期。

米文靖《〈金光明寺故索法律邈真讚並序〉讚主考辨與研究》,《絲綢之路研究集刊》(第十輯),北京:社會科學文獻出版社,2023 年 9 月。

齊然、許菂《敦煌西魏寫經與莫高窟第 285 窟營建關係考述》,《絲綢之路》2023 年第 3 期。

屈直敏《敦煌寫本〈大唐中興三藏聖教序〉考釋》,《敦煌學輯刊》2023 年第 4 期。

阮麗斌《敦煌〈五臺山圖〉:中古時期五臺山史跡的形象記錄》,《華夏文化》2023 年第 3 期。

尚飛《BD11193 道教〈靈書紫文〉寫卷研究》,《敦煌吐魯番研究》(第二十二卷),上海:上海古籍出版社,2023 年 7 月。

宛盈《隋代佛教經典寫造流傳的層遞呈現——以敦煌寫經題記爲中心》,《中華文史論叢》2023 年第 4 期。

武紹衛《慧琳所見〈往五天竺國傳〉研究》,《首都師範大學學報》2023 年第 5 期。

伍小劼《敦煌遺書中的〈金藏論〉相關新資料小識》,《文獻》2023 年第 1 期。

伍小劼、張喆好《敦煌本〈沙彌五德十數〉研究》,《中國佛學》(第五十期),北京:社會科學文獻出版社,2023 年 6 月。

徐浩《從兑廢稿的綴合看敦煌寫經的修復——以含有兑廢稿的敦煌〈大般若經〉寫本爲例》,《敦煌研究》2023 年第 3 期。

嚴世偉《南北朝成實論學新證——P.2335〈成實論義疏〉考》,《中華文史論叢》2023 年第 4 期。

演真《敦煌寫卷〈百法忠述〉考述》,《中國佛學》(第五十一期),北京:社會科學文獻出版社,2023 年 12 月。

楊富學《由孫悟空形象演變看敦煌石窟〈唐僧取經圖〉的時代》,《世界宗教文化》2023 年第 6 期。

楊剛《S.6348+P.4912 文書的綴合及相關問題研究》,《敦煌學輯刊》2023 年第 4 期。

楊雪、吐送江·依明《回鶻景教研究述評》,《海交史研究》2023 年第 4 期。

楊祖榮、陳心怡《敦煌寫卷 S.1170 補校及定名》,《敦煌吐魯番研究》(第二十二卷),上海:上海古籍出版社,2023 年 7 月。

于瑞《國家圖書館藏敦煌五代版畫〈大聖文殊師利菩薩像〉淺析》,《文津流觴》(第三輯),桂林:廣西師範大學出版社,2023 年 7 月。

袁勇《〈賢愚經〉敦煌寫本綴合研究》,《中華文史論叢》2023 年第 4 期。

湛如《敦煌彌勒經變圖中戒壇與戒場》,《敦煌研究》2023 年第 4 期。

張鵬《敦煌本〈紫文行事決〉考論》,《世界宗教研究》2023 年第 10 期。

張善慶《莫高窟第 72 窟千佛圖像與敦煌十六卷本〈佛説佛名經〉研究》,《敦煌學輯刊》2023 年第 2 期。

張小剛《莫高窟第 169 窟〈佛頂尊勝陀羅尼經變〉及其相關問題》,《故宮博物院院刊》2023 年第 2 期。

張鑫媛《寫本與講唱:斯 3872〈維摩詰經講經文〉的文本編輯與演繹特徵》,《佛學研究》2023 年第 1 期。

張遠《敦煌寫經〈法句經疏〉(P.2325)書寫因緣蠡測》,《佛教與民俗》(第四輯),北京:宗教文化出版社,2023 年 4 月。

鄭阿財《〈真言要決〉卷次篇第與作者新論》,《敦煌研究》2023 年第 5 期。

周郢《泰山無字碑新見題刻考——兼述其與敦煌遺書〈大雲經疏〉之聯繫》，《世界宗教研究》2023 年第 12 期。

周玉茹《5—6 世紀敦煌高昌比丘尼的寫經與信仰》，《中國佛學》（第五十一輯），北京：社會科學文獻出版社，2023 年 12 月。

朱麗霞《吐蕃貴族女性與敦煌佛教的關係—以降秋傑、貝吉昂楚爲主》，《青海師範大學學報》2023 年第 3 期。

朱天助《唐代〈老子〉的義疏學——敦煌寫卷〈老子〉BD14677 重探》，《宗教學研究》2023 年第 2 期。

（五）語言文字

陳智《敦煌寫本〈賢愚經〉價值考論》，《河西學院學報》2023 年第 6 期。

［日］池田證壽著，賈智譯《初唐宮廷寫經與日本古辭書》，《漢字漢語研究》2023 年第 4 期。

郜同麟《敦煌變文字詞補釋》，《中國語文》2023 年第 1 期。

高亦睿撰、馮婧譯《中古漢文寫本所體現的外來影響》，《域外漢籍研究集刊》（第二十六輯），北京：中華書局，2023 年 12 月。

姬慧《敦煌文書"宴請"類語詞之"看""洗饌"考析》，《敦煌學輯刊》2023 年第 2 期。

計曉雲、張涌泉《敦煌佛經注疏文體類詞語匯釋》，《中國俗文化研究》（第二十三輯），成都：四川大學出版社，2023 年 8 月。

孔德凌《敦煌寫本斯 789、伯 2529"行路"考論》，《古籍整理研究學刊》2023 年第 1 期。

李洪財《談談肩水金關漢簡過所文書中的釋字問題》，《漢字漢語研究》2023 年第 1 期。

李正宇《匈奴、單于、撐犁、祁連、閼氏、居次等譯音詞誤讀千載而不知》，《敦煌研究》2023 年第 5 期。

劉顯《〈中華道藏〉所録敦煌道經中的幾個問題》，《中國文學研究》2023 年第 4 期。

沈秋之、張涌泉《追尋敦煌殘卷的"生命歷程"——以北敦 12194 號及相關殘片綴合復原爲例》，《中華文史論叢》2023 年第 3 期。

孫莉《敦煌初唐〈金剛經〉中的"邪"與"耶"——以咸亨至儀鳳年間的宮廷寫經爲例》，《漢字文化》2023 年第 16 期。

譚興富《俄敦〈大方廣佛華嚴經音〉殘片三題》，《敦煌研究》2023 年第 3 期。

王金娥《論敦煌寫本蒙書的語言特點及研究價值》，《蘭州文理學院學報》2023 年第 1 期。

王閏吉《〈敦煌變文疑難字詞校釋〉商補》,《中國語文》2023 年第 6 期。

吳昌政《敦煌寫本 S.2506V 等〈失名史書〉疑難草書校釋》,《中國語文》2023 年第 4 期。

張璐茜《敦煌寫本 P.3333〈菩薩蠻自從涉遠爲遊客〉"金瓶"一詞考釋》,《漢字文化》2023 年第 8 期。

張小豔、郜同麟《敦煌吐魯番文獻字詞待質録》,《中國語言學研究》(第三輯),北京:社會科學文獻出版社,2023 年 10 月。

張小豔、郜同麟、張涌泉《敦煌文學疑難字詞輯釋》,《敦煌吐魯番研究》(第二十二卷),上海:上海古籍出版社,2023 年 7 月。

張涌泉《"只者這爪行路絶"及其他》,《敦煌研究》2023 年第 5 期。

周思敏、張涌泉《敦煌學草創時期刊佈的敦煌文獻資料價值試論——以〈貞松堂藏西陲秘笈叢殘〉爲例》,《浙江大學學報》2023 年第 5 期。

周思敏、吳宗輝、沈秋之《敦煌變文校讀劄記》,《勵耘語言學刊》2023 年第 1 期。

(六) 文學

戴瑩瑩、鄒知《王梵志詩的文學史意義》,《敦煌學輯刊》2023 年第 3 期。

鄧巧《論敦煌遺書中的醜女形象及其審美意韻》,《樂山師範學院學報》2023 年第 9 期。

伏俊璉、郝雪麗《劉商〈胡笳十八拍〉與李唐〈文姬歸漢圖〉圖文關係研究》,《文藝理論研究》2023 年第 5 期。

郝雪麗《敦煌王梵志詩寫本綴合拾補》,《敦煌吐魯番研究》(第二十二卷),上海:上海古籍出版社,2023 年 7 月。

何劍平、計曉雲、沈秋之、張涌泉(《敦煌變文全集》課題組)《羽 153 號背〈妙法蓮華經講經文〉校注》,《中國俗文化研究》(第二十三輯),成都:四川大學出版社,2023 年 8 月。

李博昊《唐五代敦煌佛教的隆盛與曲子詞的流播及詞調的衍生》,《唐都學刊》2023 年第 2 期。

李悦、鄭煒明《從敦煌卷子〈伍子胥變文〉看唐代民間"忠"倫理》,《敦煌研究》2023 年第 3 期。

劉明《敦煌唐寫本〈西京賦〉注文校理》,《中國典籍與文化論叢》(第二十七輯),南京:鳳凰出版社,2023 年 8 月。

屈玉麗、劉若楠、齊嘉鋭《論敦煌寫本〈茶酒論〉與儒釋道文化之關聯》,《石河子大學學報》2023 年第 6 期。

王心竹、萬宜之《舜歌〈南風〉與敦煌變文〈舜子變〉的"南風"意象》,《敦煌學輯刊》2023 年第 3 期。

王志鵬《信仰與文學——以敦煌齋願文爲中心的考察》,《敦煌研究》2023 年第 5 期。

魏洋、伏俊璉《唐人詩歌手稿 P.3976 寫本研究》,《六盤水師範學院學報》2023 年第 3 期。

巫鴻《唐代藝術、文學和講唱表演的寶貴證據——再談發現於莫高窟藏經洞的〈降魔變文畫卷〉》,《敦煌研究》2023 年第 5 期。

徐兆寶《當代文學中的敦煌書寫》,《當代作家評論》2023 年第 4 期。

徐兆寶《當代詩歌中的敦煌書寫與建構》,《絲綢之路》2023 年第 2 期。

許柳泓《敦煌歌辭中的聲音景觀書寫》,《内蒙古大學學報》2023 年第 4 期。

楊寶玉《敦煌文書 S.6234+P.5007+…+P.2672 所存佚名詩抄校理》,邱源媛主編《中國古文書學研究》(第一輯),桂林:廣西師範大學出版社,2023 年 10 月。

葉汝駿《"詞文"文體性質榷論——以敦煌寫本〈大漢三年季布罵陣詞文〉爲中心》,《敦煌學輯刊》2023 年第 2 期。

張琴、黃征《敦煌寫本 P.2567 及 P.2552〈唐詩叢鈔〉異文的特徵與價值》,《遼東學院學報》2023 年第 2 期。

張先堂、李國《莫高窟第 108 窟題壁詩新考——敦煌石窟題記系列研究之一》,《敦煌研究》2023 年第 4 期。

鄭阿財《從物質形態與文本構成論敦煌寫本僧傳文學》,《中古中國研究》2023 年第 1 期。

鍾溢琪《敦煌文獻〈歡喜國王緣〉寫本研究》,《黑河學院學報》2023 年第 9 期。

周思敏、張涌泉(《敦煌變文全集》課題組)《敦煌本〈葉净能小説〉校注》,《中國俗文化研究》(第二十三輯),成都:四川大學出版社,2023 年 8 月。

(七)藝術

[日] 八木春生著,牛源譯《敦煌莫高窟唐前期諸窟造像的形式變遷》,《敦煌研究》2023 年第 4 期。

陳耕《於無字處致敬——唐代碑誌署銜中闕字的實踐與設計》,《創意與設計》2023 年第 5 期。

陳菊霞、馬丹陽《莫高窟第 254 窟五佛、白衣佛和八佛題材考辨》,《故宮博物院院刊》2023 年第 6 期。

陳凱源《圖像的轉變與重構:敦煌"佛陀波利與文殊老人"圖像研究》,《中國美術研究》2023 年第 2 期。

陳凱源《法器・持物・裝飾——敦煌金剛杵圖像研究》,《西夏學》(第二十七輯),蘭州:甘肅文化出版社,2023 年 12 月。

陳培麗《絲綢之路上的獨角仙人本生圖研究——以克孜爾第 17 窟和莫高窟第 428 窟爲中心》,《西域研究》2023 年第 1 期。

陳培麗、寧强《莫高窟第 428 窟影塑千佛相關問題考述》,《敦煌研究》2023 年第 1 期。

陳文彬《東西方交流視野下的獅牛搏鬥藝術圖像研究》,《敦煌研究》2023 年第 1 期。

寶永鋒《從書刻傳拓探微唐代碑刻書法的審美崇尚——以敦煌遺書之唐碑拓本爲研究載體》,《西泠藝叢》2023 年第 6 期。

馮菡子《摹本借鑒與藝術整理——關山月敦煌臨稿研究》,《藝術探索》2023 年第 4 期。

高晏卿《敦煌莫高窟唐代裝飾紋樣探析 以尊像頭光寶相花中的對葉形紋樣爲例》,《中國宗教》2023 年第 7 期。

葛承雍《帝后禮佛圖：大唐石刻綫畫與敦煌紙墨畫稿》,《敦煌研究》2023 年第 1 期。

關櫻麗《敦煌石窟世俗樂舞的三重叙事語境》,《西部文藝研究》2023 年第 3 期。

郭俊葉《莫高窟第 161 窟中心佛壇上塑像及相關問題考》,《敦煌研究》2023 年第 3 期。

黄孟鋆《從千人一面到邈真：敦煌歸義軍時期供養人像的轉變》,《南京藝術學院學報》2023 年第 4 期。

黄衛《敦煌署書研究——隸書篇》,《敦煌研究》2023 年第 2 期。

賈子萱、楊富學《元代敦煌密教觀音圖像組合之“主密眷漢”與“主密眷密”》,《美術大觀》2023 年第 12 期。

焦樹峰《儀式與背景：基於莫高窟第 148 窟藥師經變的視角觀察》,《西夏研究》2023 年第 1 期。

焦樹峰《莫高窟第 323 窟設計意涵探析：基於佛教菩薩戒儀式的視角觀察》,《普陀學刊》(第十七輯),北京：宗教文化出版社,2023 年 6 月。

焦樹峰《净土選擇與現世救渡——莫高窟第 172 窟營建理念探析》,《絲綢之路研究集刊》(第十輯),北京：社會科學文獻出版社,2023 年 9 月。

靳昊、汪雪《文化融合視野下的敦煌藏傳佛教壁畫舞姿研究》,《北京舞蹈學院學報》2023 年第 2 期。

李國、沙武田、王海彬《莫高窟第 465 窟曼荼羅八大屍陀林圖像志》,《絲綢之路研究集刊》(第十輯),北京：社會科學文獻出版社,2023 年 9 月。

李静傑《敦煌石窟經變畫發展情況的總體觀察》,《敦煌研究》2023 年第 4 期。

李康敏《敦煌壁畫的色彩及其歷史流變》,《藝術傳播研究》2023 年第 1 期。

李薈《佛國祥瑞: 唐五代敦煌壁畫中的"勝"形飾》,《藝術設計研究》2023 年第 6 期。

李思飛《希臘瑞鳥在東方——敦煌及克孜爾石窟壁畫含綬鳥圖案源流新探》,《敦煌研究》2023 年第 1 期。

李想、李婷婷《敦煌莫高窟 156 窟高句麗樂舞圖像遺存與創造性轉化研究》,《絲綢之路》2023 年第 1 期。

李逸峰《從敦煌寫本橫向筆形看楷書字體演變》,《書法研究》2023 年第 1 期。

李昀《莫高窟 220 窟新樣文殊像粉本流傳脈絡新解——敦煌所見長安畫樣個案研究》,《西域研究》2023 年第 4 期。

李志軍《十一面千手觀音新元素的再解讀兼論洞窟功能——莫高窟第 3 窟系列研究之二》,《形象史學》(第二十八輯),北京: 中國社會科學出版社,2023 年 11 月。

梁尉英、梁旭澍《莫高窟的賢劫千佛誕生變——從第 197 窟所謂的多子塔説起》,《敦煌研究》2023 年第 4 期。

林素坊、李小榮《敦煌舞譜"節拍型"新解》,《敦煌研究》2023 年第 2 期。

林素坊、李小榮《敦煌舞譜舞容"皇""打""拽""招"新考》,《中北大學學報》2023 年第 6 期。

劉清《北朝時期敦煌壁畫中猴子形象研究》,《藝術與民俗》2023 年第 1 期。

龍忠、陳麗娟《隋唐時期敦煌壁畫中山水畫的嬗變——以彌勒經變爲例》,《中國美術研究》2023 年第 2 期。

馬德、胡發強《敦煌出雕版墨印填色版畫芻議》,《敦煌研究》2023 年第 4 期。

馬莉《敦煌石窟晚唐以降素馨花花鬘圖像考》,《敦煌研究》2023 年第 1 期。

彭漢宗《西夏敦煌水月觀音像中山石風格演變與圖式探析》,《美術觀察》2023 年第 7 期。

祈曉慶《敦煌北朝交脚彌勒菩薩圖像組合研究》,《五臺山研究》2023 年第 4 期。

秦田田《淺談敦煌漢簡中關於隸書的發展演變——以〈習字觚〉〈奏書〉爲例》,《西冷藝叢》2023 年第 6 期。

沈馨文《敦煌 249、285 窟的窟頂圖像》,《故宮博物院院刊》2023 年第 6 期。

史敏、蔡均適、陳奕寧《反彈琵琶舞探源與創新》,《敦煌研究》2023 年第 2 期。

史忠平、石自良《從"試慈神祇"到"獵殺工具"——敦煌壁畫中的"鷹"圖像研究》,《南京藝術學院學報》2023 年第 5 期。

宋焰朋、閆文曦《敦煌石窟所見三叉冠圖像及源流探析》,《形象史學》(第二十六輯),北京: 中國社會科學出版社,2023 年 5 月。

譚彬清《唐代敦煌壁畫中飛天形象的審美意象研究》,《景德鎮學院學報》2023年第 4 期。

汪雪、朱建軍《敦煌石窟長袖舞圖像流變考》,《敦煌研究》2023 年第 6 期。

王瑞雷《敦煌藏經洞出土新樣幡畫與吐蕃、于闐及喀什米爾之關係》,《浙江大學學報》2023 年第 3 期。

王瑞雷《敦煌蕃據時期漢藏佛教交流語境下陀羅尼經咒與密教圖像的互構功能——以 Pt.389、Pt.4519、St.6348 等護身符爲中心》,《形象史學》(第二十六輯),北京:中國社會科學出版社,2023 年 5 月。

魏健鵬《北朝、隋至唐前期敦煌維摩詰經變空間結構的演變》,《絲綢之路研究集刊》(第十輯),北京:社會科學文獻出版社,2023 年 9 月。

吳亞萍《論〈蘇幕遮·五臺山曲子六首〉在敦煌的表演形態》,《五臺山研究》2023 年第 4 期。

徐婷、陳露、何明潔《從敦煌西王母圖像探析漢魏女性性別角色特徵》,《樂山師範學院學報》2023 年第 6 期。

徐小潔《互文視域下唐代壁畫詩與敦煌壁畫之研究》,《綿陽師範學院學報》2023 年第 9 期。

楊賀、米文靖《南北朝樂制的新變對敦煌佛教歌舞戲的影響》,《法音》2023 年第 7 期。

楊懷彥、楊文博《莫高窟一佛二弟子造像組合在北周出現的歷史背景與淵源探究》,《蘭州文理學院學報》2023 年第 6 期。

楊敬蘭《莫高窟第 249 窟四披内容新解——兼談南北朝佛經經文中手捫日月佛教人物形象》,《絲綢之路研究集刊》(第十輯),北京:社會科學文獻出版社,2023 年 9 月。

楊青、王萬鵬《圖像與場域——敦煌西方净土變相圖中的美學觀對元宇宙的空間構建價值研究》,《絲綢之路》2023 年第 3 期。

楊瑞静《儀軌中的樂舞——莫高窟第 14 窟金剛薩埵曼荼羅樂舞考》,《河西學院學報》2023 年第 3 期。

楊燕、楊富學《斯里蘭卡獅子岩天女及其與敦煌飛天之異同》,《青海師範大學學報》2023 年第 6 期。

姚健、于綺格《敦煌莫高窟唐代壁畫中的勾闌形制與裝飾》,《美術》2023 年第 11 期。

姚志薇《敦煌莫高窟第 254 窟薩埵舍生飼虎(北魏)》,《石窟與土遺址保護研究》2023 年第 1 期。

張小剛《再談唐代倚山立佛式"聖容像"——從開元二十五年賈元封等八人造

玉石聖容像談起》,《敦煌研究》2023 年第 4 期。

張元林《來自西亞的"神聖性"象徵——莫高窟第 249 窟凸形雉堞的圖像探源》,《敦煌研究》2023 年第 4 期。

張柘潭《佛教圖像的敘事策略——基於莫高窟第 285 窟禪觀思想的解讀》,《敦煌學輯刊》2023 年第 2 期。

趙聲良《敦煌壁畫與唐前期流行色》,《藝術設計研究》2023 年第 5 期。

趙曉星、阿不都日衣木·肉斯臺木江《敦煌莫高窟第 152 窟初探》,《敦煌研究》2023 年第 4 期。

(八)考古與文物保護

百橋明穗、王雲《敦煌莫高窟隋代洞窟及其開鑿背景研究——基於寫經與題記》,《敦煌研究》2023 年第 4 期。

常燕娜《敦煌懸泉置出土古紙考述》,《絲綢之路》2023 年第 1 期。

陳麗萍《重識〈西域出土古文書片〉》,《殷都學刊》2023 年第 3 期。

丁曉宏、羅毓穎、薄龍偉等《敦煌壁畫數字圖像彩色復原方法研究——以莫高窟第 220 窟北壁剝落的表層壁畫爲例》,《石窟與土遺址保護研究》2023 年第 3 期。

丁小勝、吳健、俞天秀等《石窟寺大幅曲面壁畫數字化誤差控制方法研究——以莫高窟第 148 窟窟頂爲例》,《石窟與土遺址保護研究》2023 年第 3 期。

郭俊葉《敦煌三危山老君堂小塔及相關問題》,《敦煌學輯刊》2023 年第 1 期。

韓高年《〈懸泉漢簡(叁)〉帛書私記校釋譯論》,《出土文獻》2023 年第 2 期。

胡素馨《幡畫、儀軌圖與敦煌繪畫實踐》,《敦煌研究》2023 年第 4 期。

李琴《敦煌祁家灣西涼畫像磚題材佈局及影響》,《敦煌研究》2023 年第 6 期。

劉婷《敦煌遺書數字化流程概述》,《文津流觴》(第三輯),桂林:廣西師範大學出版社,2023 年 7 月。

龍忠《敦煌莫高窟第 332 窟主尊定名考》,《中國美術》2023 年第 3 期。

龍忠《敦煌石窟早期洞窟形製中的古印度因素》,《河西學院學報》2023 年第 3 期。

牟銳、王小偉、薛平、李榮華《敦煌西千佛洞氣象環境變化特徵分析》,《絲綢之路》2023 年第 4 期。

祁曉慶《藏經洞部分畫稿或爲畫工習作考》,《中國書畫》2023 年第 3 期。

善忠偉、崔强、殷耀鵬、張文元、水碧紋、殷志媛、于宗仁《莫高窟壁畫彩塑表面降塵調查研究》,《文物保護與考古科學》2023 年第 1 期。

沈秋之、張涌泉《敦煌社會經濟文獻裱補紙綴合示例》,《文獻》2023 年第 1 期。

石紅燕、李曼《傳播學視角下世界文化遺産網頁翻譯研究——以"數字敦煌"爲例》,《蘭州文理學院學報》2023 年第 2 期。

宋雪春《敦煌文獻中古代裱補修復形態研究》,《歷史文獻》(第二十四輯),上海:上海古籍出版社,2023 年 11 月。

王海彬、李國《甘州史小玉敦煌莫高窟漫題輯考——兼談史小玉並非元末之畫工》,《形象史學》(第二十五輯),北京:中國社會科學出版社,2023 年 2 月。

王佳文《"數字敦煌"視域下石窟文獻數字化保護研究》,《甘肅科技》2023 年第 9 期。

王進玉、羅華慶《敦煌藝術研究所制定的石窟研究和臨摹壁畫及攝影管理辦法》,《敦煌研究》2023 年第 6 期。

王順仁、李紅壽、鞏一璞、詹鴻濤、王小偉、李菲《敦煌莫高窟 B113 窟水分蒸發特徵與形成機理》,《文物保護與考古科學》2023 年第 4 期。

吳健、許麗鵬《面向超大型複雜空間的壁畫高品質數字化方法——以莫高窟第 130 窟爲例》,《故宮博物院院刊》2023 年第 8 期。

吳雪梅、沙武田《莫高窟北區元代瘞窟 B121 窟死者身份考》,《敦煌研究》2023 年第 3 期。

行佳麗《"圖史互證"在敦煌晚期石窟斷代中的使用誤區》,《西夏研究》2023 年第 1 期。

邢耀龍《榆林窟開鑿時間新考——從玄奘取經談起》,《雲岡研究》2023 年第 3 期。

徐浩《據點勘記判定藏經洞寫卷原貌》,《浙江大學學報》2023 年第 9 期。

楊富學《莫高窟第 61 窟甬道由元末西夏遺民重修新證》,《敦煌研究》2023 年第 4 期。

楊富學、魏平《瓜州東千佛洞第 2 窟營建時代考論》,《絲路文化研究》(第八輯),北京:商務印書館,2023 年 11 月。

殷志媛、于宗仁、劉雨霏等《不同調膠濃度下莫高窟壁畫顏料顆粒度與病害關係研究》,《石窟與土遺址保護研究》2023 年第 3 期。

張慧琴、張麗涵、徐櫟陽《當代敦煌文化遺産傳播的媒介性研究》,《太原師範學院學報》2023 年第 2 期。

鄭玉彤、李雪龍、殷梓軒、高歌、翁或《多特徵融合的敦煌古籍殘片自動綴合》,《中國圖象圖形學報》2023 年第 8 期。

趙金麗、崔強、張文元等《莫高窟第 55 窟壁畫製作材料和工藝分析》,《石窟與土遺址保護研究》2023 年第 2 期。

（九）少數民族歷史語言

巴爾卡·阿貴、格桑玉珍《敦煌出土吐蕃歷史文獻 P.T.1288 "扎之夏熱" 地名考——以〈世界境域志〉吐蕃史料爲中心》,《石河子大學學報》2023 年第 5 期。

陳瑞翾《〈究竟大悲經〉新考——兼論 P.2020 粟特文殘卷之性質》,《中華文史論叢》2023 年第 4 期。

高田時雄《PT1249 藏文音寫四分律抄斷片》,《敦煌研究》2023 年第 5 期。

吉西次力《敦煌藏文寫卷 P.T.972 文本考釋及内容對勘》,《西藏研究》2023 年第 5 期。

焦麗娜、楊銘《敦煌本〈吐蕃大事紀年〉763 年 "陷京師" 記事探討》,《敦煌學輯刊》2023 年第 4 期。

焦麗娜、楊銘《敦煌本〈吐蕃大事紀年〉的重要史料價值》,《中國社會科學報》2023 年 8 月 21 日。

陸離《敦煌藏文 P.T.1082 甘州回鶻登里可汗詔書研究》,《西藏研究》2023 年第 4 期。

乃日斯克《敦煌古突厥文〈占卜書〉的文化特點研究》,《内蒙古民族大學學報》2023 年第 2 期。

[日] 森安孝夫著,白玉冬、韓瀟譯《元代回鶻佛教徒的一封書簡：敦煌出土回鶻語文獻補遺》,《歐亞譯叢》(第七輯),北京：商務印書館,2023 年 5 月。

索南《敦煌藏文〈入菩薩行論〉版本特徵及價值研究》,《宗教學研究》2023 年第 1 期。

索南才讓《從敦煌藏文寫卷看金城公主對吐蕃佛教的貢獻》,《西藏民族大學學報》2023 年第 5 期。

唐露恬《法藏敦煌藏文文獻〈大般涅槃經〉定名考》,《西藏研究》2023 年第 4 期。

吐送江·依明、阿不都日衣木·肉斯臺木江《敦煌莫高窟第 9 窟回鶻文題記釋讀》,《敦煌學輯刊》2023 年第 2 期。

吐送江·依明、阿不都日衣木·肉斯臺木江《敦煌研究院舊藏回鶻文〈大乘無量壽宗要經〉殘卷研究》,《敦煌吐魯番研究》(第二十二卷),上海：上海古籍出版社,2023 年 7 月。

西仁娜依·玉素輔江《敦煌出土回鶻文〈阿毗達磨俱舍論實義疏〉文本特點研究》,《敦煌學輯刊》2023 年第 4 期。

新巴·達娃扎西《P.T.999 號敦煌古藏文寫卷再探》,《西藏研究》2023 年第 1 期。

楊富學、丁小珊《元代敦煌多民族交融史研究述評》,《西夏研究》2023 年第
3 期。

楊富學、丁小珊《語言文字視域下的元代敦煌民族文化認同》,《民族學論叢》
2023 年第 4 期。

楊銘《坌達延非吐谷渾小王考辨——以敦煌本〈吐蕃大事紀年〉爲中心》,《中
國藏學》2023 年第 4 期。

楊銘《敦煌本〈吐谷渾大事紀年〉與"莫賀吐渾可汗"》,《山西大學學報》2023
年第 2 期。

楊志國《敦煌藏文寫本〈寶雲經〉版本新探》,《敦煌研究》2023 年第 2 期。

張鐵山、阿依達爾·米爾卡馬力《敦煌研究院舊藏一葉〈妙法蓮華經玄讚〉寫
本殘片研究》,《敦煌吐魯番研究》(第二十二卷),上海:上海古籍出版社,
2023 年 7 月。

趙蓉、堪措吉、張先堂、柴勃隆《莫高窟第 205 窟中唐補修新探——以莫高窟
第 205 窟西壁新識讀的古藏文祈願文爲中心》,《敦煌研究》2023 年第 1 期。

宗喀·漾正岡布、李世福《敦煌藏譯〈大通方廣經〉版本探微——以吐蕃文獻
Pt92/1、200、201、ITJ207、205 爲中心》,《世界宗教研究》2023 年第 2 期。

(十) 古籍

曹丹《俄藏敦煌寫本 Дх.11654〈略出籤金〉研究》,《敦煌研究》2023 年第 6 期。

陳樹《古寫本〈尚書〉與羅振玉的學術貢獻》,《湖南大學學報》2023 年第 4 期。

董宏鈺、鄒德文《敦煌本〈文選音〉殘卷抄録者探析》,《長春師範大學學報》
2023 年第 9 期。

高靜雅、張平仁《敦煌本〈文場秀句〉"事文兼采"編撰體例考察》,《首都師範
大學學報》2023 年第 1 期。

黃繼省《關於〈古文尚書音義〉竄改離厄的分析與思考——以敦煌殘本〈堯典
釋文〉與今本的異同比較爲例》,《樂山師範學院學報》2023 年第 7 期。

劉波《國家圖書館藏敦煌唐寫本〈尚書〉》,《文津流觴》(第三輯),桂林:廣西
師範大學出版社,2023 年 7 月。

劉全波、曹丹《類書與科學的互動交融——以敦煌寫本〈語對〉爲中心》,《敦
煌學輯刊》2023 年第 1 期。

劉全波、郝琳俐《敦煌寫本類書〈語對〉與唐詩創作》,《古籍整理研究學刊》
2023 年第 6 期。

劉婷《法藏敦煌文書 P.3661〈六經纂抄〉考辨》,邱源媛主編《中國古文書學研
究》(第一輯),桂林:廣西師範大學出版社,2023 年 10 月。

唐亮《從敦煌〈毛詩〉寫卷看清儒校勘經典的得失——以陳奐〈詩毛氏傳疏〉

為例》,《敦煌研究》2023 年第 6 期。

許建平《敦煌本〈左傳〉寫卷的學術價值》,《敦煌研究》2023 年第 5 期。

（十一）科技

鄧文寬《對兩份敦煌殘曆日用二十八宿作注的檢驗——兼論 BD16365〈具注日曆〉的年代》,《敦煌研究》2023 年第 5 期。

李廷保、薛欣、楊鵬斐《敦煌〈輔行訣〉温陽"角藥"應用擷菁》,《中國民族民間醫藥》2023 年第 12 期。

梁永瑞、李應存、田云夢《酒劑在敦煌醫學卷子當中的應用》,《中國民族民間醫藥》2023 年第 11 期。

王晶波、馬托弟《唐、五代時期敦煌醫療體系探論》,《中州學刊》2023 年第 3 期。

王鵬《敦煌文獻所見鎖具及鎖匠》,《敦煌研究》2023 年第 1 期。

王亞麗《敦煌寫本雜抄醫方考源——以 P.3596 爲例》,《中醫藥文化》2023 年第 3 期。

楊寶玉、劉英華《敦煌漢藏文獻中所存九九表研究》,《中國社會科學院大學學報》2023 年第 6 期。

岳亞斌、張田芳《敦煌壁畫中的蜀葵：從藥用到禮佛》,《敦煌研究》2023 年第 2 期。

趙劍波、李應存、楊曉軼、張洲、任香霖、鄭燕《敦煌醫學經卷中毒性本草研究》,《中國民族民間醫藥》2023 年第 15 期。

（十二）書評與學術動態

艾比布拉·圖爾蓀、薛文静《敦煌民族史研究的里程碑之作——楊富學等著〈敦煌民族史〉評述》,《吐魯番學研究》2023 年第 1 期。

白樂《文明之音引發世界廣泛共鳴》,《中國社會科學報》2023 年 10 月 27 日。

班曉悦、朱羿《中國敦煌吐魯番學構築世界學術新高地》,《中國社會科學報》2023 年 9 月 5 日。

柴劍虹《詮釋敦煌大衆文化的力作——讀〈唐宋時期敦煌大衆的知識與思想〉感言》,《敦煌研究》2023 年第 2 期。

陳晶晶《"傳承與創新：中國敦煌吐魯番學會成立四十周年國際學術研討會"會議綜述》,《敦煌學輯刊》2023 年第 3 期。

陳凱源、潘颺《〈敦煌仏頂尊勝陀羅尼経変相図の研究〉評介》,《2023 敦煌學國際聯絡委員會通訊》,上海：上海古籍出版社,2023 年 7 月。

陳雪《文脈源遠　有册有典》,《光明日報》2023 年 1 月 16 日。

段凌穎《民族精神的建構與歷史意識的世俗化呈現——論〈敦煌本紀〉的精神

意蘊與藝術創新》,《蘭州文理學院學報》2023 年第 3 期。

伏俊璉《〈敦煌亡文輯校與研究〉序》,《樂山師範學院學報》2023 年第 11 期。

郭翠紅《英美漢學家對敦煌變文的百年研究和譯介述評》,《外語研究》2023 年第 6 期。

郝春文《敦煌吐魯番文獻字詞考釋的里程碑——評〈敦煌文獻語言大詞典〉》,《光明日報》2023 年 5 月 20 日 12 版。

黄朝裕、李金田、李娟、梁建慶、杜雙桂、岳鵬超《敦煌醫學診法類文獻研究概況》,《中國民族民間醫藥》2023 年第 2 期。

黄正建《古文書學與檔案學、歷史文書學、古文獻學異同芻議——暨中國古文書學建立後近年來學界反響介評》,邱源媛主編《中國古文書學研究》(第一輯),桂林:廣西師範大學出版社,2023 年 10 月。

焦樹峰《敦煌西夏石窟藝術研究的無限可能——〈敦煌西夏石窟藝術新論〉介評》,《吐魯番學研究》2023 年第 1 期。

李方芳《〈空間的敦煌:走近莫高窟〉讀後——兼論"空間"美術史方法論》,《形象史學》(第二十八輯),北京:中國社會科學出版社,2023 年 11 月。

劉進寶《開啓敦煌文學研究新時代的盛會——學術史視野下的敦煌文學研究座談會》,《敦煌研究》2023 年第 1 期。

劉進寶《國際視野與學術前沿——紀念〈敦煌研究〉創刊 40 周年》,《敦煌研究》2023 年第 4 期。

劉全波《努力打造敦煌學研究高地——鄭炳林教授主編"敦煌與絲綢之路研究叢書"簡介》,《2023 敦煌學國際聯絡委員會通訊》,上海:上海古籍出版社,2023 年 7 月。

劉全波《不斷開啓敦煌學研究的新境界——〈敦煌通史(兩漢卷)〉評介》,《敦煌學輯刊》2023 年第 4 期。

劉全波《〈唐宋時期敦煌大衆的知識與思想〉評介》,《絲路文明》(第八輯),上海:上海古籍出版社,2023 年 11 月。

劉顯《〈敦煌俗字典〉(第二版)探賾》,《哈爾濱師範大學社會科學學報》2023 年第 5 期。

劉馨遥、田雲夢、顧曉霞、李應存《敦煌遺書中古藏醫學文獻的研究進展》,《中華中醫藥雜誌》2023 年第 6 期。

祁明芳《一生一事只爲心中的信仰——評高德祥、陳雪静著作〈敦煌樂舞大典〉》,《中國音樂》2023 年第 4 期。

瞿朝禎《全球化背景下敦煌非遺藝術保護與傳承策略——評〈敦煌吐魯番經濟文書和海上絲路研究〉》,《中國教育學刊》2023 年第 10 期。

榮新江《略談敦煌學的擴展與進展——四篇敦煌學書序》,《敦煌研究》2023年第 4 期。

榮新江《饒宗頤〈選堂集林·敦煌學〉讀後》,《華學》(第十三輯),上海:中西書局,2023 年 12 月。

榮新江《東國有高士 敦煌結勝緣》,"澎湃新聞"2023 年 12 月 25 日。

蘇伯民《〈敦煌研究〉推動文物保護發展的簡要回顧》,《敦煌研究》2023 年第 4 期。

陶蓉蓉《"敦煌多民族文化的交往交流交融"學術研討會綜述》,《2023 敦煌學國際聯絡委員會通訊》,上海:上海古籍出版社,2023 年 7 月。

王旭東《敦煌學與故宮學——比較、回顧及展望》,《敦煌研究》2023 年第 4 期。

王勇《"天道無親,契者恒存":人類契約文明的地理起源——王斐弘〈敦煌契約文書研究〉閱讀悟要》,《天水師範學院學報》2023 年第 4 期。

武海龍《趙青山著〈6—10 世紀敦煌地區抄經史研究〉》,《敦煌吐魯番研究》(第二十二卷),上海:上海古籍出版社,2023 年 7 月。

武海龍《"〈敦煌研究〉創刊四十周年暨出版 200 期座談會"述要》,《敦煌研究》2023 年第 5 期。

喻忠傑《俗字不俗:通向古代寫本研究的津梁——〈敦煌俗字典〉(第二版)評介》,《2023 敦煌學國際聯絡委員會通訊》,上海:上海古籍出版社,2023 年 7 月。

曾曉紅《精耕學術 打造精品——寫在〈法藏敦煌藏文文獻〉出版之後》,《2023 敦煌學國際聯絡委員會通訊》,上海:上海古籍出版社,2023 年 7 月。

張麗蓉《"敦煌多民族文化的交往交流交融"(第二屆)學術研討會綜述》,《甘肅民族研究》2023 年第 2 期。

張麗蓉《"敦煌讀書班"百期紀念與絲路文明交流史學術論壇綜述》,《隴右文博》2023 年第 4 期。

張麗蓉、熊業騰《"河西漢簡·敦煌紙文書·中外關係史"學術研討會在敦煌莫高窟召開》,《敦煌研究》2023 年第 6 期。

張建榮《敦煌研究院開創時期照片檔案品讀》,《中國檔案》2023 年第 12 期。

張小剛《敦煌考古成就與展望》,《光明日報》2023 年 8 月 28 日。

張仲偉《遇見後"發現"時代的敦煌學——讀〈敦煌詩集佚詩佚句異文叢考〉》,《山西日報》2023 年 11 月 10 日。

趙聲良《〈敦煌研究〉期刊四十年》,《敦煌研究》2023 年第 4 期。

趙聲良《回憶池田温先生》,"澎湃新聞"2023 年 12 月 17 日。

趙世金、馬振穎《文獻整合與研究範式的轉化：漢唐碑誌與新時期敦煌學研究的展望》,《敦煌學輯刊》2023 年第 1 期。

鄭炳林《中國古典學與敦煌學》,《國學學刊》2023 年第 2 期。

鄭炳林《蘭州大學敦煌學研究四十年歷程與展望》,《敦煌學輯刊》2023 年第 4 期。

鄭炳林、馬振穎《敦煌碑銘讚類文獻的構成及價值》,《絲綢之路》2023 年第 4 期。

鄭怡楠、孫揚《刊佈最新石窟圖像資料力推敦煌石窟藝術研究——〈絲綢之路石窟藝術叢書·瓜州東千佛洞〉評介》,《敦煌學輯刊》2023 年第 4 期。

鍾書林《中國百年學術縮影：百年敦煌文學研究及其反思》,《甘肅社會科學》2023 年第 5 期。

周志鋒《敦煌學研究的一個新的里程碑——讀〈敦煌文獻語言大詞典〉》,《敦煌學輯刊》2023 年第 1 期。

朱羿《"敦煌在中國,敦煌學在國外"局面徹底改觀》,《中國社會科學報》2023 年 9 月 5 日。

2023 年吐魯番學研究論著目録

吕　琳　馬昕越(上海師範大學)

　　本年度中國大陸地區共出版吐魯番學專著及相關文集 60 餘部,公開發表的相關研究論文達 450 餘篇。現將研究論著目録編製如下,編排次序爲:一、專著;二、論文。論文又細分爲概説、歷史、社會文化、宗教、語言文字、文學、藝術、考古與文物保護、少數民族歷史語言、古籍、科技、書評與學術動態十二類專題。

一、專　　著

劉進寶《西北史地與絲路文明》,蘭州:甘肅教育出版社,2023 年 3 月。

榮新江《唐宋于闐史探研》,蘭州:甘肅教育出版社,2023 年 3 月。

羅帥《絲綢之路南道的歷史變遷:塔里木盆地南緣緑洲史地考察》,蘭州:甘肅教育出版社,2023 年 3 月。

黄文弼《黄文弼考古三記》,桂林:廣西師範大學出版社,2023 年 3 月。

李楠《兩漢治理西域問題的個案研究》,北京:光明日報出版社,2023 年 3 月。

北庭學研究院編《北庭學研究》(第三輯),北京:中國文史出版社,2023 年 3 月。

王子今《漢代絲綢之路文化史》,蘭州:甘肅教育出版社,2023 年 4 月。

寧可著,郝春文、寧欣主編《寧可文集》(第八卷),北京:人民出版社,2023 年 4 月。

劉迎勝《古代中國與亞洲文明》,蘭州:甘肅教育出版社,2023 年 4 月。

王夢穎《唐代西域民間借貸秩序研究》,武漢:武漢大學出版社,2023 年 5 月。

余欣《西域文獻與中古中國知識——信仰世界》,蘭州:甘肅教育出版社,2023 年 5 月。

胡曉丹《摩尼教離合詩研究》,上海:上海古籍出版社,2023 年 5 月。

王炳華《樓蘭尼雅》,杭州:浙江文藝出版社,2023 年 5 月。

秦小光等著《羅布泊地區古代文化與古環境——羅布泊自然與文化遺産綜合科學考察報告》,北京:科學出版社,2023 年 5 月。

[日] 荒川正晴《歐亞交通、貿易與唐帝國》,蘭州:甘肅教育出版社,2023 年 5 月。

黄維忠主編《西域歷史語言研究集刊》(第十八輯),北京:中國藏學出版社,

2023 年 6 月。

榮新江、朱玉麒主編《黃文弼所獲西域文書》,上海:上海古籍出版社,2023 年
6 月。

朱玉麒主編《西域文史》(第十七輯),北京:科學出版社,2023 年 6 月。

郭桂坤《文書之力:唐代奏敕研究》,北京:商務印書館,2023 年 7 月。

郝春文主編《敦煌吐魯番研究》(第二十二卷),上海:上海古籍出版社,2023
年 7 月。

榮新江《三升齋三筆》,蘭州:甘肅文化出版社,2023 年 7 月。

郝春文主編《2023 敦煌學國際聯絡委員會通訊》,上海:上海古籍出版社,
2023 年 8 月。

王素《敦煌吐魯番與漢唐西域史》,北京:三聯書店,2023 年 8 月。

沙武田主編《絲綢之路研究集刊》(第九輯),北京:社會科學文獻出版社,
2023 年 8 月。

吕恩國《新疆岩畫調查與編年研究》,烏魯木齊:新疆人民出版社,2023 年
8 月。

賈應逸、殷福蘭輯注《漢文佛典新疆資料輯注》,烏魯木齊:新疆人民出版社,
2023 年 8 月。

周偉洲《西明堂散記》,南京:鳳凰出版社,2023 年 8 月。

李亞棟、仵婷《吐魯番盆地考古發掘編號整理研究》,蘭州:甘肅文化出版社,
2023 年 8 月。

海未平《長安西望:絲綢之路考古紀事》,西安:陝西師範大學出版社,2023 年
8 月。

楊富學,袁煒主編《絲綢之路古錢幣研究》,蘭州:甘肅文化出版社,2023 年
9 月。

李新貴《唐前期隴右防禦體系研究》,北京:中國社會科學出版社,2023 年
9 月。

孟嗣徽《衢地蒼穹:中古星宿崇拜與圖像》,北京:三聯書店,2023 年 9 月。

楊曉靄《絲路上的悠遠足音》,蘭州:甘肅教育出版社,2023 年 9 月。

羅豐《胡漢之間:"絲綢之路"與西北歷史考古》,北京:文物出版社,2023 年
9 月。

馬麗蓉等著《絲路學研究:基於全球"一帶一路"學術動態的分析》,上海:中
西書局,2023 年 9 月。

(清)徐松撰,李軍校注《〈新疆賦〉校注》,北京:人民出版社,2023 年 9 月。

羅豐主編《絲綢之路考古》(第七輯),北京:科學出版社,2023 年 9 月。

沙武田主編《絲綢之路研究集刊》（第十輯），北京：社會科學文獻出版社，
2023 年 10 月。

王玉平《唐代東部天山廊道軍城研究》，上海：上海人民出版社，2023 年
10 月。

黃文弼《高昌磚集》，桂林：廣西師範大學出版社，2023 年 10 月。

黃文弼《高昌陶集》，桂林：廣西師範大學出版社，2023 年 10 月。

羅豐主編《絲綢之路考古》（第八輯），北京：科學出版社，2023 年 11 月。

劉進寶主編《絲路文明》（第八輯），上海：上海古籍出版社，2023 年 11 月。

［英］托馬斯·巴羅《新疆出土佉盧文書譯文集》，北京：商務印書館，2023 年
11 月。

孟凡人《樓蘭新史》（增訂本），北京：商務印書館，2023 年 11 月。

榮新江《吐魯番的典籍與文書》，上海：上海古籍出版社，2023 年 11 月。

新疆維吾爾自治區文物考古研究所編著《新疆石城子遺址（二）》，北京：科學
出版社，2023 年 11 月。

郝園林《西陲屏藩——清代伊犁河谷駐防城的考古學研究》，北京：科學出版
社，2023 年 11 月。

高建新《明月出天山——絲綢之路與唐人書寫》，北京：人民出版社，2023 年
11 月。

張弛《漢唐時期環塔里木盆地文化地理研究》，北京：商務印書館，2023 年
12 月。

寧强《中國石窟之美：走進西域》，北京：中央編譯出版社，2023 年 12 月。

韓樹偉《西北出土契約文書所見習慣法比較研究》，蘭州：甘肅文化出版社，
2023 年 12 月。

二、論　文

（一）概説

王冀青《凱尤佛〈東亞史〉與“絲綢之路”概念的確立》，《敦煌學輯刊》2023 年
第 3 期。

張國剛《略論絲路文明史研究》，《絲路文明》（第八輯），上海：上海古籍出版
社，2023 年。

王冀青《論“絲綢之路”概念的起源》，《絲路文明》（第八輯），上海：上海古籍
出版社，2023 年。

萬翔《數字人文時代絲綢之路文獻譜系建設——來自“絲綢之路”概念溯源的
啓示》，《絲綢之路考古》（第八輯），北京：科學出版社，2023 年。

劉學堂《青銅時代中國西北交互作用圈》,《中華民族共同體研究》2023 年第
　　1 期。

徐鋭軍、李文瑛、党志豪《血脈相連　命運與共　新疆考古遺存見證各民族交
　　往交流交融》,《中國民族》2023 年第 5 期。

王欣、王添瑞《從西域歷史看中華文明的統一性》,《中國邊疆史地研究》2023
　　年第 3 期。

程存潔《廣州圖書館藏〈吐魯番出土文書〉録文本朱雷師批注校注内容整理》,
　　《絲路文明》(第八輯),上海:上海古籍出版社,2023 年。

榮新江《穿行於漢堡與柏林之間》,《文史知識》2023 年第 1 期。

榮新江《從哥本哈根到斯德哥爾摩》,《文史知識》2023 年第 2 期。

榮新江《走訪散落在東瀛的遺珍》,《文史知識》2023 年第 3 期。

蔣小莉《新疆檔案所見德國吐魯番考察隊與中國官府的交涉》,《敦煌學輯刊》
　　2023 年第 3 期。

閆麗《西北史地考察團與西北科學考察團關係考證》,《絲路文明》(第八輯),
　　上海:上海古籍出版社,2023 年。

昌迪《俄國探險隊在吐魯番的考古考察評述》,《吐魯番學研究》2023 年第 1 期。

[俄]迪亞科夫撰,湯超駿譯《伊犁古城遺址之發現》,《吐魯番學研究》2023 年
　　第 2 期。

閆麗《格倫威德爾與勒柯克的衝突探析——以德藏檔案書信爲中心》,《敦煌
　　學輯刊》2023 年第 3 期。

戴仁、趙飛宇《寫書評與打筆仗的伯希和》,《吐魯番學研究》2023 年第 2 期。

[日]白須净真撰,楊柳譯《清朝外務部向第二次大谷探險隊頒發護照及相關
　　研究問題》,《西域文史》(第十七輯),北京:科學出版社,2023 年。

李正一《新聞報道中的黄文弼(二編)》,《吐魯番學研究》2023 年第 1 期。

吴華峰、徐玉娟《相知無遠近——黄文弼致徐旭生信劄四通研究》,《西域文
　　史》(第十七輯),北京:科學出版社,2023 年。

陶喻之《晚近湖湘學人徐鼎藩、徐崇立父子的西域金石文史研究——以〈瓶翁
　　題跋〉爲中心》,《西域文史》(第十七輯),北京:科學出版社,2023 年。

王冀青《伯希和中亞考察所持的中國護照研究》,《面壁窮經一甲子——施婷
　　先生敦煌研究六十年紀念文集》,蘭州:甘肅文化出版社,2023 年。

林梅村《戈德福雷寫本與于闐語文書的發現》,《讀書》2023 年第 10 期。

史明文《〈新疆禮俗志〉版本考略》,《新疆地方志》2023 年第 2 期。

　　(二) 歷史

[日] 森安孝夫著,白玉冬、王夢瑶譯《敦煌與西州回鶻王國:以至自吐魯番的

書信與贈物爲中心》,《歐亞譯叢》(第七輯),北京:商務印書館,2023 年。

艾沖《北宋初期王延德西行路綫新探索》,《絲綢之路研究集刊》(第十輯),北京:社會科學文獻出版社,2023 年。

殷晴《漢唐西域城市研究》,《西域文史》(第十七輯),北京:科學出版社,2023 年。

徐維焱《〈西域地理圖説〉的滿漢合璧問題》,《西域文史》(第十七輯),北京:科學出版社,2023 年。

鄭旭東、鄭紅翔、趙占鋭《新出唐高昌王族麴嗣良及夫人史氏墓誌研究》,《敦煌研究》2023 年第 1 期。

張慧芬、李錦繡《吐魯番出土"唐咸亨元年後西州倉曹文案爲公廨本錢及奴婢自贖價事"文書考釋》,《敦煌學輯刊》2023 年第 1 期。

馬俊傑《新見兩件吐魯番出土唐代告身殘片考釋》,《敦煌吐魯番研究》(第二十二卷),上海:上海古籍出版社,2023 年。

胡興軍《新疆尉犁克亞克庫都克烽燧遺址出土唐〈橫嶺烽狀上通海鎮爲樓蘭路截蹤事〉文書》,《文物》2023 年第 3 期。

劉子凡《唐代的軍令——以國圖 BD9330 號文書與國博 38 號文書爲中心》,邱源媛主編《中國古文書學研究》(第一輯),桂林:廣西師範大學出版社,2023 年 10 月。

孟憲實《出土文獻與制度史研究——以吐魯番出土文獻爲中心》,《文獻》2023 年第 6 期。

石澤陽《唐高宗顯慶四年蘇定方征討都曼史事鈎沉》,《敦煌學輯刊》2023 年第 3 期。

吳洪琳、張梓軒《十六國北朝時期的素和氏及和士開族屬問題》,《西域研究》2023 年第 2 期。

馬俊傑《新見吐魯番出土"入老"文書考釋》,《西域研究》2023 年第 3 期。

張重洲《唐代恒篤城事件與程知節西域史事考》,《青海師範大學學報》2023 年第 1 期。

許金許、何永明《略述鄧纘先在新疆的活動(1915—1922)》,《新疆地方志》2023 年第 2 期。

李昀《使者與商人——6—8 世紀粟特與中國的交往與職貢圖繪》,《絲綢之路研究集刊》(第九輯)北京:社會科學文獻出版社,2023 年。

僧海霞、曾磊《從"園林之都"至"天馬之鄉"——蒙元時期中原士人的西域觀》,《西北民族論叢》(第二十三輯),北京:社會科學文獻出版社,2023 年。

張安福、党琳《天山廊道在唐朝東西交通和中外交流地位研究》,《中國高校社會科學》2023 年第 1 期。

吳正浩、周偉洲《北魏〈鄯乾墓誌〉〈鄯月光磚誌〉與西域鄯善國》,《西域研究》
　2023 年第 2 期。

萬雪玉、楊忠東《清朝與浩罕互動視域下的回疆治理》,《西域研究》2023 年第
　3 期。

趙夢涵《龍朔年間唐治理天山以北地區的嘗試——以哥邏禄部破散問題爲中
　心》,《唐史論叢》2023 年第 1 期。

侯曉晨《隋文帝、煬帝的西域認知及其西域經略觀比較》,《中國邊疆學》(第
　十六輯),北京:社會科學文獻出版社,2023 年。

王剛《乾隆三十三年昌吉之變新探——以〈清代新疆滿文檔案匯編〉爲中心》,
　《中國邊疆學》(第十七輯),北京:社會科學文獻出版社,2023 年。

王啓明《清末東疆"改土歸流":關展改設鄯善縣研究》,《中國邊疆史地研究》
　2023 年第 4 期。

趙衛賓《清代新疆萬壽宮朝賀禮與王朝國家認同塑造研究》,《清史研究》2023
　年 1 期。

張帥《清代哈薩克租馬研究》,《清史研究》2023 年 1 期。

惠男《私玉之禁:乾隆時期國家對回疆的資源管控與法律實踐》,《清史研究》
　2023 年第 2 期。

孟憲實《北庭與唐朝的絲綢之路管理》,《甘肅社會科學》2023 年第 1 期。

李丹婕《唐代漢化佛寺與安西四鎮》,《世界宗教研究》2023 年第 10 期。

買合木提江・卡地爾、喬桂紅《新疆出土的唐代金屬帶具——見證中原王朝
　對西域的有效治理》,《新疆地方志》2023 年第 2 期。

白京蘭、王琛博《晚清吐魯番廳司法實踐中的管押研究》,《中國社會科學院大
　學學報》2023 年第 3 期。

陳芸、張皓《從旗制到縣制:民國時期伊犁錫伯營行政體制的近代化》,《西域
　研究》2023 年第 1 期。

趙維璽《稀見史料〈奇冤紀聞〉及所見晚清伊犁善後事宜》,《西域研究》2023
　年第 1 期。

王科傑《霍集斯案與清朝統治回部初期的伯克政治》,《西域研究》2023 年第
　2 期。

趙珍、王一禕《清中葉新疆治理與茶葉設局徵稅》,《西域研究》2023 年第
　3 期。

張小李《清朝國家祭祀體系之下的新疆官方祭祀體系設置與新疆治理》,《西
　域研究》2023 年第 4 期。

王翺《從分治到多元一體：清代庫車城市形態與地方治理研究》，《民族學論叢》2023 年第 2 期。

李豔玲《在曲折中"如漢故事"——魏晉南北朝時期的西域經營》，《歷史評論》2023 年第 2 期。

達吾力江·葉爾哈力克《鑿空西域，護道護國——兩漢時期的西域經略》，《歷史評論》2023 年第 2 期。

馬瑞豐《清至民國時期疏勒河流域水利制度建設及其遺產價值》，《北方民族大學學報》2023 年第 1 期。

王榮煜《民國時期新疆霍爾果斯設縣研究》，《歷史地理研究》2023 年第 2 期。

鄭曉云《漢代中原水利的西傳與民族融合》，《中華民族共同體研究》2023 年第 6 期。

湯國娜《西漢、匈奴經營西域政策比較研究》，《赤峰學院學報》2023 年第 10 期。

包曉悦《西域發現唐代抄目再研究》，《西域文史》（第十七輯），北京：科學出版社，2023 年。

衡宗亮《乾隆年間伊犁倉儲研究》，《中國邊疆學》（第十六輯），北京：社會科學文獻出版社，2023 年。

白京蘭《國家法權與邊疆治理：清代伊犁將軍司法審判職能及變遷》，《西域研究》2023 年第 1 期。

趙夢涵《從"二元分治"到"合署辦公"——唐初西州三府關係考述》，《西域研究》2023 年第 2 期。

劉子凡《吐魯番出土〈唐懷洛辭爲請公驗事〉考釋——兼論唐代的捕亡類公驗》，《西域研究》2023 年第 3 期。

侯曉晨《唐代安西、北庭大都護府拾遺》，《昌吉學院學報》2023 年第 1 期。

伏陽《清末變通新疆命盜案件章程探析》，《北華大學學報》2023 年第 1 期。

趙麗君《清至民國時期新疆鄉約組織形式研究》，《新疆地方志》2023 年第 3 期。

劉子凡《中國國家博物館藏〈唐開元十七年後張彦之差充伊吾軍副使文書〉》，《文物》2023 年第 6 期。

朱豔桐《北涼高昌郡縣僚屬補考》，《面壁窮經一甲子——施萍婷先生敦煌研究六十年紀念文集》，蘭州：甘肅文化出版社，2023 年。

劉復興、馮培紅《粟特會稽康氏與唐代西北邊防——〈唐康忠信墓誌銘並序〉考釋》，《絲路文明》（第八輯），上海：上海古籍出版社，2023 年。

王啓明《乾隆年間疆內八旗換防回疆始末考》，《西北民族論叢》（第二十三輯），北京：社會科學文獻出版社，2023 年。

田海峰《傳世文獻與于闐文書所見唐于闐鎮守軍的軍防》，《西北民族論叢》
（第二十三輯），北京：社會科學文獻出版社，2023 年。

王剛《1765 年烏什圍城戰再考察——以滿文録副奏摺爲中心》，《西域歷史語
言研究集刊》（第十八輯），北京：中國藏學出版社，2023 年。

張安福《屯墾戍邊是"千古之策"——談談唐代的西域屯戍制度》，《歷史評
論》2023 年第 4 期。

胡康《唐天寶年間的北疆邊防與邊地經營》，《中國歷史地理論叢》2023 年第
4 期。

張曉非《元成宗時期西域軍政機構設立始末》，《西域研究》2023 年第 4 期。

沈國光《〈日本寧樂美術館藏吐魯番文書〉4 號文書考——兼論唐代西州府兵
月番攤派的文書行政》，《西域研究》2023 年第 2 期。

孫麗萍《〈唐咸亨三年西州都督府下軍團符〉文書校讀劄記》，《西域研究》
2023 年第 3 期。

榮新江《從出土文書看唐代于闐軍鎮體系》，《面壁窮經一甲子——施萍婷先
生敦煌研究六十年紀念文集》，蘭州：甘肅文化出版社，2023 年。

榮新江《唐朝西域胡人在長安的生活》，《張傳璽先生紀念文集》，北京：中華
書局，2023 年。

胡康《出土文書所見于闐軍鎮的軍事與徵稅職能補考》，《中古中國研究》（第
四卷），上海：中西書局，2023 年。

任冠、貴佳宜《考古學視野下唐代庭州軍政體系的構建》，《中華民族共同體研
究》2023 年第 4 期。

張重洲《論唐西州初期的人口流動及階層分化》，《暨南史學》2023 年第 1 期。

王晶《唐前期的差科簿與差科流程：以阿斯塔那 61 號墓所出役制文書爲中
心》，《中國社會經濟史研究》2023 年第 1 期。

王晶《差科簿中的破除與蠲免——以〈唐令狐鼠鼻等差科簿〉爲中心》，《廈門
大學學報》2023 年第 6 期。

張恒《唐代手實制度新探》，《中國經濟史研究》2023 年第 4 期。

張嫣娟《性別，身份與權力：唐西州户主大女承户問題研究——以吐魯番户籍
文書爲中心》，《中華文化論壇》2023 年第 5 期。

霍沛潮《論唐代西州棉紡織業對當地賦税徵收的影響》，《天水師範學院學報》
2023 年第 2 期。

丁俊《〈儀鳳三年度支奏抄・四年金部旨符〉新碎片的綴合與相關討論》，《西
域研究》2023 年第 3 期。

丁俊《唐代節度使領州府體制研究》,《歷史研究》2023 年第 3 期。

王博《〈高昌被符諸色差役名籍〉考釋》,《吐魯番學研究》2023 年第 2 期。

侯振兵《吐魯番出土契約文書所見唐代的房屋租賃活動》,《唐史論叢》2023 年第 1 期。

[日] 森安孝夫著,白玉冬、李若晨譯《絲綢之路東部的貨幣——從絹、西方銀錢、官布到銀錠》,《絲綢之路考古》(第八輯),北京:科學出版社,2023 年。

劉煜澤《民國時期新疆烟草業及烟草市場研究》,《中國邊疆學》(第十六輯),北京:社會科學文獻出版社,2023 年。

王祥偉《吐魯番出土高昌佛教分儭文書考論》,《石河子大學學報》2023 年第 3 期。

丁君濤《契約視域下清末新疆鄉村借貸糾紛探究》,《邊疆經濟與文化》2023 年第 7 期。

李豔玲《公元 3、4 世紀西域綠洲國農作物種植業生產探析——以佉盧文資料反映的鄯善王國爲中心》,邱源媛主編《中國古文書學研究》(第一輯),桂林:廣西師範大學出版社,2023 年 10 月。

王科傑《從戰時到常設:清代新疆伊犁通烏魯木齊道建置研究》,《西域歷史語言研究集刊》(第十八輯),北京:中國藏學出版社,2023 年。

榮新江《唐朝收撫于闐與西域交通體系的建立及完善》,《甘肅社會科學》2023 年第 1 期。

李學東《吐魯番出土長行馬文書相關問題研究》,《地域文化研究》2023 年第 3 期。

王小文、付馬《蒙古統治時期吐魯番盆地的驛路交通——以吐魯番出土回鶻文書爲中心的考察》,《中西元史》(第二輯),北京:商務印書館,2023 年。

李佳佳《西北交通與左宗棠收復新疆戰略謀定之關係》,《蘭州交通大學學報》2023 年第 6 期。

劉屹、尚飛《説"懸度"》,《敦煌研究》2023 年第 5 期。

姜劍雲、董夢香、李雪榮《西域地名重名現象之歷史地理内涵解讀》,《太原師範學院學報》2023 年第 3 期。

魯靖康《清代新疆鎮迪道再探》,《歷史地理研究》2023 年第 2 期。

郭小影《中國國家博物館藏〈清人西域圖册〉考論》,《中國國家博物館館刊》2023 年第 6 期。

劉振玉《淺析裴羅將軍城及其年代——兼論葛邏禄西遷時間》,《西域研究》2023 年第 2 期。

伏陽《清代新疆建省後刑事司法統一化研究》,《新疆大學學報》2023 年第

2 期。

黎鏡明《漢代經營西域的統治支點與戰略設計》,《新疆大學學報》2023 年第 3 期。

佟文娟《被"誤解"的集體脱逃——乾隆三十三年(1768)新疆昌吉遣犯事件新探》,《新疆大學學報》2023 年第 3 期。

堅强、王金玉《清代南北疆通道穆素爾達坂路的開闢和利用》,《新疆大學學報》2023 年第 6 期。

龍其鑫《晚清及民國時期新疆對外依附型經濟的形成和影響》,《邊疆經濟與文化》2023 年第 12 期。

周衛平、廖雲鵬《饒應祺新疆治理研究》,《中國邊疆史地研究》2023 年第 3 期。

朱聖明《漢匈之外:漢代西域諸國政治史新探——以"持兩端""兩屬"、稱霸等現象爲中心的考察》,《秦漢研究》2023 年第 1 期。

郝彦彬《綏靖邊疆——楊芳平定張格爾之亂》,《新疆地方志》2023 年第 1 期。

何榮《邊疆治理視域下的清末新疆地方行政建置演變》,《新疆地方志》2023 年第 4 期。

王力《清代哈密貿易述論》,《閩南師範大學學報》2023 年第 3 期。

王素、謝曉鍾《〈新疆游記〉記張懷寂墓被盜掘事》,《吐魯番學研究》2023 年第 2 期。

林梅村《歐陽忞〈輿地廣記〉所述龜兹山川城關考——兼論安西大都護府在渭幹河谷口的考古學證據》,《中華民族共同體研究》2023 年第 4 期。

高仁雄《從唐代契苾部族到元代高昌偰氏看西域文化家族的成因》,《中華文化論壇》2023 年第 5 期。

齊小豔《嚈噠帝國錢幣及其在絲綢之路上的作用探蠡》,《中東研究》2023 年第 1 期。

趙麗君《清代民國時期新疆鄉約形式研究》,《新疆地方志》2023 年第 3 期。

林梅村《槃橐城考——兼論漢唐時期疏勒與龜兹兩國的分界地》,《絲路文明》(第八輯),上海:上海古籍出版社,2023 年。

王聰延《略論魏晉十六國時期中原與西域的關係》,《新疆地方志》2023 年第 2 期。

王剛《乾隆三十三年昌吉變新探——以〈清代新疆滿文檔案匯編〉》,《中國邊疆學》(第十七輯),北京:社會科學文獻出版社,2023 年。

韓亮、郎筠《〈西域地理圖説〉與〈回疆志〉關係考辨》,《新疆大學學報》2023 年第 3 期。

吳冰寒《高昌令狐氏與敦煌令狐家族西遷問題初探》,《中國故事》2023 年第
　　5 期。

許程諾《樓蘭國至鄯善國時期羅布泊地區的歷史與交通研究》,蘭州大學 2023
　　年博士論文。

李佳《拔汗那在唐與大食關係中的政治立場研究》,蘭州大學 2023 年碩士
　　論文。

袁越《關於唐代遊弈制度的幾個問題——以敦煌吐魯番文書爲中心》,山東師
　　範大學 2023 年碩士論文。

楊樂《清代新疆行旅日記研究》,内蒙古民族大學 2023 年碩士論文。

楊娟娟《〈欽定西域同文志〉新疆地名整理與研究》,西北民族大學 2023 年碩
　　士論文。

黃樓《吐魯番文書所見唐代"十駄馬"制度再研究》,北庭學研究院編《北庭學
　　研究》(第三輯),北京:中國文史出版社,2023 年 3 月。

王玉平《吐魯番出土文書所見天寶十三載北庭都護封常清在交河郡的行程》,
　　北庭學研究院編《北庭學研究》(第三輯),北京:中國文史出版社,2023 年
　　3 月。

(三)社會文化

游自勇《唐代漢地堪輿觀念在吐魯番地區的傳播——以出土文書爲中心》,
　　《敦煌研究》2023 年第 5 期。

郭婧《普魯與㲲緂》,《西域歷史語言研究集刊》(第十八輯),北京:中國藏學
　　出版社,2023 年。

羅帥《12 世紀于闐與中亞之間的文化交流——和田博物館藏錯銀鍮石器研
　　究》,《亞洲文明史研究》(第一輯),北京:社會科學文獻出版社,2023 年。

韓香《粟特人與中古時期陸上絲綢之路的印章(珠飾)傳播》,《絲綢之路研究
　　集刊》(第九輯),北京:社會科學文獻出版社,2023 年。

閻焰《"永安五銖"背後出現的異像》,《絲綢之路研究集刊》(第九輯),北京:
　　社會科學文獻出版社,2023 年。

高彥《交流與融合:古代新疆髮釵考略》,《絲綢之路》2023 年第 1 期。

齊小豔《交融與傳播:入華粟特人在希臘化文化東傳中的媒介作用》,《傳媒
　　觀察》2023 年第 5 期。

張瓊、劉博、黃佛君《清代吐魯番盆地坎兒井人文景觀類地名考釋》,《西部學
　　刊》2023 年第 5 期。

高彥《交流與融合:古代新疆女子髮髻考》,《國畫家》2023 年第 3 期。

何小雪《融合中原和西域文化"DNA"的畫像　阿斯塔那古墓群出土〈伏羲女

娲圖〉一瞥》,《中國民族》2023 年第 5 期。

趙江民、李梅宇、楊紫若《魏晉南北朝時期漢語言文字在西域的傳播使用研究》,《喀什大學學報》,2023 年第 5 期。

王子今《西域"香厨"考》,《絲路文明》(第八輯),上海:上海古籍出版社,2023 年。

沈雪《説"中衣":管窺高昌女子服飾變遷》,《敦煌學輯刊》2023 年第 3 期。

毛洋洋、吴鐵、朱利民《唐代胡人都市生活研究——以唐朝陸海絲路出土出水的胡人舞筵圖像文物爲例》,《唐都學刊》2023 年第 2 期。

游芷晴《〈吐魯番出土文書〉"中衣"考釋》,《東方收藏》2023 年第 6 期。

王奕文《英藏新疆出土吐蕃文書中有關絲綢的社會經濟研究》,《甘肅開放大學學報》2023 年第 3 期。

尚玉平、凌雪《新疆巴里坤縣清代墓葬出土"事兒"考釋》,《文物鑒定與鑒賞》2023 年第 13 期。

納春英《唐西州交河郡市估案涉服飾名物考釋》,《青海師範大學學報》2023 年第 2 期。

閻婷婷、阿依達爾·米爾卡馬力《〈漢回合璧〉編者及版本研究》,《新疆大學學報》2023 年第 4 期。

阿迪力·阿布力孜《吐魯番女子曾經這樣出行　出土彩繪泥塑戴帷帽騎馬仕女俑小記》,《中國民族》2023 年第 5 期。

阿迪力·阿布力孜《唐代西州人的文化休閑生活　吐魯番出土鞠囊、文書小記》,《中國民族》2023 年第 5 期。

巴音其其格《漢代兒童版"百科全書"樓蘭本〈急就篇〉小記》,《中國民族》2023 年第 5 期。

陳濤、帕麗旦木·沙丁、蔣洪恩《晉唐時期吐魯番地區所見粟黍作物考辨及加工研究——以出土文書與植物遺存爲中心》,《敦煌研究》2023 年第 6 期。

蔣洪恩《吐魯番出土文獻中的植物名實考證(非本草及佛經類)》,《敦煌吐魯番研究》(第二十二卷),上海:上海古籍出版社,2023 年。

孫維國《由吐魯番阿斯塔那墓地考古發現探析晉唐時期新疆飲食文化》,《農業考古》2023 年第 6 期。

劉偉唯、李文亮《新疆出土銘文錦所見中原與西域同頻交融的中華文化淵源》,《新疆地方志》2023 年第 1 期。

薛瑞澤《張騫通西域與西域樂曲、植物的内傳》,《新疆地方志》2023 年第 2 期。

曹丹丹《吐魯番出土隨葬衣物疏中的"攀帶"》,《東方收藏》2023 年第 4 期。

阿迪力·阿布力孜《它們見證了中原與西域的密切聯繫——出土銅帶鈎與金帶扣小記》,《中國民族》2023 年第 4 期。

阿迪力·阿布力孜《古代選舉史上具有典型意義的樣品——出土〈西涼建初四年秀才對策文〉小記》,《中國民族》2023 年第 5 期。

孫維國《曾經廣爲流傳的童蒙讀物——吐魯番出土〈千字文〉小記》,《中國民族》2023 年第 5 期。

（四）宗教

袁志偉《10—14 世紀絲綢之路上的佛教思想與漢文化認同——以高昌回鶻佛教文獻爲中心的考察》,《西北大學學報》2023 年第 2 期。

胡蓉、楊富學《元大都回鶻佛教文化圈的形成及其與敦煌吐魯番之關聯》,《面壁窮經一甲子——施萍婷先生敦煌研究六十年紀念文集》,蘭州:甘肅文化出版社,2023 年。

趙寧《龜茲石窟寺的部派與教派》,《世界宗教文化》2023 年第 4 期。

宋博文《從〈分別三身品〉看回鶻文〈金光心經〉的版本流變》,《西域歷史語言研究集刊》(第十八輯),北京:中國藏學出版社,2023 年。

李金娟《絲綢之路上的賢劫信仰與千佛圖像——以〈賢劫經〉的譯傳爲背景》,《敦煌學輯刊》2023 年第 1 期。

霍旭初《論經量部思想對龜茲佛教的影響——以〈俱舍論〉與克孜爾石窟爲主題》,《絲綢之路研究集刊》(第十輯),北京:社會科學文獻出版社,2023 年。

李瑞哲《試論"經量部"思想在龜茲的流行》,《絲綢之路研究集刊》(第十輯),北京:社會科學文獻出版社,2023 年。

張重洲、閆麗《晉唐時期彌勒信仰在敦煌、高昌傳佈考》,《絲綢之路研究集刊》(第十輯),北京:社會科學文獻出版社,2023 年。

夏立棟《麴氏高昌國"閉關窟"初探》,《敦煌學輯刊》2023 年第 4 期。

羅爾瓅、魏文斌《哈密白楊河流域小型佛寺遺跡研究》,《敦煌學輯刊》2023 年第 4 期。

定源《西域出土〈開寶藏〉殘本及其版式獻疑》,《世界宗教研究》2023 年第 9 期。

沈衛榮《古回鶻文和漢文譯〈四次第道引定〉及〈中有身玄義〉略考》,《世界宗教研究》2023 年第 1 期。

劉毅超《德藏吐魯番出土課誦本〈楞嚴咒〉研究》,《敦煌學輯刊》2023 年第 4 期。

吐送江·依明《德藏回鶻文〈佛頂尊勝陀羅尼經〉殘卷研究》,《國學學刊》2023 年第 2 期。

王斌《龜兹石窟壁畫中菩薩信仰及其流行》,《雲岡研究》2023 年第 1 期。

史浩成《中古新疆佛教寺院僧侶宗教生活研究》,《石窟寺研究》2023 年第 1 期。

夏立棟《新疆吐峪溝新出西州回鶻寺院禮懺儀式文本研究》,《西域研究》2023 年第 1 期。

林麗娟《〈聖喬治受難記〉在中亞與中國的流傳》,《敦煌吐魯番研究》(第二十二卷),上海:上海古籍出版社,2023 年。

白玉冬《"日月光金"錢考——唐代摩尼教文化交流的真實寫照》,《唐史論叢》2023 年第 1 期。

胡曉丹《吐魯番摩尼教寫本所見阿魯孜格律的東傳》,《西域研究》2023 年第 1 期。

牛汝極《從考古發現看東方教會在中亞和高昌回鶻地區的傳播》,《西域研究》2023 年第 3 期。

白海提《瑞典隆德大學藏民國新疆基督教改宗者信劄初探》,《西域研究》2023 年第 3 期。

任平山《發現轉輪王:克孜爾第 123 窟"七寶人物"》,《石窟寺研究》(第十五輯),北京:科學出版社,2023 年。

劉文鎖《新疆安迪爾道孜勒克古城的佛教遺存及有關問題》,《考古學研究》(十六),北京:科學出版社,2023 年。

林立《高昌回鶻時期的安西開元寺——據惠超造波羅朝佛像考證》,《西域研究》2023 年第 1 期。

户雅夢《日本書道博物館藏〈法句譬喻經〉殘卷斷代研究》,《漢字文化》2023 年第 5 期。

楊曉嶼《北朝七佛形象及其相關問題研究》,蘭州大學 2023 年碩士論文。

吳家璿《敦煌吐魯番出土回鶻文佛教願文研究》,蘭州大學 2023 年碩士論文。

史浩成《舍利信仰在新疆的傳播與影響》,中央民族大學 2023 年碩士論文。

(五)語言文字

黃樓《試釋吐魯番文書所見中古糧食作物"秋"》,《西域研究》2023 年第 2 期。

陳怡丹《〈吐魯番出土文書〉中"萩頭"考》,《東方收藏》2023 年第 5 期。

李樹春《敦煌吐魯番契約文書所見"寒盜"試解》,《鹽城師範學院學報》2023 年第 3 期。

車嘉《敦煌吐魯番買賣契約俗字類型比較研究》,《漢字文化》2023 年第 9 期。

張涌泉《數目字和容量單位用大寫字例釋——以吐魯番、敦煌文獻爲中心的考察》《面壁窮經一甲子——施萍婷先生敦煌研究六十年紀念文集》,蘭州:

甘肅文化出版社,2023 年。

曹丹丹《吐魯番出土文獻隨葬衣物疏"結髮"詞義考釋》,《吐魯番學研究》
2023 年第 2 期。

（六）文學

王啓濤《從吐魯番文獻到杜詩》,《杜甫研究學刊》2023 年第 1 期。

李俊《精神實録與邊塞想象：杜甫〈前出塞〉〈後出塞〉疏證》,《復旦學報》
2023 年第 5 期。

冉娟《岑參邊塞詩在絲綢之路上的傳播》,《新疆藝術（漢文）》2023 年第 1 期。

劉子凡《唐代的"交河"與"西州"》,《文史哲》2023 年第 3 期。

朱玉麒《唐代經營西域的民間文學遺産》,《民族藝術》2023 年第 5 期。

李世忠、嚴潔《騷人之韻事、史氏之地理：論〈西疆雜述詩〉的志書書寫》,《高
原文化研究》2023 年第 1 期。

王汝良《〈大唐西域記〉與東方文學》,《東方文學》2023 年第 2 期。

吳若愚《清代西域詩文學景觀：伊犁九城的戰略地位與文化精神》,《新疆地
方志》2023 年第 3 期。

李江傑、趙佳麗《成書兩赴西域仕宦詩作中文學與地理的交融書寫》,《伊犁師
範大學學報》2023 年第 3 期。

冉娟《文化傳播視域下岑參邊塞詩中〈詩經〉要素解析》,《名作欣賞》2023 年
第 15 期。

馮建吉《絲路視域下的漢代辭賦創作》,《絲綢之路》2023 年第 1 期。

韓學恒《歷史關照、文化辨析與在地關懷——西部散文書寫的三個維度》,《絲
綢之路》2023 年第 2 期。

趙建萍《"遠行"與"回歸"視野中的古代樓蘭形象》,《日語學習與研究》2023
年第 5 期。

（七）藝術

羅爾璨、魏文斌《哈密大像窟遺跡新探》,《敦煌研究》2023 年第 3 期。

任平山《克孜爾石窟龕像的形式與象徵》,《美術學報》2023 年第 1 期。

張超《貴霜帝國與中國西域地區佛塔建築的聯繫和分殊》,《全球城市研究》
2023 年第 2 期。

熱柯普·阿卜杜傑力力《淺談古代于闐佛寺形制演變》,《收藏》2023 年第
3 期。

任平山《龍王、鎧甲、幡幢、海駝——龜兹石窟中的護法神王》,《中國國家博物
館館刊》2023 年第 8 期。

劉帆、武晶、滕樹勤《龜兹中心柱窟地域性營建技術研究》,《工業建築》2023

年第 2 期。

劉昱《高昌地區及周邊塔狀層龕式佛堂建築探析》,《四川建材》2023 年第
  5 期。

李曉楠、陳愛峰《柏孜克里克與勝金口的"缽經"説法圖》,《西域研究》2023 年
  第 2 期。

任平山《森木塞姆第 30 窟壁畫"須大拏本生"圖考》,《西域研究》2023 年第 3 期。

楊波《新疆森木塞姆第 44 窟"瑞像故事畫"考》,《西域研究》2023 年第 4 期。

高豔《新疆石窟壁畫　見證古代絲綢之路上的藝術交流融合》,《中國宗教》
  2023 年第 3 期。

崔中慧《焉耆明屋錫格沁寫經圖再探》,《美術大觀》2023 年第 3 期。

祁曉慶《龜兹石窟王族供養人像的形式與意義——以踮腳尖的形象爲例》,
  《西夏研究》2023 年第 2 期。

王小雄《吐魯番阿斯塔那 38 號古墓出土六曲屏風壁畫研究》,《西北美術》
  2023 年第 2 期。

王煜《吐魯番地區十六國墓葬壁畫與紙畫研究》,《考古與文物》2023 年第
  2 期。

姚律《克孜爾石窟第 110 窟及其佛傳壁畫研究》,《文化藝術研究》2023 年第
  6 期。

路珊珊《唐西州時期高昌與敦煌石窟繪畫的聯繫》,《美與時代(上)》2023 年
  第 10 期。

閆岫育《高昌回鶻時期高昌與龜兹石窟壁畫之聯繫》,《收藏》2023 年第 6 期。

鄒曉明《新疆高昌地區壁畫中的花朵研究》,《新疆藝術學院學報》2023 年第
  2 期。

隋立民《新疆岩畫中的馴養動物形象解析》,《新疆藝術(漢文)》2023 年第
  4 期。

隋立民《新疆岩畫生殖崇拜畫語》,《新疆藝術學院學報》2023 年第 2 期。

劉韜《德國藏吐魯番壁畫的調查與整理》,《敦煌學輯刊》2023 年第 4 期。

王騰、劉文正《淺談壁畫藝術語言在岩彩畫創作中的應用——以龜兹壁畫爲
  例》,《新美域》2023 年第 4 期。

葉慶兵《新疆呼圖壁康家石門子岩畫的神話内涵》,《文學人類學研究》(第七
  輯),成都:四川大學出版社,2023 年。

趙麗、楊波《試論克孜爾石窟天相圖的類型及演變》,《西北民族論叢》(第二
  十三輯),北京:社會科學文獻出版社,2023 年。

王芳《絲路北道的天竺風情:克孜爾 110 窟佛傳婚禮圖及其梵劇元素》,《中

外文化與文論》2023 年第 1 期。

胡曉丹《摩尼教器樂叢考——兼論"答臘"之詞源》,《中國音樂》2023 年第 4 期。

楊賀《先唐西域音樂東漸與歌詩之演變》,《石河子大學學報》2023 年第 1 期。

沈洽《中國音樂研究中"絲路"研究的現狀》,《沈洽文集:音樂沉思錄》,上海:上海音樂出版社,2023 年。

賴以儒《吐魯番出土〈樂毅論〉習字殘片研究——兼論王羲之書跡在新疆地區的傳播與接受》,《吐魯番學研究》2023 年第 1 期。

任占鵬《唐宋時期王羲之書帖在習字教育中的運用》,《河北師範大學學報》2023 年第 2 期。

楊晨《鍾王書風源流考——以敦煌吐魯番寫經寫本爲視閾》,《南京藝術學院學報》2023 年第 2 期。

吕泉燁《阿斯塔納 506 號墓出土文書 35 號卷書法美學探賾》,《浙江藝術職業學院學報》2023 年第 2 期。

汪托霞《淺析樓蘭漢文簡紙文書的審美意象和歷史意義》,《新疆藝術(漢文)》2023 年第 6 期。

楊晨《揚棄與融合——西北考古視閾下 20 世紀前期碑帖觀尋繹》,《中國國家博物館館刊》2023 年第 5 期。

周菁葆《絲綢之路上的摩尼教繪畫藝術》,《新疆藝術(漢文)》2023 年第 3 期。

李小旋《漢式日月表現模式及其傳播》,《東南大學學報》2023 年第 2 期。

趙娜、左丘萌《阿斯塔那唐墓聯屏式絹畫〈美人四時行樂圖〉的綴合與相關問題探討》,《南方文物》2023 年第 4 期。

李秋紅《樓蘭出土毛織物所見雙蛇杖圖像分析》,《藝術設計研究》2023 年第 3 期。

李多陽、楊小羽、閆瑞欣、吕世生《唐代長沙窯瓷器與新疆吐魯番阿斯塔那古墓文物裝飾題材的對比研究》,《收藏與投資》2023 年第 4 期。

李璐《吐魯番出土的伏羲女媧圖像樣式探析》,《收藏與投資》2023 年第 7 期。

屈卉敏、汪雪《柏孜克里克第 48 窟銅鈸圖像稽考》,《音樂文化研究》2023 年第 3 期。

任文傑《吸納與變遷:高昌細密畫中的植物圖像研究》,《新疆藝術(漢文)》2023 年第 5 期。

焦樹峰《古代龜茲地區頂燈舞研究——以龜茲石窟"頂燈圖像"爲中心》,《新疆藝術(漢文)》2023 年第 1 期。

陳粟裕《新疆和田出土藏文〈法華經〉裝飾圖畫研究》,《世界宗教研究》2023

年第 10 期。

孫婧文、孫危《吐魯番盆地與河西走廊發現的伏羲女媧形象之關係及相關問題研究》,《吐魯番學研究》2023 年第 2 期。

吕曉楠《新疆柏孜克里克石窟第 41 窟西方净土經變圖像考釋》,《吐魯番學研究》2023 年第 2 期。

李國《西域石窟佛寺古遺址中的"風神、雷神"形象淺識——兼議柏孜克里克第 40 窟新見"風雷神"》,《吐魯番學研究》2023 年第 2 期。

王芳《龜兹壁畫迦葉口説真實語療愈佛足圖像辨析》,《西域研究》2023 年第 3 期。

張泓湲、王樂《阿斯塔那出土唐代"緑色狩獵紋印花紗"工藝及圖案研究》,《東華大學學報》2023 年第 2 期。

郭夢妮《絲綢之路背景下唐代紋樣的風格特徵分析》,《西部學刊》2023 年第 20 期。

廖越、王敏《新疆非遺刺綉中共有紋樣符號探究——以纏枝紋、鳥形紋與動物角紋爲例》,《新疆藝術(漢文)》2023 年 6 期。

陳建用《唐墓壁畫女性眉式嬗變探驪》,《藝術家》2023 年第 1 期。

張蕾《這位女棋手不一般 吐魯番出土〈弈棋仕女圖〉小記》,《中國民族》2023 年第 5 期。

陳貝博《北庭西大寺〈争分舍利圖〉繪畫語言研究》,中國藝術研究院 2023 年碩士論文。

徐亞新《高昌回鶻時期"燃燈授記"圖像藝術研究》,新疆藝術學院 2023 年碩士論文。

霍喜《高昌"章和—建昌"時期墓磚書法研究》,新疆藝術學院 2023 年碩士論文。

郭子蘭《柏孜克里克第 82 窟圖像藝術研究》,新疆藝術學院 2023 年碩士論文。

武展旭《〈沮渠安周造佛寺碑〉書法藝術研究》,新疆藝術學院 2023 年碩士論文。

丁毅《〈且渠封戴墓表〉書跡與風格研究》,新疆藝術學院 2023 年碩士論文。

萬慧通《吐魯番高昌回鶻時期藥師經變圖像藝術研究》,新疆藝術學院 2023 年碩士論文。

張青《克孜爾壁畫題材水彩綜合材料表現研究》,新疆藝術學院 2023 年碩士論文。

楊茂《柏孜克里克第 48 窟主室正壁圖像研究》,新疆藝術學院 2023 年碩士論文。

屈超繁《故城遺址題材油畫創作研究與實踐》,西北民族大學 2023 年碩士
　論文。

楊文博《克孜爾石窟説法圖研究》,蘭州大學 2023 年博士論文。

（八）考古與文物保護

任冠、魏堅《2022 年唐朝墩古城遺址考古工作的主要收穫》,《西域研究》2023
　年第 2 期。

曹凱、馬鵬、曲夢圓《新疆疏附阿克塔拉遺址群 2021~2022 年考古發掘收穫與
　初步認識》,《西域研究》2023 年第 2 期。

尚玉平《新疆吐魯番巴達木東墓群 2022 年考古發掘主要收穫及初步認識》,
　《西域研究》2023 年第 3 期。

路瑩《七康湖石窟調查與研究》,《吐魯番學研究》2023 年第 1 期。

高春蓮《葡萄溝石窟Ⅰ區調查研究》,《吐魯番學研究》2023 年第 1 期。

德里格爾加甫、張海龍、舍秀紅、祖白旦古麗・艾尼瓦爾、丁琴《和静縣霍爾古
　吐水電站墓地考古發掘簡報》,《吐魯番學研究》2023 年第 1 期。

張學淵、頡耀文、朱隴强、郭澤呈、王浩然、西桂林《歷史時期新疆文化遺址空
　間分佈特徵分析》,《乾旱區資源與環境》2023 年第 4 期。

郭豔榮《再現圓沙古城》,《大衆考古》2023 年第 6 期。

苗利輝《龜兹石窟考古現狀及展望》,《大衆考古》2023 年第 7 期。

廖志堂、李肖《北巴克特里亞地區早期佛寺佈局初探——兼論西域古佛寺聯
　繋》,《敦煌研究》2023 年第 6 期。

胡興軍《新疆尉犁縣克亞克庫都克烽燧遺址唐代戍邊生活的考古學研究》,
　《中華民族共同體研究》2023 年第 4 期。

陳凌、娃斯瑪・塔拉提、陳婷《西域都護府考古探索與反思——基於方法論的
　觀察》,《中華民族共同體研究》2023 年第 5 期。

新疆文物考古研究所《新疆額敏縣霍吉爾特墓地發掘簡報》,《考古學集刊》
　（第 28 集）,北京：社會科學文獻出版社,2023 年。

王永强、尚玉平、王龍、張海龍、舍秀紅、蔣金國、周芳、哈里買買提・吾甫爾、
　丹妮婭・巴拉提《2022 年新疆吐魯番巴達木東墓群考古發掘簡報》,《吐魯
　番學研究》2023 年第 2 期。

閆雪梅、朱永明、黄奮、宋書林《新疆和静縣烏蘭英格墓地發掘簡報》,《吐魯番
　學研究》2023 年第 2 期。

任皎《新疆克孜爾石窟第 189 窟、190 窟調查簡報》,《吐魯番學研究》2023 年
　第 2 期。

古麗扎爾・吐爾遜《新疆拜城縣克孜爾石窟第 99 窟調查簡報》,《吐魯番學研

究》2023 年第 2 期。

西北大學文化遺產研究與保護技術教育部重點實驗室、哈密市文化體育廣播電視和旅游局（文物局）、伊吾縣文化體育廣播電視和旅游局（文化局）《新疆維吾爾自治區伊吾縣粵海水庫遺址 2018 年調查簡報》,《北方民族考古》（第 15 輯）,北京：科學出版社,2023 年。

新疆文物考古研究所《新疆維吾爾自治區特克斯縣軍馬場墓地發掘簡報》,《北方民族考古》（第 15 輯）,北京：科學出版社,2023 年。

盛潔《新疆維吾爾自治區焉耆錫克沁遺址考察史及俄藏文物研究》,《北方民族考古》（第 15 輯）,北京：科學出版社,2023 年。

瑪依熱·麥提圖爾迪《被沙漠吞噬的王國——漢晉時期精絶的興亡探討》,《新疆地方志》2023 年第 4 期。

任萌、鄧金田、馬健、艾合買提·牙合甫、蔣曉亮《2011 年新疆巴里坤縣石人子溝墓葬發掘簡報》,《文博》2023 年第 2 期。

任萌、邢鈺婷、艾合買提·牙合甫、蔣曉亮《新疆巴里坤縣八墙子岩畫調查簡報》,《文博》2023 年第 2 期。

田小紅、吳勇、王馨華《新疆庫車友誼路墓群 2021 年發掘簡報》,《文物》2023 年第 3 期。

阿里甫江·尼亞孜《新疆托里縣那仁蘇墓地考古發掘簡報》,《文博》2023 年第 2 期。

黃海波、井中偉《試析小河文化的來源與形成》,《西域研究》2023 年第 2 期。

先怡衡、樊静怡、楊莉萍、于春、梁雲、段朝瑋、李延祥《新疆出土早期綠松石製品研究》,《西域研究》2023 年第 2 期。

馮玥《七角井遺址與史前絲綢之路上的細石器》,《西域研究》2023 年第 3 期。

范傑《新疆出土史前海貝來源和傳播路徑再認識》,《西域研究》2023 年第 4 期。

叢德新《新疆青銅時代考古學文化多樣性的形成與發展》,《中華民族共同體研究》2023 年第 2 期。

李文瑛《新疆塔里木盆地小河文化溯源及文化交流與互動研究》,《中華民族共同體研究》2023 年第 2 期。

袁曉《新疆史前農牧經濟與社會形態》,《南方文物》2023 年第 4 期。

王澤祥《切木爾切克文化的發現與研究》,《北方民族考古》（第 15 輯）,北京：科學出版社,2023 年。

王澤祥《切木爾切克文化的類型、時代與界定》,《邊疆考古研究》（第 33 輯）,北京：科學出版社,2023 年。

何亦凡《"簡紙過渡"時代的衣物疏——從新刊佈的吐魯番出土最早的衣物疏談起》,《西域研究》2023 年第 3 期。

張昕瑞、李延祥、阿里甫江・尼亞孜《新疆托里縣那仁蘇墓地出土隕鐵器分析》,《西域研究》2023 年第 3 期。

張坤《煥彩溝漢碑研究》,《西域研究》2023 年第 4 期。

宋會宇、康曉静《新疆尼雅遺址一號墓地 M3 出土短靿氈靴材質、染料的檢測分析與研究》,《吐魯番學研究》2023 年第 1 期。

王亞亞、張美芳、練曉東、陳姝婕《唐代不同用途西域文書製成材料無損檢測分析》,《檔案學通訊》2023 年第 4 期。

張美芳、王亞亞《出土西域文書殘片紙張與字跡成分分析》,《文獻》2023 年第 1 期。

陳麗萍《讀〈西域出土古文書片〉小劄》,邱源媛主編《中國古文書學研究》(第一輯),桂林:廣西師範大學出版社,2023 年 10 月。

殷弘承、何林、武嚴、丁炫炫《吐魯番伯西哈第 3 窟壁畫製作材料與工藝的科學分析》,《石窟與土遺址保護研究》2023 年第 3 期。

高桂清《AR 技術在喀什高臺民居數字化保護中的應用研究》,《新疆藝術學院學報》2023 年第 1 期。

孫維國《兔年説兔　新疆地區發現的兔類骨骼與兔形象文物》,《大衆考古》2023 年第 1 期。

劉學堂《天山彩陶系統的形成及意義》,《中原文物》2023 年第 1 期。

李樹輝《沙雅縣塔什墩村出土刻石及相關歷史研究》,《廣東技術師範大學學報》2023 年第 1 期。

王玥、雷茗茹《魏晉十六國時期的鎮墓獸研究——以新疆吐魯番阿斯塔那墓群與河西地區的墓葬爲比較對象》,《文物鑒定與鑒賞》2023 年第 7 期。

買合木提江・卡地爾《吐魯番十六國—北朝墓葬出土木俑源流考》,《地域文化研究》2023 年第 3 期。

宋敏《穿越古今的新疆出土實物錢幣》,《新疆藝術(漢文)》2023 年第 3 期。

艾俊川《吐魯番出土古紙牌年代考》,《印刷文化(中英文)》2023 年第 2 期。

黃威《英國圖書館藏 Or.8211/800 號"木簡"名實考——兼及卷軸古書如何描畫界行》,《中國典籍與文化》2023 年第 3 期。

林鈴梅、瑪爾亞木・依不拉音木《歐亞視野下的角壺與仿角壺陶器》,《南方文物》2023 年第 4 期。

劉晨《絲綢之路上的錢幣文化——新疆出土薩珊銀幣流通性的探討》,《藝術教育》2023 年第 2 期。

丁書君、王欣《中華文化共同體視閾下的新疆出土銅鏡研究》,《新疆社科論壇》2023 年第 5 期。

苟樹芬《試析北庭故城出土彩陶盆中的文化信息》,《文物鑒定與鑒賞》2023 年第 9 期。

侯明明、劉學堂《新疆地區青銅時代螺旋首銅臂釧的發現及來源》,《文博》2023 年第 2 期。

吳佳瑋《鄯善國用印探微》,《西泠藝叢》2023 年第 2 期。

吳麗紅、楊波《庫木吐喇窟群區第 41 窟畫塑復原及研究》,《敦煌學輯刊》2023 年第 1 期。

孫雨瑶《新疆吐魯番勝金店墓地出土錦囊的修復保護研究》,《文物保護與考古科學》2023 年第 2 期。

解凡、高鑫《新疆伯西哈石窟壁畫保存現狀研究》,《文物鑒定與鑒賞》2023 年第 14 期。

牟奎《雅爾湖石窟保護研究》,《收藏與投資》2023 年第 7 期。

李淑祺《大、小桃兒溝石窟的現狀及保護研究》,《收藏與投資》2023 年第 9 期。

劉穎《"古城"換新貌：北庭故城遺址的保護與開發利用》,《文化學刊》2023 年第 3 期。

西北大學文化遺産學院,新疆文物考古研究所,哈密市文化體育廣播電視和旅游局,巴里坤縣文化體育廣播電視和旅游局《新疆哈密巴里坤 2015 年石人子溝遺址墓葬發掘簡報》,《西部考古》(第 25 輯),北京：科學出版社,2023 年。

哈密市文化體育廣播電視和旅游局,西北大學文化遺産學院,巴里坤縣文化體育廣播電視和旅游局《新疆哈密大河古城遺址 2020 年度調查勘探報告》,《西部考古》(第 25 輯),北京：科學出版社,2023 年。

西北大學文化遺産學院,哈密市文化體育廣播電視和旅游局,巴里坤縣文化體育廣播電視和旅游局《新疆巴里坤縣大河古城調查與伊吾軍考略》,《西部考古》(第 25 輯),北京：科學出版社,2023 年。

韓建業《青銅時代前後阿爾泰山地區適宜氣候促進歐亞草原帶人群的東向遷移》,《科學通報》2023 年第 22 期。

王尹辰、馬健《阿凡納謝沃文化研究》,《歐亞學刊》(新 12 輯),北京：商務印書館,2023 年。

任萌、常曉雯《從艾斯克霞爾南遺址看焉不拉克文化的相關問題》,《絲綢之路考古》(第 8 輯),北京：科學出版社,2023 年。

中國—中亞人類與環境"一帶一路"聯合實驗室、文化遺産研究與保護技術教育部重點實驗室,哈密市文化體育廣播電視和旅游局,巴里坤縣文化體育電視和旅游局《新疆巴里坤西溝岩畫調查簡報》,《西部考古》(第 25 輯),北京：科學出版社,2023 年。

王東輝《魚鳥之變與化生思維——從阿勒泰"鳥啄魚"岩畫説起》,《中國民族學》(第 27 輯),蘭州：甘肅民族出版社,2023 年。

古麗拜克熱·買明《溝北一號臺地墓地出土的骨器裝飾品》,《收藏與投資》2023 年第 9 期。

李春長《承載吐魯番緑洲文明的世界遺産　交河故城一瞥》,《中國民族》2023 年第 5 期。

吳勇《掀開龜兹文化神秘面紗的一角　庫車友誼路墓群小記》,《中國民族》2023 年第 5 期。

侯知軍《火焰山下的小"長安"　高昌故城小記》,《中國民族》2023 年第 5 期。

侯知軍《穿越時空的文化地標　阿斯塔那古墓群一瞥》,《中國民族》2023 年第 5 期。

陳意《彰顯文化交融的佛教遺存　吐峪溝石窟小記》,《中國民族》2023 年第 5 期。

張紫琪《來自春秋戰國時期的印證　吐魯番出土鳳鳥紋刺繡一瞥》,《中國民族》2023 年第 5 期。

排孜來提·圖爾洪《獨一無二的瑰寶　出土彩繪木雕天王踏鬼俑小記》,《中國民族》2023 年第 5 期。

田璐《焉耆七個星佛寺名稱源流考》,《美術大觀》2023 年第 3 期。

陳粟裕《新疆柏孜克里克高昌回鶻壁畫藝術》,《世界宗教文化》2023 年第 4 期。

李博《透過三處(件)龜兹文物看漢唐時期中原與新疆地區的交流交融往來》,《收藏》2023 年第 7 期。

尚玉平《新疆巴里坤縣團結東路 M12 出土清代官服初考》,《四川文物》2023 年第 3 期。

南希、尚玉平、歐陽盼、周華《尼雅遺址 96MNI 號墓地 M3 與 M8 出土紡織品特徵分析——以新疆維吾爾自治區文物考古研究所藏文物爲例》,《東華大學學報》2023 年第 1 期。

倪羽婕《清代新疆滿城的考古學研究》,天津師範大學 2023 年碩士論文。

閆真《清代新疆回城的考古學研究》,天津師範大學 2023 年碩士論文。

宋佳雯《社會性別視角下的新疆洋海墓地研究》,吉林大學 2023 年碩士論文。

安令雨《新疆吐魯番盆地青銅-早期鐵器時代人群的古人口學研究》,吉林大學 2023 年碩士論文。

李旻恪《新疆地區史前時期二次葬研究》,吉林大學 2023 年碩士論文。

郭物《試析北庭故城遺址發現的"悲田寺"刻字陶器殘片》,北庭學研究院編《北庭學研究》(第三輯),北京:中國文史出版社,2023 年 3 月。

(九)少數民族歷史語言

崔焱《回鶻文〈玄奘傳〉中的語言接觸研究——以第六卷爲例》,《西域歷史語言研究集刊》(第十八輯),北京:中國藏學出版社,2023 年。

丁曼玉《柏林藏吐魯番敘利亞語文書的整理與研究》,《西域研究》2023 年第 3 期。

韓樹偉《新疆出土佉盧文書所見漢晉鄯善國習慣法研究》,《新疆大學學報》2023 年第 5 期。

陸離《新疆出土藏文文獻所見關於回鶻、突厥記載研究》,《石河子大學學報》2023 年第 5 期。

李小娟《回鶻文契約文書中的"四至"相關問題考》,《收藏》2023 年第 5 期。

謝寶利、張婧《鄯善王國羊之用途初探——以佉盧文書爲文本的研究》,《高原文化研究》2023 年第 1 期。

潘勇勇、閆永志《明代西域使者陳誠眼中的哈烈城考述》,《新疆地方志》2023 年第 4 期。

敖特根《翻譯與民族交流:敦煌、吐魯番與哈喇浩特出土蒙古文翻譯文獻》,《面壁窮經一甲子——施萍婷先生敦煌研究六十年紀念文集》,蘭州:甘肅文化出版社,2023 年。

榮新江《胡語文書與絲綢之路(筆談)》,《中外論壇》2023 年第 1 期。

白玉冬《U5335 回鶻文音譯〈五臺山讚〉——兼談 U5335 文書的寫作背景》,《敦煌吐魯番研究》(第二十二卷),上海:上海古籍出版社,2023 年。

李剛《吐魯番柏孜克里克諸石窟遺存回鶻文題記語言學研究》,《敦煌學輯刊》2023 年第 2 期。

党寶海、貢一文《黄文弼先生所獲 14 世紀察合台汗國蒙古文文書譯釋》,《吐魯番學研究》2023 年第 1 期。

胡曉丹《國家博物館藏黄文弼所獲摩尼文粟特語殘片釋讀》,《吐魯番學研究》2023 年第 1 期。

付馬《中國國家博物館藏黄文弼所獲回鶻文書研究剳記》,《中國國家博物館館刊》2023 年第 8 期。

毛選、張鐵山《廬江草堂藏回鶻文"七聖財"疏釋書研究》,《敦煌學輯刊》2023

年第 4 期。

木再帕爾《〈戴寶石者的故事〉——德藏摩尼文吐魯番文書 M135 號文獻研究》,《民族語文》2023 年第 1 期。

王一丹《新疆喀什阿帕克和卓麻扎門樓上的一首波斯語紀年詩》,《西域文史》(第十七輯),北京:科學出版社,2023 年。

宋博文《從〈分別三身品〉看回鶻文〈金光明經〉的版本流變》,《西域歷史語言研究集刊》(總第 18 輯),北京:中國藏學出版社,2023 年。

玉努斯江·艾力、潘勇勇《感恩的記憶——清代吐魯番維吾爾人遷居瓜州的一件察合台文文書》,《西域歷史語言研究集刊》(第十八輯),北京:中國藏學出版社,2023 年。

楊富學、葛啓航《吐魯番回鶻文木杵銘文所見倭赤與巴兒斯汗釋地》,《石河子大學學報》2023 年第 1 期。

孫琦《〈于闐國授記〉所載唐代于闐王統研究》,《中國邊疆學》(第十七輯),北京:社會科學文獻出版社,2023 年。

楊銘《南詔王異牟尋帛書所謂"退渾王"考——兼論吐魯番〈沙州豆盧軍軍府文書〉記載的"吐渾可汗"》,《西南民族大學學報》2023 年第 7 期。

那嘎·特爾巴依爾《新疆北部銅石并用至青銅時代早期考古學文化的交流與融合》,《中華民族共同體研究》2023 年第 6 期。

(十) 古籍

竇秀豔、楊羽《德藏吐魯番出土〈爾雅音義〉殘片探析》,《現代語文》2023 年第 5 期。

方心怡《國學經典的傳播　吐魯番出土唐寫〈尚書〉殘卷小記》,《中國民族》2023 年第 5 期。

李玉平《唐寫本〈論語·述而〉鄭注前十二章拼綴復原研究——兼及中外漢文古寫本〈論語〉鄭注資料考察》,《北方工業大學學報》2023 年第 6 期。

劉純《寫本、刻本〈文選注〉所引鄭玄注用字比較研究》,天津師範大學 2023 年碩士論文。

(十一) 科技

海霞《回鶻文本〈醫理精華〉探究》,《敦煌學輯刊》2023 年第 2 期。

衡宗亮《清代新疆地區的瘟疫與防治》,《農業考古》2023 年第 4 期。

于業禮《旅順博物館藏新疆出土醫學著作殘片研究》,《中央民族大學學報》2023 年第 1 期。

張李贏、王興伊《梵語—龜茲語文書 PK AS 2B 治風方考》,《中醫藥文化》2023 年第 4 期。

劉念、崔劍鋒、姜曉晨陽《新疆古代玻璃的發現與科技研究》,《西域研究》2023
年第 4 期。

陳濤、蔣洪恩《吐魯番晉唐時期的水稻栽培研究》,《自然科學史研究》2023 年
第 1 期。

許瑤、趙珍《清代哈密豌豆供求與農業生態系統調適》,《中國農史》2023 年第
4 期。

夏燕靖《唐代紡織品"草木染"染色工藝探賾》,《藝術設計研究》2023 年第 4 期。

李鑫鑫、何紅中《國家主導:漢唐時期苜蓿在西北地區的推廣管理》,《中國農
史》2023 年第 5 期。

（十二）書評與學術動態

祁美琴、張歡《對〈劍橋中國晚清史〉新疆歷史書寫的檢討》,《清史研究》2023
年第 1 期。

孟憲實、李肖《朱雷〈吐魯番出土文書補編〉評介》,《西域研究》2023 年第
3 期。

姚崇新《毫端盡精微　胸中有世界——榮新江〈從張騫到馬可·波羅——絲
綢之路十八講〉評介》,《西域研究》2023 年第 4 期。

榮新江、朱玉麒《我們擁有黃文弼文書——〈黃文弼所獲西域文書〉前言》,
《吐魯番學研究》2023 年第 1 期。

吳華峰《新疆考古報告的里程碑——黃文弼"三記"再版前言》,《吐魯番學研
究》2023 年第 1 期。

朱鴻君《悟讀榮新江先生——〈從張騫到馬可·波羅——絲綢之路十八講〉》,
《吐魯番學研究》2023 年第 1 期。

劉子凡《〈吐魯番出土文獻散録〉中的文書研究價值》,《隋唐遼宋金元史論
叢》（第十三輯）,上海:上海古籍出版社,2023 年。

張得盼《探究中華文明外播史的一部精品力作——評〈絲綢之路上的中華文
明〉》,《西域研究》2023 年第 2 期。

張小貴《榮新江著〈從張騫到馬克·波羅:絲綢之路十八講〉》,《敦煌吐魯番
研究》（第二十二卷）,上海:上海古籍出版社,2023 年。

沈琛《榮新江編著〈和田出土唐代于闐漢語文書〉》,《敦煌吐魯番研究》（第二
十二卷）,上海:上海古籍出版社,2023 年。

鄭豪《侯燦編著〈樓蘭考古調查與發掘報告〉》,《敦煌吐魯番研究》（第二十二
卷）,上海:上海古籍出版社,2023 年。

王敏琪、董慧慧、左怡兵、張佳偉、朱佳藝、邵妍、陳可涵、周思睿、李思羽、趙
芃、趙佩汶、石子萱、朱玉麒《對〈唐代經營西域的民間文學遺產〉的問答、評

議與討論》,《民族藝術》2023 年第 5 期。

馬偉、黃瑩、黎鏡明《"黃文弼與絲綢之路"學術研討會綜述》,《西域研究》
　　2023 年第 4 期。

郭來美《俄羅斯基於敦煌吐魯番文獻的唐代社會歷史研究》,《青海師範大學
　　學報》2023 年第 2 期。

馬玉鳳《明代綠洲絲綢之路研究的回顧與展望》,《中國邊疆史地研究》2023
　　年第 2 期。

周尚娟《吐魯番地區佛教考古與研究綜述》,《宗教學研究》2023 年第 4 期。

賀婷、張鐵山《近十年國內回鶻研究綜述》,《亞非研究》2023 年第 2 期。

程秀金《2021—2022 年新疆史研究綜述》,《新疆大學學報》2023 年第 6 期。

李芳《晚清吐魯番廳檔案研究綜述》,《新疆大學學報》2023 年第 6 期。

陳淑賢《伊犁將軍金順研究述評》,《新疆地方志》2023 年第 3 期。

韓樹偉《敦煌、吐魯番出土漢文契約文書研究綜述》,《吐魯番學研究》2023 年
　　第 2 期。

臧博楠《新疆岩畫研究文獻綜述》,《西北美術》2023 年第 3 期。

鄧永紅、吳華峰《吐魯番考古第一人——紀念黃文弼誕辰 130 周年特展》,《吐
　　魯番學研究》2023 年第 1 期。

鄧聰《春風拂璋追懷饒師宗頤:毋忘香港的根》,《南方文物》2023 年第 1 期。

郭豔榮《黃文弼先生與吐魯番》,《大眾考古》2023 年第 3 期。

張重洲《侯燦先生與吐魯番學研究》,《華夏文化》2023 年第 2 期。

王紅梅《盡精微而致廣大——楊富學著〈回鶻文佛教文獻研究〉評介》,《2023
　　敦煌學國際聯絡委員會通訊》,上海:上海古籍出版社,2023 年。

殷盼盼《21 世紀吐魯番學(魏晉南北朝時期)研究綜述——以文獻、政治與制
　　度、交通與地理、經濟問題爲主》,《中國魏晉南北朝史學會會刊》2023 年第
　　4 卷。

韓樹偉《樓蘭研究又一春——〈羅布泊考古研究〉介評》,《絲綢之路考古》(第
　　八輯),北京:科學出版社,2023 年。

姚崇新《樓蘭研究的新起點——侯燦〈樓蘭考古調查與發掘報告讀後〉》,《絲
　　綢之路考古》(第八輯),北京:科學出版社,2023 年。

牛齊培、張安福《新舊城邦:唐代輪臺城研究評述》,《北華大學學報》2023 年
　　第 2 期。

劉正成《馮其庸:站在時代前沿的學藝通才》,《大學書法》2023 年第 5 期。

榮新江《魏正中、檜山智美〈龜茲早期寺院中的説一切有部探跡〉序》,《絲路
　　文明》(第八輯),上海:上海古籍出版社,2023 年。

2023 年日本敦煌學研究論著目録

林生海（安徽師範大學）

一、論　文

1. 政治・地理

新見まどか，五代皇帝・十國皇帝間における修好の試み：後唐・後晋期を
　中心に，大阪大學大學院文學研究科紀要 63，85―116，2023－02

白須浄真，野村榮三郎と福井瑞華の内陸アジア・河西域の調査計畫
　（1909―1910）の消滅とその波紋：清國新疆省の檔案（官文書）にみえる
　野村と福井の「轉發護照」，敦煌寫本研究年報 17，21―66，2023－03

柿沼陽平，漢代の西域と敦煌の羌族，雲漢 1，128―143，2023－03

金子修一，九世紀後半における唐朝の國際秩序，國學院雜誌 124（6），19―
　36，2023－06

エリカ・フォルテ著，影山悦子譯，玄奘のコータン來訪とドモコのトプルク
　トン遺跡，近本謙介、影山悦子（編）玄奘三蔵がつなぐ中央アジアと日本，
　臨川書店，2023－12

荒川正晴，玄奘とトゥルファン，近本謙介、影山悦子（編）玄奘三蔵がつなぐ
　中央アジアと日本，臨川書店，2023－12

新見まどか，燕・趙両政権と仏教・道教，アジア遊學（291），29―42，
　2023－12

2. 社會・經濟

中純子，羯鼓がもたらした音の世界，東方學 145，43―58，2023－01

赤木崇敏，敦煌の功臣たち：曹氏歸義軍節度使時代の敦煌石窟と供養人像
　（三），敦煌寫本研究年報 17，67―91，2023－03

張禧睿，「身体解体・復元」モチーフの話にみる僧侶及び西域人：唐代を中
　心に，名古屋大學人文學フォーラム 6，183―198，2023－03

大澤正昭，唐・宋時代の「農・桑」経営：小説史料を読む，唐宋変革研究通訊
　（14），37―60，2023－03

梁音，敦煌《二十四孝》殘卷：爲敦煌《孝子傳》正名（2），名古屋大學中國哲學
　論集（22），1―14，2023－05

柿沼陽平，中國古代の「日書」とその本質：「日書」と商業の関係解明をめざ

して,史學研究(315),39—61,2023‐06

大西磨希子,則天武后による棺槨形舍利容器の創始と流布：法門寺真身舍利の金棺銀槨と儀鳳年間の舍利頒布,仏教史學研究65(1),3—40,2023‐10

荒見泰史,敦煌文獻より見る九、十世紀中國の女性と信仰,アジア遊學(290),167—186,2023‐11

吉田豊,玄奘とソグド人,近本謙介、影山悦子(編)玄奘三蔵がつなぐ中央アジアと日本,臨川書店,2023‐12

影山悦子,玄奘が見たソグド人と「玄奘三蔵絵」のソグド人,近本謙介、影山悦子(編)玄奘三蔵がつなぐ中央アジアと日本,臨川書店,2023‐12

森安孝夫,ソグド系ウイグル人と回鶻銭の正体,Eunarasia Q 25,2—13,2023‐12

3. 法律・制度

山本孝子,成尋『參天台五臺山記』と宋代の手紙文：文書作成や書儀編纂の方法を知る手がかりとして,敦煌寫本研究年報17,187—203,2023‐03

高瀬奈津子,唐代の宦官,アジア遊學(283),84—87,2023‐06

江川式部,唐皇帝の生母とその追號・追善,アジア遊學(283),70—83,2023‐06

荒川正晴,唐都護府体制下の交通運用について：安西・北庭両都護府の例を中心にして,唐代史研究(26),5—36,2023‐08

4. 語言・文學

永田知之,書儀と罪の意識：死者を悼む言葉の定型化,敦煌寫本研究年報17,1—19,2023‐03

高田時雄,PT1249藏文音寫四分律抄斷片,敦煌寫本研究年報17,217—225,2023‐03

龔麗坤,中國國家圖書館所藏の敦煌出土チベット語文書について(一)：敦煌藏漢對音資料補遺,敦煌寫本研究年報17,227—236,2023‐03

荒見泰史,敦煌本 P.3770「俗講莊嚴廻向文」再考,敦煌寫本研究年報17,143—161,2023‐03

高井龍,解座文考,敦煌寫本研究年報17,163—185,2023‐03

富嘉吟,『琱玉集』流伝江戸考,敦煌寫本研究年報17,205—215,2023‐03

松江崇,試談敦煌變文中的兩類名量詞及其語義功能的差異,雲漢1,71—82,2023‐03

山下將司,『文館詞林』「唐・安興貴碑銘」斷簡について：香果遺珍本と天理

斷簡,日本女子大學紀要・文學部 72,49—61,2023 - 03

李銘敬,敦煌文獻「五台山讃」詩群にみる五台境界,小峯和明（編）日本と東アジアの〈環境文學〉,勉誠社,2023 - 07

黒田彰,舜の物語攷: 孝子伝から二十四孝へ,アジア遊學（288）,22—54,2023 - 10

永田知之,敦煌學が開いた漢字文化研究の新世界,アジア遊學（292）,307—311,2023 - 12

石橋丈史,『楞伽経』の新出寫本からみた成立史問題について,印度學佛教學研究 72（1）,402—399,2023 - 12

　5. 宗教・思想

伊吹敦,文獻に対する認識はいかに更新され、いかなる影響を及ぼすか: 敦煌本『六祖壇経』を一例として,東アジア仏教學術論集 11,95—116,2023 - 02

春本秀雄,北魏廃仏研究について: CNKIの論文を踏まえて,大正大學研究紀要（108）,1—22,2023 - 03

程正,旅順博物館藏吐魯番漢文文獻から發見された禪籍について（2）,駒澤大學佛教學部研究紀要 81,61—82,2023 - 03

楊明璋,敦煌本《釈仏國品手記》與僧、俗講,敦煌寫本研究年報 17,93—117,2023 - 03

林生海,安徽博物院藏北涼《千仏名號》研究,敦煌寫本研究年報 17,119—142,2023 - 03

王星逸,敦煌出土律典『四部律並論要用抄』などに見られる戒律思想,印度學佛教學研究 71（2）,516—520,2023 - 03

李乃琦,思渓蔵『一切経音義』について,印度學佛教學研究 71（3）,1128—1133,2023 - 03

魏藝,敦煌本『無量壽経義記』の思想及び成立期再考,佛教學研究（79）,27—50,2023 - 03

王征,『成実論』及び蔵外注釈文献における止観,印度學佛教學研究 71（2）,745—739,2023 - 03

荒見泰史,敦煌文獻『仏説金剛経纂』に見られる玄奘三蔵とその信仰,近本謙介、影山悦子（編）玄奘三蔵がつなぐ中央アジアと日本,臨川書店,2023 - 12

藤井教公,中國仏教における霊魂観: 天台を中心として,東方 38,109 - 120,2023

倉本尚德,玄奘と仏光王：玄奘三蔵の伝記を読み直す,人文(70),11－13,2023

吉岡佑馬,敦煌遺書佚名『老子道德經義疏』初探：華嚴教學の影響および成立背景の檢討,日本中國學會報 75,91—105,2023

　6.考古・美術

檜山智美,平山郁夫シルクロード美術館所蔵の三點のキジル石窟壁畫片について：原位置と図像内容の分析,平山郁夫シルクロード美術館紀要 5,3—29,2023－02

森部豊,石刻史料を用いた唐朝の羈縻支配像の再検討,月刊考古學ジャーナル(778),33—38,2023－02

影山悦子,ソグドのペンジケント遺跡宮殿址で出土した壁畫について,シルクロード研究論集 1,333—359,2023－03

池田洋子,絵因果経と初唐期敦煌絵畫,名古屋造形大學紀要(29),9—22,2023－03

李育娟,『天地開闢已來帝王記』から敦煌壁畫へ：須彌山で日月を回す阿修羅,詞林 73,1—17,2023－04

檜山智美,中央アジアの仏教寺院を復元する—石窟構造、美術、そして説一切有部の二分派,對法雜誌(4),89—121,2023－12

宮治昭著,根敦阿斯爾譯,犍陀羅美術中的阿彌陀信仰,敦煌研究 2023(4)

濱田瑞美,敦煌莫高窟佛教圖像與題記：以唐代經變圖爲例,第三屆佛教藝術學術研討論文集 3,105—128,2023

岡田至弘,保存と展観を目的としたデジタルアーカイブ：大谷文書の保存・修復・記録の事例報告,杏雨(26),185—224,2023

　7.文書・譯註

中純子、幸福香織,『太平広記』楽部訳注稿補遺(2),中國文化研究(39),67—83,2023－03

森部豊譯,陳寅恪『唐代政治史述論稿』：「上篇　統治階級之氏族及其升降」訳注稿(3),関西大學東西學術研究所紀要 56,139—156,2023－07

小松謙等,「舜子變」訳注(一),京都府立大學學術報告・人文(75),1—27,2023－12

東野治之,敦煌本『咒魅経、七仏解誓文、仏説灌頂度星招魂斷絶復連経』：恭仁山荘善本箚記(3),杏雨(26)263—297,2023

吉田豊,カラバルガスン碑文と初期ウイグルマニ教史：牟羽可汗、P.Zieme、L.Clark、森安孝夫,関西大學東西學術研究所研究叢書 14,99—120,2023

森部豊,唐代中後期のソグド系武人に関する覚書,『文書・出土・石刻史料が語るユーラシアの歴史と文化』,関西大學東西學術研究所,138—164,2023

8. 動向・調査

白須浄真,清國の檔案資料が語る第二次大谷隊(1908—1910)の當初の計畫(下)在清國公使・林権助の公信: 清國・外務部発給の護照 清國・新疆省の檔案との相関,竜谷史壇(156)1—28,2023－03

玄幸子,内藤文庫収蔵の敦煌文獻寫真資料について,関西大學東西學術研究所研究叢書 13,157—186,2023

陶徳民、錢婉約編,内藤湖南研究文獻目録(中國語・英語),東アジア文化交渉研究 16,409—422,2023－03

巴特尓,敦煌及び敦煌寫本の流失経緯について,學芸國語國文學(55),125—132,2023－03

片山章雄,西域を読み解く(第 6 回)第二回探検隊のモンゴル・新疆調査、そしてインドへ,K(5),50—55,2023－04

田中一輝,魏晋南朝貴族制研究史(下),立命館文學(684),77—125,2023－06

片山章雄,唐代史の風景,唐代史研究(26),1—4,2023－08

山口正晃,杏雨書屋および天津博物館所蔵『大乗無量壽経』寫本札記: 羽684・羽752・津芸61D,氣賀澤保規(編)隋唐仏教社會とその周辺,汲古書院,2023－09

岩本篤志,敦煌秘笈コレクションにみられる鑑蔵印,杏雨(26),137—184,2023

9. 書評・介紹

原宗子,柿沼陽平著『中國古代貨幣経済の持続と転換』,史學雜誌 132(2),195—205,2023－02

高田時雄,ビブリオテカ・シニカの索引について,東洋文庫書報 54,87—99,2023－03

兼平雅子,大澤正昭著『妻と娘の唐宋時代: 史料に語らせよう』,唐代史研究(26),143—146,2023－08

戸川貴行,會田大輔著『南北朝時代: 五胡十六國から隋の統一まで』,唐代史研究(26),147—151,2023－08

松本保宣,千田豊著『唐代の皇太子制度』,東洋史研究 82(2),290—301,2023－09

廣瀨直記,神塚淑子著『道教思想 10 講』,東方宗教(142),77—82,2023‑11

石野智大,孫璐著「唐の醫療制度に関する一考察」(『広島法學』四五‑二),『法制史研究』第 72 號,2023

川崎建三,シルクロード研究論集第 1 卷『仏教東漸の道インド・中央アジア篇』,東洋學術研究 62(1),344—352,2023

10. 學者・其他

高田時雄,日本敦煌學の創始と田中慶太郎:明治四十二年の内藤湖南宛書簡三通,玄幸子(編)内藤湖南と石濱純太郎:近代東洋學の射程——内藤・石濱兩文庫收藏資料を中心に,関西大學出版部,65—98,2023‑03

嘉陽禮文、楊明璋、荒見泰史,広島大學 START プログラム台灣の運営と展開について:台灣の信仰、宗教文化から學ぶこと,広島大學森戸國際高等教育學院紀要 5,27—55,2023‑03

陶德民,『内藤湖南の人脈と影響』編記:礪波護・高田時雄両先生の助言にふれて,湖南(43),7—17,2023‑03

榎本泰子,シルクロードブームの歴史的意義:戰後日本人の世界観と中國,現代中國研究(50),3—21,2023‑03

邱吉,山本悌二郎のコレクションとその交友:内藤文庫所蔵の未刊書簡を手掛かりに,東アジア文化交渉研究 14,449—459,2023‑03

妹尾達彦教授略年譜,中央大學文學部紀要(296),81—120,2023‑03

高田時雄,佚存書三態,中國典籍日本古寫本の研究 newsletter 8,1—4,2023‑03

玄幸子,石濱純太郎を中心とした東洋語學の系譜:川崎直一の書簡から,関西大學東西學術研究所紀要 56,79—110,2023‑07

倪偉、神部明果,永遠の「敦煌少女」常沙娜,月刊中國ニュース 12(10),47—51,2023‑10

二、著　書

渡辺信一郎,中國古代國家論,汲古書院,2023‑01

陶德民編,内藤湖南研究の最前綫:國際シンポジウム論文集,関西大學出版部,2023‑03

森部豊編,文書・出土・石刻史料が語るユーラシアの歴史と文化,遊文舍,2023‑03

東洋哲學研究所編,仏教東漸の道:インド・中央アジア篇,東洋哲學研究所,2023‑03

高田時雄編,内藤湖南自用印譜,九州出版社,2023－03

森部豊,唐：東ユーラシアの大帝國,中央公論新社,2023－03

二階堂善弘編,東アジアの思想・芸術と文化交渉,遊文舍,2023－03

玄幸子編,内藤湖南と石濱純太郎：近代東洋學の射程――内藤・石濱両文庫収蔵資料を中心に,関西大學出版部,2023－03

石濱純太郎著,高田時雄編,石濱純太郎大壺讀書記,臨川書店,2023－04

町田隆吉,出土文獻からみた魏晋・五胡十六國時代の河西,論創社,2023－04

荒川正晴著,馮培紅、王蕾譯,歐亞交通、貿易與唐帝國,甘肅教育出版社,2023－04

白須浄真編,古代インドのアングリマーラ伝承：歎異抄十三條・漢訳経典・仏伝図像から読み解く,法藏館,2023－05

中村裕一,隋唐の詔勅,汲古書院,2023－06

小松久男編,中央ユーラシア文化事典,丸善出版,2023－06

常書鴻著,岡田陽一譯,新疆の石窟芸術,國書刊行會,2023－06

井上円了著,菊地章太編・解説,妖怪學とは何か：井上円了精選,講談社,2023－06

氣賀澤保規編,隋唐仏教社會とその周辺,汲古書院,2023－09

平田陽一郎,隋：「流星王朝」の光芒,中央公論新社,2023－09

東京富士美術館編,世界遺産大シルクロード展,東京富士美術館,2023－09

雋雪豔、黒田彰,東アジアの「孝」の文化史：前近代の人びとを支えた価値観を読み解く,勉誠社,2023－10

古勝亮,中國初期禪思想の形成,法藏館,2023－10

護雅夫,古代遊牧帝國,中央公論新社,2023－11

西谷正,東亜考古學論攷,海鳥社,2023－12

坂上康俊,唐法典と日本律令制,吉川弘文館,2023－12

下田章平,清末民初書畫碑帖収蔵研究,知泉書館,2023－12

近本謙介、影山悦子編,玄奘三蔵がつなぐ中央アジアと日本,臨川書店,2023－12

陶徳民、吾妻重二、永田知之編,中國學の近代的展開と日中交渉,勉誠社,2023－12

《2022 年日本敦煌學研究論著目録》増補

春本秀雄,図讖と北魏の廃仏について：李弘と劉潔・蓋吴の図讖禍,大正大

學研究紀要(107),23—43,2022‐03

西脇常記,中國思想史論攷:宗教のある風景,知泉書館,2022‐03

荒川正晴等編,東アジアの展開:八~一四世紀,岩波書店,2022‐04

五十嵐力,ソグドの兄弟:高昌國悲話,リフレ出版,2022‐06

小野響,川本芳昭著『世界秩序の変容と東アジア』,唐代史研究(26),175—182,2023‐08

菅野博史,杏雨書屋所蔵『釋肇序抄義』翻刻、研究,中國仏教の経典解釈と思想研究,法藏館,2022‐08

小野響,一學生から見た松本先生,立命館東洋史學(45),174—176,2022‐09

菊地俊介,松本保宣先生還暦の御祝い,立命館東洋史學(45),177—179,2022‐09

中央ユーラシア學研究會,内陸アジア言語の研究37,2022‐11

石見清裕,唐の絶域・蕃域規定をめぐって,史滴(44),144—146,2022‐12

市大樹,辻正博編『中國前近代の関津と交通路』,史林105(6),779—785,2022‐11

北村一仁,辻正博編『中國前近代の関津と交通路』,史學雜誌131(11),1786—1794,2022‐11

2001—2020 年法國敦煌學研究論著目録

何 英 楊敬蘭(敦煌研究院)

此目録接《1900—2000 年法國敦煌學研究論著目録》(郝春文主編《2022敦煌學國際聯絡委員會通訊》,上海:上海古籍出版社,2022 年 8 月,第 183—207 頁)。2001 年至 2020 年二十年間,法國敦煌學研究成果頗豐,據筆者統計整理,中國和法國公開出版有關法國學者敦煌學研究專著、譯著及論文集 30餘部,發表相關論文、譯文 270 餘篇。現將研究論著目録編制如下,編排次序爲:一、專著、譯著及論文集部分,格式爲:作者/編者/譯者/書籍名稱/出版社/出版年月;二、論文部分,格式爲:作者/編者/譯者/篇名/發表刊物期次(期刊)/出版年份。論文部分又細分爲概説、歷史地理、文學、語言文字、社會民俗、民族與宗教、考古與藝術七個專題,分類後作者按拼音排序。

一、專著、譯著及論文集

《法國漢學》叢書編輯委員會編《法國漢學》第六輯(科技史專號),北京:中華書局,2002 年 4 月。

《法國漢學》叢書編輯委員會編《法國漢學》第七輯(宗教史專號),北京:中華書局,2002 年 12 月。

《法國漢學》叢書編輯委員會編《法國漢學》第十輯(《粟特人在中國——歷史、考古、語言的新探索》),北京:中華書局,2005 年 1 月。

《法國漢學》叢書編輯委員會編《法國漢學》第十一輯(《考古發掘與歷史復原》),北京:中華書局,2005 年 2 月。

《法國漢學》叢書編輯委員會編《法國漢學》第十二輯(《邊臣與疆吏》),北京:中華書局,2007 年 12 月。

《法國漢學》叢書編輯委員會編《法國漢學》第十三輯(《徽州:書業與地域文化》),北京:中華書局,2010 年 4 月。

《法國漢學》叢書編輯委員會編《法國漢學》第十四輯(《古羅馬和秦漢中國》),北京:中華書局,2011 年 8 月。

《法國漢學》叢書編輯委員會編《法國漢學》第十五輯(《文明的記憶符號——文字與墓葬》),北京:中華書局,2013 年 1 月。

《法國漢學》叢書編輯委員會編《法國漢學》第十七輯(《權力與占卜》),北京:中華書局,2016 年 12 月。

《法國漢學》叢書編輯委員會編《法國漢學》第十八輯(《舊學新知：中歐知識與技術之演變》),北京：中華書局,2019 年 1 月。

布林努娃著,耿昇譯《絲綢之路：神祇、軍士與商賈》,昆明：雲南人民出版社,2015 年 5 月。

伯希和編,高田時雄校訂,郭可譯《梵蒂岡圖書館所藏漢籍目錄》,北京：中華書局,2006 年 6 月。

伯希和等著,耿昇譯《伯希和西域探險記》,昆明：雲南人民出版社,2001 年 10 月。

伯希和等著,耿昇譯《伯希和西域探險記一》,北京：人民出版社,2011 年 10 月。

戴仁編,耿昇譯《法國中國學的歷史與現狀》,上海：上海辭書出版社,2012 年 12 月。

法國國家圖書館、西北民族大學、上海古籍出版社編纂《法國國家圖書館藏敦煌藏文文獻》(第 1—35 册),上海：上海古籍出版社,2006 年 5 月—2020 年 7 月。

法國國家圖書館《中國中世紀時期的占卜與社會——法國國家圖書館和大英圖書館所藏敦煌寫本研究》,巴黎：法國國家圖書館出版社,2003 年 2 月。

法國國家圖書館編纂,李偉、郭恩主編《法藏敦煌西夏文文獻》,上海：上海古籍出版社,2007 年 4 月。

法蘭西科學院、敦煌研究組編《巴黎國家圖書館所藏伯希和敦煌漢文寫本目錄》,共六卷：謝和耐、吳其昱編寫第一卷(2001—2500 號),巴黎：辛格-波利尼亞克(Singer-Polignac)基金會,1970 年 10 月;隋麗玫、魏普賢編寫第二卷(2501—3000 號),尚未出版;蘇遠鳴主編第三卷(3001—3500 號),巴黎：辛格-波利尼亞克基金會,1983 年 1 月;蘇遠鳴主編第四卷(3501—4000 號),巴黎：法蘭西遠東學院,1991 年 12 月;蘇遠鳴主編第五卷(上下册,4001—6040 號),巴黎：法蘭西遠東學院,1995 年 6 月;第六卷著錄《藏文卷子背面的漢文寫本》,巴黎,2001 年 4 月。

耿昇《中法文化交流史》,昆明：雲南人民出版社,2013 年 6 月。

耿昇譯《法國藏學精粹》(1—4 册),蘭州：甘肅人民出版社,2011 年 4 月。

耿昇譯《法國敦煌學精粹》(1—3 册),蘭州：甘肅人民出版社,2011 年 4 月。

耿昇譯《法國西域史學精粹》(1—3 册),蘭州：甘肅人民出版社,2011 年 4 月。

古伯察著,耿昇譯《韃靼西藏旅行記》第 2 版,北京：中國藏學出版社,2006 年 1 月。

海瑟·噶爾美著,熊文彬譯《早期漢藏藝術》,北京: 中國藏學出版社,1994 年
　　2 月;《早期漢藏藝術——西藏藝術研究系列》,石家莊: 河北教育出版社,
　　2001 年 5 月。

許光華著《法國漢學史》,北京: 學苑出版社,2009 年 5 月。

許明龍著《黄嘉略與早期法國漢學》,北京: 中華書局,2004 年 1 月。

姬豔芳《法國漢學家戴遂良對道家典籍的譯介傳播》,北京: 經濟管理出版社,
　　2021 年 1 月。

金雅聲、郭恩編《法國國家圖書館藏敦煌藏文文獻》,第 6—7 册,上海: 上海古
　　籍出版社,2008 年 10 月。

魯保羅著,耿昇譯《西域的歷史與文明》,烏魯木齊: 新疆人民出版社,2006 年
　　12 月。

馬伯樂著,㑲曉笛、盛豐等譯《馬伯樂漢學論著選譯》,北京: 中華書局,2014
　　年 7 月。

莫尼克、瑪雅爾著,耿昇譯《中世紀初期吐魯番緑洲的物質生活》,北京: 中國
　　國際廣播出版社,2012 年 6 月。

沙畹著,邢克超等選譯《沙畹漢學論著選譯》,北京: 中華書局,2014 年 7 月。

魏義天著,王睿譯《粟特商人史》,桂林: 廣西師範大學出版社,2012 年 11 月。

謝閣蘭、伯希和、列維著,馮承鈞譯《中國西部考古記　吐火羅語考: 世界漢學
　　論叢》,北京: 中華書局,2004 年 2 月。

謝和耐著,耿昇譯《中國 5—10 世紀的寺院經濟》,上海: 上海古籍出版社,
　　2004 年 11 月。

閻純德,吴志良著《法國漢學史論·列國漢學史書系》(上下),北京: 學苑出
　　版社,2015 年 3 月。

于格著,耿昇譯《海市蜃樓中的帝國: 絲綢之路上的人、神與神話》,喀什: 喀
　　什維吾爾文出版社,2004 年 12 月;北京: 中國藏學出版社,2013 年 11 月。

張粲《法國漢學家的道教研究: 以代表性論著爲中心》,成都: 四川大學出版
　　社,2020 年 8 月。

祖豔馥、達西婭·維埃荷-羅斯編著《史與物——中國學者與法國漢學家論學
　　書劄輯注》,香港: 商務印書館,2015 年 10 月。

二、論 文 及 譯 文

(一) 概説

安娜—瑪麗·布隆多《法國 50 年來的藏學研究》,《法國藏學精粹》第 4 册,
　　2011 年 4 月。

伯希和著,耿昇譯《敦煌藏經洞訪書記》,《伯希和西域探險記》2001 年 10 月。

伯希和著,陸翔譯《敦煌石室訪書記》,《國立北平圖書館館刊》第 9 卷第 5 號, 1935 年 9—10 月;《獅子吼》,第 24 卷第 6 期,1985 年 6 月;《敦煌學研究》 第 1 冊,2009 年 4 月。

布林努娃《法國對絲綢之路的研究》,《法國西域史學精粹》第 3 冊,2011 年 4 月。

柴劍虹、孫文穎《中華書局與法國漢學》,《博覽群書》2017 年第 1 期。

程章燦《早期法國漢學研究四題》,《國際漢學研究通訊》第三期,2011 年 6 月。

戴密微《法國著作等身的漢學家格魯塞》,《法國西域史學精粹》第 2 冊,2011 年 4 月。

戴密微《馬伯樂小傳(1883—1945)》,《法國漢學》第七輯(宗教史專號),2002 年 12 月。

戴密微著,耿昇譯《列寧格勒所藏敦煌漢文寫本簡介》,《敦煌譯叢》第 1 輯, 1985 年 4 月;《法國敦煌學精粹》第 3 冊,2011 年 4 月。

戴密微撰,尹磊譯《戴密微對白樂日學術貢獻的評價》,《國際漢學研究通訊》 第二十二期,2020 年 12 月。

戴仁《蘇遠敏生平略歷》,《法國漢學》第七輯(宗教史專號),2002 年 12 月。

戴仁著,陳海濤、劉惠琴譯《歐洲敦煌學研究簡述及其論著目錄》,《敦煌學輯 刊》2001 年第 2 期。

戴仁著,耿昇譯《伯希和西域探險與法國的敦煌學》,《伯希和西域探險記》, 2001 年 10 月。

董海櫻《〈黃嘉略與早期法國漢學〉評介》,《史學理論研究》2005 年第 3 期。

董海櫻《雷繆薩與法國漢學》,《法國研究》2009 年第 3 期。

鄂法蘭《法國的蒙古學研究 1949——1945》,《法國西域史學精粹》第 2 冊, 2011 年 4 月。

鄂法蘭《李蓋提教授與匈牙利的阿勒泰學研究》,《法國西域史學精粹》第 2 冊,2011 年 4 月。

鳳儀成著,《法國的先秦兩漢出土文字資料研究概述》,《法國漢學》第十一輯 (《考古發掘與歷史復原》),2006 年 12 月。

傅飛嵐著,吳旻譯《法國海外學院—歐亞非考古與文明》,《法國漢學》第十一 輯(《考古發掘與歷史復原》),2006 年 12 月。

耿昇《1979 年巴黎國際敦煌學討論會概況》,《中法文化交流史》,2013 年 6 月。

耿昇《20 世紀 80 年代的法國敦煌學論著簡介》,《中法文化交流史》,2013 年
　6 月。

耿昇《巴黎外方傳教會入華傳教士與中國藏區教案》,《國外藏學研究集刊(第
　2 輯)》,2020 年 6 月。

耿昇《伯希和西域敦煌探險與法國的敦煌學研究》(代序),《法國敦煌學精
　粹》第 1 册,2011 年 4 月。

耿昇《法國藏學研究的歷史與現狀(代序)》,《法國藏學精粹》第 1 册,2011 年
　4 月。

耿昇《法國的藏學泰斗石泰安教授》,《法國藏學精粹》第 4 册,2011 年 4 月。

耿昇《法國漢學界對敦煌民俗文化的研究》,《中法文化交流史》2013 年 6 月。

耿昇《法國漢學界對絲綢之路的研究》,《中法文化交流史》2013 年 6 月。

耿昇《法國探險家家彌昊對於康藏地區的科學考察》,《國外藏學研究集刊》第
　一輯,2017 年 10 月。

耿昇《法國學者對絲綢之路與西域史的研究(代序)》,《法國西域史學精粹》
　第 1 册,2011 年 4 月。

耿昇《我與法國漢學》,《國際漢學》2014 年第 1 期。

耿昇《中法學者合作與交流的成果——〈敦煌壁畫與寫本〉内容簡介》,《中法
　文化交流史》,2013 年 6 月。

耿昇《中外學者對大秦景教碑的研究綜述》,《明清之際中國和西方國家的文
　化交流——中國中外關係史學會第六次學術討論會論文集》,1997 年 11
　月;《中法文化交流史》,2013 年 6 月。

郭麗英《紀念法國漢學家蘇遠鳴先生》(蘇遠鳴 1924—2002),《敦煌吐魯番研
　究》第 7 卷,2004 年 1 月。

哈密屯《鋼和泰卷雜考(述要)》,《法國西域史學精粹》第 2 册,2011 年 4 月。

韓百詩《法國的蒙古學泰斗——伯希和》,《法國西域史學精粹》第 2 册,2011
　年 4 月。

嘉博多著,吳旻譯《東南亞藝術——法國遠東學院與臺北“故宫博物院”的合
　作項目》,《法國漢學》第十一輯(《考古發掘與歷史復原》),2006 年 12 月。

今枝由郎、麥克唐納《〈敦煌古藏文文獻輯〉第二輯簡介》,《法國藏學精粹》第
　4 册,2011 年 4 月。

藍莉、阮潔卿《17—18 世紀來華傳教士漢學研究-法國著名漢學家藍莉研究員
　專訪》,《國際漢學》2017 第 3 期。

雷米·馬修、盧夢雅、曹豔豔《當代法國漢學——古代文學研究概況》,《國際
　漢學》2017 年第 2 期。

李聲鳳《法國漢學家與 19 世紀巴黎王家圖書館的戲曲圖書》,《國際漢學研究通訊》第五期,2012 年 6 月。

李真《從歷史中國走向未來中國——二百年法國漢學研究的新起點》,《國外社會科學》2014 年第 6 期。

劉蕊、岑詠芳《法國漢學家桀溺藏書及其漢學研究》,《文獻》2017 第 6 期。

路易·巴贊《法國的突厥學研究》,《法國西域史學精粹》第 2 册,2011 年 4 月。

路易·勒内·路易·瓦楊、讓·菲利奧札著,耿昇譯《法國漢學泰斗伯希和》,《漢學研究》第 6 輯,2002 年 5 月。

羅伯特·熱拉-貝扎爾《法國對中國西域史的研究》,《法國西域史學精粹》第 1 册,2011 年 4 月。

羅克《伯希和誕生百周年祭》,《法國西域史學精粹》第 1 册,2011 年 4 月。

馬軍《"1949 年前中國學術界譯介法國漢學"文獻目録初編》,《國際漢學》2014 年第 1 期。

馬燕《在漂泊中成就傳奇——評〈黃嘉略與早期法國漢學〉》,《中國出版》2004 年第 4 期。

瑪塞爾·拉露《法國的藏學先師雅克·巴科》,《法國藏學精粹》第 4 册,2011 年 4 月。

蒙曦著,羅棲霞譯《王重民巴黎往事追記(1934—1939)》,《版本目録學研究》第五輯,2014 年 6 月;《敦煌吐魯番研究》第十四卷,2014 年 12 月。

孟憲實《伯希和、羅振玉與敦煌學之初始》,《敦煌吐魯番研究》第七卷,2004 年 1 月。

莫尼克·瑪雅爾、旺迪埃-尼古拉著,耿昇譯《伯希和敦煌石窟筆記的内容與價值》,《伯希和西域探險記》,2001 年 10 月。

牛海洋《記與耿昇先生二三事兼述其學術成就》,《國外藏學研究集刊》第 2 輯,2020 年 6 月。

皮埃爾《中國歷史與文明》,《高等教育實踐學校年鑒》(15),2001 年。

丘古耶夫斯基著,耿昇譯《8—10 世紀的敦煌》,《法國敦煌學精粹》第 1 册,2011 年 4 月。

讓·德尼《法國的阿勒泰學研究先驅——伯希和》,《法國西域史學精粹》第 2 册,2011 年 4 月。

讓·德尼《法國的阿勒泰研究先驅伯希和》,《法國西域史學精粹》第 1 册,2011 年 4 月。

讓·菲利奧札《法國的蒙古史與西域史專家韓百詩》,《法國西域史學精粹》第 2 册,2011 年 4 月。

讓·菲利奧札《法國的女藏學家馬塞爾·拉露》,《法國藏學精粹》第 4 册, 2011 年 4 月。

榮新江《伯希和、韓百詩〈聖武親征録——成吉思汗戰記〉漢譯本序》,《國際 漢學研究通訊》第二十二期,2020 年 12 月。

榮新江《耿昇先生對敦煌學的獨特貢獻》,《敦煌吐魯番研究》第十九卷,2020 年 7 月。

榮新江《沙畹〈華北考古記〉中譯本序》,《國際漢學研究通訊》第二十一期, 2020 年 6 月。

施舟人《紀念康德謨先生》,《法國漢學》第七輯(宗教史專號),2002 年 12 月。

石泰安,隋麗玟等《〈敦煌古藏文文獻輯〉第一輯簡介》,《法國藏學精粹》第 4 册,2011 年 4 月。

石泰安《敦煌藏文寫本綜述》,《法國藏學精粹》第 4 册,2011 年 4 月。

司馬虛《〈密教與道教研究——紀念石泰安〉導言》,《法國漢學》第七輯(宗教 史專號),2002 年 12 月。

蘇遠鳴著,梁曉鵬譯《〈伯希和敦煌漢文文書目録〉第 5 卷〈序言〉》,《敦煌研 究》2003 年第 5 期。

王菡《以遺劄爲例: 淺議王重民與法國漢學家交往》,《版本目録學研究》第五 輯,2014 年 6 月。

王楠《伯希和與裴景福的交往——以中法學者有關敦煌藏經洞最初研究爲中 心》,《敦煌吐魯番研究》第十一卷,2009 年 9 月。

王振澤《饒宗頤與法國漢學家戴密微》,《國際漢學》第六輯,2002 年 1 月。

謝和耐《法蘭西學院院士戴密微的生平、成就簡介》,《法國漢學》第七輯(宗 教史專號),2002 年 12 月。

謝和耐著,耿昇譯《20 世紀的法國漢學大師戴密微》,《國際漢學》第六輯, 2002 年 1 月。

閻守誠、閻宗臨《傳教士與法國早期漢學》,《博覽群書》2004 年第 2 期。

尹磊《伯希和、韓百詩〈聖武親征録譯著〉譯者的話》,《國際漢學研究通訊》第 二十一期,2020 年 6 月。

余欣《法國敦煌學的新進展——〈遠東亞洲叢刊〉"敦煌學新研"專號評介》, 《敦煌學輯刊》2001 年第 1 期。

張德明《伯希和集品敦煌遺畫目録》,《藏學學刊》第 11 輯,2014 年 12 月。

張桂琴、劉碧霞《追尋文化的魅力——法國漢學發展史研究》,《河北大學學 報》,2008 年第 5 期。

張桂琴《法國漢學發展史概述》,《國際社會科學雜誌》(中文版),第 26 卷,

2009 年第 2 期。

張煒《閻宗臨與法國漢學》,《史學理論研究》2017 年第 2 期。

鄭阿財《二十世紀敦煌學的回顧與展望——法國篇》,《漢學研究通訊》(臺)
第 20 卷第 3 期,2001 年 8 月。

周振鶴《馬伯樂對中國歷史地理學的貢獻》,《法國漢學》第九輯(人居環境建
設史專號),2004 年 12 月。

(二) 歷史地理

巴科《吐蕃王朝政治史》,《法國藏學精粹》第 1 冊,2011 年 4 月。

畢達克《西藏的噶倫夏扎·旺曲結布》,《法國藏學精粹》第 1 冊,2011 年 4 月。

布林努娃《彼得大帝與西域的黃金》,《法國西域史學精粹》第 3 冊,2011 年
4 月。

布林努娃《西藏的金礦》,《法國藏學精粹》第 2 冊,2011 年 4 月。

戴蔻琳、伊弟利斯·阿不都熱蘇勒著,吳旻譯《在塔克拉瑪幹的沙漠裏:公元
初年絲綢之路開闢之前克里雅河谷消逝的綠洲——記中法新疆聯合考古
工作》,《法國漢學》第十一輯(《考古發掘與歷史復原》),2006 年 12 月。

戴密微《中國歷史上的"會昌滅佛"》,《法國漢學》第七輯(宗教史專號),2002
年 12 月。

戴密微著,耿昇譯《從敦煌寫本看漢傳佛教傳入吐蕃的歷史》,《法國敦煌學精
粹》第 1 冊,2011 年 4 月。

戴仁《從敦煌到徽州:中國最早印刷品地理分佈略論》,《法國漢學》第十三輯
(《徽州:書業與地域文化》),2010 年 4 月。

葛樂耐著,毛銘譯《粟特人的自畫像》,《法國漢學》第十輯(《粟特人在中
國——歷史、考古、語言的新探索》),2005 年 2 月。

哈密屯《851—1001 年的于闐王統世系》,《法國西域史學精粹》第 2 冊,2011
年 4 月。

韓百詩《成吉思汗時代的蒙古史和松巴堪布的〈如意寶樹史〉》,《法國藏學精
粹》第 2 冊,2011 年 4 月。

韓百詩《法國五十年來對西域的研究》,《法國西域史學精粹》第 1 冊,2011 年
4 月。

韓百詩《高地亞洲元代歷史地名的沿革》,《法國西域史學精粹》第 2 冊,2011
年 4 月。

韓百詩《謙河考》,《法國西域史學精粹》第 2 冊,2011 年 4 月。

韓百詩《西域歷史文明研究概論》,《法國西域史學精粹》第 1 冊,2011 年 4 月。

韓百詩《匈人與匈奴人》,《法國西域史學精粹》第 3 冊,2011 年 4 月。

韓百詩《葉尼塞河上游三部族考》,《法國西域史學精粹》第 2 册,2011 年 4 月。

韓百詩等《西域的歷史文明與絲綢之路》,《法國西域史學精粹》第 1 册,2011
年 4 月。

里夏爾《13 世紀西方史學家論蒙古人取勝的原因》,《法國西域史學精粹》第 2
册,2011 年 4 月。

路易·巴贊《蒙古布古特碑文中的突厥人和粟特人》,《法國西域史學精粹》第
1 册,2011 年 4 月。

路易·巴贊哈密屯著,耿昇譯《"吐蕃"名稱源流考》,《國外藏學研究譯文集》
第九輯,1992 年 10 月;《法國藏學精粹》第 3 册,2011 年 4 月。

路易·瓦楊《中國西域地理考察報告》,《法國西域史學精粹》第 1 册,2011 年
4 月。

馬休·凱普斯坦《德噶·玉蔡會盟寺的再思考》,《藏學學刊》第 10 輯,2014
年 9 月。

馬休·凱普斯坦著,盧素文譯《德噶·玉蔡會盟寺的再思考》,《藏學學刊》第
10 輯,2014 年 9 月。

瑪雅爾著,耿昇譯《古代高昌王國物質文明史》,《西北民族研究》1986 年第 1
期;《法國敦煌學精粹》第 1 册,2011 年 4 月。

麥克唐納《"四天子理論"在吐蕃的傳播》,《法國藏學精粹》第 1 册,2011 年
4 月。

麥克唐納《〈漢藏史集〉初探》,《法國藏學精粹》第 1 册,2011 年 4 月。

麥克唐納《五世紀達賴喇嘛的雕像》,《法國藏學精粹》第 3 册,2011 年 4 月。

芮沃壽《584—904 年的長安史概要》,《法國西域史學精粹》第 1 册,2011 年
4 月。

森安孝夫《回鶻吐蕃於 789—792 年的北庭之戰》,《法國藏學精粹》第 1 册,
2011 年 4 月。

森部豐著,温晉根譯《唐後期至五代的粟特武人》,《法國漢學》第十輯(《粟特
人在中國——歷史、考古、語言的新探索》),2005 年 2 月。

魏義天著,阿米娜譯《粟特柘羯軍在中國》,《法國漢學》第十輯(《粟特人在中
國——歷史、考古、語言的新探索》),2005 年 2 月。

烏瑞《吐蕃編年史辨析》,《法國藏學精粹》第 1 册,2011 年 4 月。

烏瑞《吐蕃統治結束後在甘肅和于闐官府中使用藏語的歷史》,《法國藏學精
粹》第 1 册,2011 年 4 月。

雅克·巴科《藏傳佛教發展史》,《法國藏學精粹》第 2 册,2011 年 4 月。

于格《約翰長老傳說與絲綢之路上的傳播》,《法國西域史學精粹》第 3 册,

2011 年 4 月。

（三）文學

艾麗白著,耿昇譯《敦煌寫本中的"兒郎偉"》,《法國學者敦煌學論文選萃》,
　　北京：中華書局,1993 年 12 月;《法國敦煌學精粹》第 2 冊,2011 年 4 月。

戴仁著,耿昇譯《敦煌的經折裝寫本》,《中國敦煌吐魯番學會研究通訊》第 3
　　期,1985 年 7 月;《法國學者敦煌學論文選萃》,北京：中華書局,1993 年 12
　　月;《法國敦煌學精粹》第 3 冊,2011 年 4 月。

郭麗英《敦煌漢傳密教經典研究：以〈金剛經〉爲例》,《敦煌吐魯番研究》第 7
　　卷,2004 年 1 月。

郭麗英著,耿昇譯《敦煌本〈東都發願文〉考略》,《法國學者敦煌學論文選
　　萃》,北京：中華書局,1993 年 12 月;《法國敦煌學精粹》第 3 冊,2011 年
　　4 月。

哈密屯《敦煌回鶻文寫本〈善惡兩王子的故事〉》,《法國西域史學精粹》第 1
　　冊,2011 年 4 月。

今枝由郎、班瑪更珠《生死輪回史———一部來自敦煌的藏文敘事文獻（二）》,
　　《敦煌學輯刊》2015 年第 1 期。

今枝由郎、班瑪更珠《生死輪回史———一部來自敦煌的藏文敘事文獻（三）》,
　　《敦煌學輯刊》2015 年第 2 期。

今枝由郎、班瑪更珠《生死輪回史———一部來自敦煌的藏文敘事文獻（四）》,
　　《敦煌學輯刊》2015 年第 4 期。

今枝由郎《Pt.1291 號寫本之漢文原文的考證,〈戰國策〉的藏譯文》,《匈牙利
　　東方學報》第 34 卷,1980 年。

今枝由郎《老工夾布儀禮考》,《法國藏學精粹》第 1 冊,2011 年 4 月。

今枝由郎《生死輪回史一部來自敦煌的藏文敘事文獻（一）》,《法國藏學精
　　粹》第 2 冊,2011 年 4 月。

康德謨著,耿昇譯《〈本際經〉神仙名稱考釋》,《法國敦煌學精粹》第 3 冊,
　　2011 年 4 月。

拉露《〈8 世紀吐蕃官員呈文〉解析》,《法國藏學精粹》第 2 冊,2011 年 4 月。

馬休·凱普斯坦《敦煌藏傳佛教手稿與藏傳佛教後期研究進展：近期研究述
　　評》,《敦煌吐魯番研究》第十四卷,2014 年 12 月。

麥克唐納著,耿昇譯《敦煌吐蕃歷史文書考釋》,西寧：青海人民出版社,2010
　　年 3 月。

梅弘理著,耿昇譯《敦煌本佛教教理問答書》,《法國學者敦煌學論文選萃》,北
　　京：中華書局,1993 年 12 月;《法國敦煌學精粹》第 3 冊,2011 年 4 月。

梅弘理著,耿昇譯《敦煌的宗教活動和斷代寫本》,《法國學者敦煌學論文選萃》,北京:中華書局,1993 年 12 月;《法國敦煌學精粹》第 3 册,2011 年 4 月。

孟華《試論漢學建構形象之功能——以 19 世紀法國文學中的"文化中國"形象爲例》,《北京大學學報》2007 年第 4 期。

桑木旦·噶爾美《"黑頭矮人"出世》,《法國藏學精粹》第 1 册,2011 年 4 月。

森安孝夫《敦煌藏文寫本 Pt.1283 號新釋》,《法國藏學精粹》第 3 册,2011 年 4 月。

施耐德著,耿昇譯《敦煌本〈普化大師五臺山巡禮記〉初探》,《法國學者敦煌學論文選萃》,北京:中華書局,1993 年 12 月;《法國敦煌學精粹》第 3 册,2011 年 4 月。

石泰安《敦煌吐蕃寫本中有關苯教儀軌的故事》,《法國藏學精粹》第 3 册,2011 年 4 月。

石泰安《敦煌寫本中的吐蕃巫教與苯教》,《法國藏學精粹》第 3 册,2011 年 4 月。

石泰安《兩件敦煌藏文寫本中的儒教格言》,《法國藏學精粹》第 1 册,2011 年 4 月。

石泰安《有關吐蕃苯教殯葬儀軌中的一卷古文書》,《法國藏學精粹》第 3 册,2011 年 4 月。

蘇遠鳴著,耿昇譯《敦煌漢文寫本的斷代》,《法國學者敦煌學論文選萃》,北京:中華書局,1993 年 12 月;《法國敦煌學精粹》第 3 册,2011 年 4 月。

蘇遠鳴著,耿昇譯《敦煌寫本中的某些壁畫題識》,《法國學者敦煌學論文選萃》,北京:中華書局,1993 年 12 月;《法國敦煌學精粹》第 3 册,2011 年 4 月。

魏普賢著,耿昇譯《敦煌寫本和石窟中的劉薩訶傳説》,《法國學者敦煌學論文選萃》,北京:中華書局,1993 年 12 月;《法國敦煌學精粹》第 2 册,2011 年 4 月。

吳其昱著,耿昇譯《〈珠英集〉中的 14 位詩人》,《法國學者敦煌學論文選萃》,北京:中華書局,1993 年 12 月;《法國敦煌學精粹》第 2 册,2011 年 4 月。

吳其昱著,耿昇譯《敦煌本〈珠英集〉兩殘卷考》,《法國學者敦煌學論文選萃》,北京:中華書局,1993 年 12 月;《法國敦煌學精粹》第 2 册,2011 年 4 月。

(四) 語言文字

彼諾《西域的吐羅火語寫本與文獻》,《法國西域史學精粹》第 2 册,2011 年

4月。

伯希和著,馮承鈞譯《説吐火羅語》,《通報》,1936 年;《中國西部考古記 吐火羅語考》,2004 年 2 月。

伯希和著,馮承鈞譯《吐火羅語與庫車語》,《亞細亞報》第 1 册,1934 年;《中國西部考古記 吐火羅語考》,2004 年 2 月。

戴密微《新發現的吐蕃僧諍會漢文檔案寫本》,《法國藏學精粹》第一輯,2010 年 12 月。

戴仁著,耿昇譯《敦煌和吐魯番寫本的斷代研究》,《法國學者敦煌學論文選萃》,北京:中華書局,1993 年 12 月;《法國敦煌學精粹》第 3 册,2011 年 4 月。

哈密屯《敦煌回鶻文寫本概述》,《法國西域史學精粹》第 1 册,2011 年 4 月。

哈密屯《回鶻文尊號闍梨與都統考》,《法國西域史學精粹》第 1 册,2011 年 4 月。

哈密屯《九姓烏古斯與十姓回鶻考》,《法國西域史學精粹》第 1 册,2011 年 4 月。

哈密屯《魯尼突厥文碑銘中的地名姑藏考》,《法國西域史學精粹》第 1 册,2011 年 4 月。

今枝由郎《敦煌藏文寫本的六字真言》,《法國藏學精粹》第 1 册,2011 年 4 月。

今枝由郎《麗江版的藏文〈甘珠爾〉》,《法國藏學精粹》第 2 册,2011 年 4 月。

今枝由郎《有關吐蕃僧諍會的藏文文書》,《法國藏學精粹》第 1 册,2011 年 4 月。

萊昂·費爾著,王一、王啓龍譯《Tibet 一詞的詞源、歷史和拼寫考述》,《國外藏學研究集刊(第二輯)》2020 年 6 月。

李蓋提《〈北方王統計述〉考》,《法國藏學精粹》第 3 册,2011 年 4 月。

麗絲蒂娜·謝勒蕭布《印刷術與寫本:歷史還是修辭? 一個由伯希和藏品中的短字符受到的啓發》,《西藏的印刷術:比較、傳承和變革》,巴黎:布里爾出版社,2016 年。

列維著,馮承鈞譯《所謂乙種吐火羅語即龜兹國語考》,《女師大學術季刊》第 1 卷第 4 期,1930 年 12 月;《中國西部考古記:吐火羅語考》,2004 年 2 月。

列維著,馮承鈞譯《吐火羅語》,《亞細亞報》第 1 册,1934 年;《中國西部考古記 吐火羅語考》,2004 年 2 月。

馬休·凱普斯坦《對翁·吉如寺般若波羅蜜多經寫本收藏的初步考察》,《藏學學刊》第 9 輯,2014 年 6 月。

石泰安《敦煌藏文寫本中的某些新發現》,《法國藏學精粹》第 4 册,2011 年

4 月。

石泰安《敦煌寫本的印-藏與漢-藏兩種詞彙》,《法國藏學精粹》第 4 册,2011
年 4 月。

烏瑞《古藏文 RGod-G-yun 考》,《法國藏學精粹》第 4 册,2011 年 4 月。

吴其昱《臺北"中央圖書館"藏敦煌藏文寫卷考察》,《法國藏學精粹》第 4 册,
2011 年 4 月。

張延清,桑吉扎西《法藏敦煌文獻中吐蕃鉢闡布的書信和校經題記考録》,《藏
學學刊》第 11 輯,2014 年 12 月。

(五) 社會民俗

布林努娃《天馬與龍誕——12 世紀之前絲綢之路上的物質文化傳播》,《法國
西域史學精粹》第 3 册,2011 年 4 月。

陳明《"醫學: 從敦煌到中亞"——中國醫學史研究在法國的新進展》,《法國
漢學》第九輯(人居環境建設史專號),2004 年 12 月。

戴密微著,耿昇譯《敦煌變文與胡族習俗》,《中國敦煌吐魯番學會研究通訊》
1992 年第 1 期;《法國敦煌學精粹》第 4 册,2011 年 4 月。

戴密微著,耿昇譯《唐代的入冥故事——黄仕强傳》,《敦煌譯叢》第 1 輯,1985
年 4 月;《法國敦煌學精粹》第 2 册,2011 年 4 月。

戴仁著,楊金平、喬雪梅譯《十世紀敦煌的基礎教育教材與學校文化》,《法國
漢學》第 8 輯(教育史專號),2003 年 12 月。

戴思博編《中國中世紀時期的醫學、宗教與社會: 敦煌吐魯番中文文獻研究》
第 1 册,2010 年;《中國中世紀時期曆日中的行事、身體及其關照》,《中國研
究》第 33 卷,2014 年。

鄧文寬《法國學者對敦煌術數和天文曆法文獻研究的貢獻》,《敦煌學輯刊》
2015 年第 1 期。

范華《妙峰山行香走會》,《法國漢學》第七輯(宗教史專號),2002 年 12 月。

弗朗索瓦·蒂埃里著,方仁舟譯《論中國及粟特對突厥社會貨幣的影響(公元
6—9 世紀)》,《法國漢學》第十輯(《粟特人在中國——歷史、考古、語言的
新探索》),2005 年 2 月。

郭麗英《中國佛教中的占卜、遊戲和清静》,《法國西域史學精粹》第 3 册,2011
年 4 月。

侯錦郎,耿昇譯《敦煌寫本中的唐代容色相術相書》,《法國敦煌學精粹》第 2
册,2011 年 4 月。

侯錦郎著,耿昇譯《敦煌龍興寺的器物曆》,《法國學者敦煌學論文選萃》,北
京: 中華書局,1993 年 12 月;《法國敦煌學精粹》第 1 册,2011 年 4 月。

華瀾《9 至 10 世紀敦煌曆日中的選擇術與醫學活動》,《敦煌吐魯番研究》第 9 卷,2006 年 5 月。

華瀾《簡論中國古代曆日中的廿八宿注曆—以敦煌具注曆日爲中心》,《敦煌吐魯番研究》第 7 卷,2004 年 1 月。

華瀾《略論敦煌曆書的社會與宗教背景》,《敦煌與絲路文化學術講座》第 1 輯,2003 年 9 月。

華瀾著,李國强譯《9 至 10 世紀敦煌曆日中的選擇術與醫學活動》,《敦煌吐魯番研究》第 9 卷,2006 年 5 月。

華瀾著,李國强譯《敦煌曆日探研》,《出土文獻研究》第 7 輯,2005 年 11 月。

吕宗力《3—6 世紀中國的讖言信仰與政治——野火燒不盡,春風吹又生》,《法國漢學》第十四輯(《古羅馬和秦漢中國：風馬牛不相及乎》),2011 年 8 月。

馬若安《敦煌曆日"没日"和"滅日"安排初探》,《敦煌吐魯番研究》第 7 卷,2004 年 1 月。

茅甘著,耿昇譯《敦煌寫本中的"九宫圖"》,《法國學者敦煌學論文選萃》,北京：中華書局,1993 年 12 月;《法國敦煌學精粹》第 2 册,2011 年 4 月。

茅甘著,耿昇譯《敦煌寫本中的"五姓堪輿"法》,《法國學者敦煌學論文選萃》,北京：中華書局,1993 年 12 月;《法國敦煌學精粹》第 2 册,2011 年 4 月。

茅甘著,耿昇譯《敦煌寫本中的烏鳴占凶吉書》,《法國學者敦煌學論文選萃》,北京：中華書局,1993 年 12 月;《法國敦煌學精粹》第 2 册,2011 年 4 月。

米蓋拉、藍莉《法國中文印刷與漢字活字(18—19 世紀)》,《法國漢學》第十八輯(《舊學新知：中歐知識與技術之演變》),2019 年 3 月。

讓·馬克·博奈·比多、弗朗索瓦絲·普熱得瑞、(英)蘇珊·懷特著,黃麗平漢譯《敦煌中國星空綜合研究迄今發現最古老的星圖》,《天文學歷史和遺産》,(英),2009 年 3 月;《敦煌研究》2010 年第 2 期。

石泰安《八至九世紀唐蕃會盟中的盟誓儀式》,《法國藏學精粹》第 2 册,2011 年 4 月。

石泰安《西藏的印度神話》,《法國藏學精粹》第 2 册,2011 年 4 月。

石泰安《西藏法器摩羯羅嘴考》,《法國藏學精粹》第 4 册,2011 年 4 月。

蘇遠鳴著,耿昇譯《敦煌寫本中的地藏十齋日》,《法國學者敦煌學論文選萃》,北京：中華書局,1993 年 12 月;《法國敦煌學精粹》第 2 册,2011 年 4 月。

童丕《敦煌的借貸：中國中古時代的物質文化與社會》,《敦煌吐魯番研究》第 6 卷,2002 年 8 月。

童丕《據敦煌寫本談紅藍花-植物的使用》,《佛教物質文化：寺院財富與世俗
供養國際學術研討會論文集》,2003 年 12 月。

童丕著,阿米娜譯《中國北方的粟特遺存,山西的葡萄種植業》,《法國漢學》第
十輯(《粟特人在中國——歷史、考古、語言的新探索》),2005 年 2 月。

童丕著,耿昇譯《10 世紀敦煌的借貸人》,《法國漢學》第 3 輯,清華大學出版
社,1998 年 12 月;《法國敦煌學精粹》第 1 册,2011 年 4 月。

童丕著,劉進寶譯《敦煌的借貸：中國中古時代的物質生活與社會》,《敦煌吐
魯番研究》第 7 卷,2004 年 1 月。

旺迪埃·尼古拉著,耿昇譯《伯希和敦煌畫幡藏吉美》,《伯希和西域探險記》,
2001 年 10 月。

謝和耐著,耿昇譯《敦煌的磑户與梁户》,《法國敦煌學精粹》第 1 册,2011 年
4 月。

謝和耐著,耿昇譯《敦煌寫本中的一項緩税請狀》,《敦煌譯叢》第 1 輯,1985
年 4 月;《法國敦煌學精粹》第 1 册,2011 年 4 月。

謝和耐著,耿昇譯《敦煌寫本中的租駱駝旅行契》,《法國學者敦煌學論文選
萃》,北京：中華書局,1993 年 12 月;《法國敦煌學精粹》第 1 册,2011 年
4 月。

余欣《隋唐之際陰陽學説與占卜實踐》,《法國漢學》第十七輯(《權利與占
卜》),2016 年 12 月。

（六）民族與宗教

阿米·海萊《布達拉宫的黑色和紅色護法神》,《法國藏學精粹》第 1 册,2011
年 4 月。

艾茉莉《邊境與地方身份認同：地方歷史的儀式上演》,《法國漢學》第七輯
(宗教史專號),2002 年 12 月。

安娜-瑪麗·布隆多著《〈嘛尼寶訓集〉的掘藏師是苯教徒嗎?》,《法國藏學精
粹》第 3 册,2011 年 4 月。

布隆多《〈苯教密咒的傳説〉與蓮花生傳及其史料來源》,《法國藏學精粹》第 3
册,2011 年 4 月。

傅飛嵐《二十四治和早期天師道的空間與科儀結構》,《法國漢學》第七輯(宗
教史專號),2002 年 12 月。

海西希《蒙古的宗教》,《法國西域史學精粹》第 2 册,2011 年 4 月。

韓百詩著,耿昇譯《克失的迷考》,《敦煌譯叢》第 1 輯,甘肅人民出版社,1985
年 4 月;《法國敦煌學精粹》第 2 册,2011 年 4 月。

賀碧來《佛道基本矛盾初探》,《法國漢學》第七輯(宗教史專號),2002 年

12 月。

洪怡沙《南宋時期的吕洞賓信仰》,《法國漢學》第七輯(宗教史專號),2002 年
12 月。

胡鋭《法國漢學與人類學的交叉——以華南跨境少數民族宗教的研究爲例》,
《世界宗教文化》2017 年第 5 期。

康德謨《釋高禖》,《法國漢學》第七輯(宗教史專號),2002 年 12 月。

勞格文《辭彙的問題——我們應如何討論中國宗教》,《法國漢學》第七輯(宗
教史專號),2002 年 12 月。

黎北嵐著,畢波,鄭文彬譯《祆神崇拜:中國境内的中亞聚落信仰何種宗教?》,
《法國漢學》第十輯(《粟特人在中國——歷史、考古、語言的新探索》),
2005 年 2 月。

吕敏《地方祠祭的舉行和升格——元氏縣的六通東漢石碑》,《法國漢學》第七
輯(宗教史專號),2002 年 12 月。

吕鵬志《法國道教研究文獻目録(1831—2002)》,《法國漢學》第七輯(宗教史
專號),2002 年 12 月。

木村隆德《摩訶衍之後的吐蕃禪宗》,《法國藏學精粹》第 1 册,2011 年 4 月。

穆瑞明《道教和佛教的"廚經"》,《法國漢學》第七輯(宗教史專號),2002 年
12 月。

桑木旦·噶爾美著,曾麗蓉譯《吐蕃時期"苯"作爲宗教存在的早期證據》,
《國外藏學研究集刊》(第一輯),2017 年 10 月。

施舟人《道教的清約》,《法國漢學》第七輯(宗教史專號),2002 年 12 月。

石泰安《"神聖贊普"名號考》,《法國藏學精粹》第 1 册,2011 年 4 月。

石泰安《"祖拉"與吐蕃巫教》,《法國藏學精粹》第 2 册,2011 年 4 月。

石泰安《二至七世紀的道教和民間宗教》,《法國漢學》第七輯(宗教史專號),
2002 年 12 月。

石泰安《古代吐蕃和于闐的密教特殊論述法》,《法國藏學精粹》第 2 册,2011
年 4 月。

石泰安《觀音,從男神變女神一例》,《法國西域史學精粹》第 3 册,2011 年
4 月。

石泰安《漢藏走廊的羌族》,《法國藏學精粹》第 1 册,2011 年 4 月。

石泰安《吐蕃佛教起源的傳説》,《法國藏學精粹》第 2 册,2011 年 4 月。

石泰安《吐蕃王朝時代告身中對隱喻的使用》,《法國藏學精粹》第 1 册,2011
年 4 月。

司馬虛《最長的道經》,《法國漢學》第七輯(宗教史專號),2002 年 12 月。

蘇遠敏《〈血盆經〉資料研究》,《法國漢學》第七輯(宗教史專號),2002 年
12 月。

索安《從墓葬的葬儀文書看漢代宗教的軌跡》,《法國漢學》第七輯(宗教史專
號),2002 年 12 月。

圖齊《吐蕃的佛教》,《法國藏學精粹》第 2 册,2011 年 4 月。

圖齊《西藏的苯教》,《法國藏學精粹》第 3 册,2011 年 4 月。

王微著,羅文華譯《白傘蓋佛母:漢藏佛教的互動》,《故宫博物院院刊》2007
年第 5 期。

謝和耐《静坐儀,宗教與哲學》,《法國西域史學精粹》第 3 册,2011 年 4 月。

張澤《法國經院漢學鼻祖雷慕沙的道教研究》,《宗教學研究》2017 年第 1 期。

(七) 考古與藝術

阿諾德《漢帝國時期敦煌地區官署構成——敦煌考古》,《亞洲藝術》總第 70
卷,2015 年。

艾米·海勒《古格王朝早期的一幅觀音唐卡》,《藏學學刊》第 10 輯,2014 年
9 月。

艾米·海勒《尼泊爾西部卡薩王國佛像初評》,《藏學學刊》第 11 輯,2014 年
12 月。

保羅·拉切夫 斯基《室韋人是蒙古人嗎?》,《法國西域史學精粹》第 3 册,
2011 年 4 月。

伯希和《從新疆到沙洲的考察記》,《法國西域史學精粹》第 1 册,2011 年 4 月。

伯希和《喀什與圖木舒克考古筆記(節録)》,《法國西域史學精粹》第 1 册,
2011 年 4 月。

伯希和《庫車地區考古筆記》,《法國西域史學精粹》第 1 册,2011 年 4 月。

伯希和《三仙洞和水磨坊探診》,《法國西域史學精粹》第 1 册,2011 年 4 月。

伯希和著,陸翔譯《中國西域探險報告書》,《説文月刊》第 2 卷(合訂本),
1942 年 12 月;《敦煌學研究》第 1 册,2009 年 4 月。

戴密微《達摩多羅考》,《法國藏學精粹》第 1 册,2011 年 4 月。

多維耶《中世紀中國和西域的亞美尼亞人》,《法國西域史學精粹》第 3 册,
2011 年 4 月。

古伯察《塔爾寺紀實》,《法國藏學精粹》第 3 册,2011 年 4 月。

哈密屯《仲雲考》,《法國西域史學精粹》第 1 册,2011 年 4 月。

傑克·吉埃著,曹慧中譯《伯希和收藏的禮拜儀式畫和許願畫:幾件重要經變
作品與敦煌石窟藝術》,《荒漠傳奇·璀璨再現——敦煌藝術大展》,臺南藝
術大學出版,1994 年 3 月。

今枝由郎、張長虹《敦煌莫高窟和榆林窟中的 T 形題記框》,《藏學學刊》(第 4 輯),2008 年 9 月。

羅伯爾·熱拉-貝扎爾、莫尼克·瑪雅爾合著,耿昇譯《敦煌和西域古代繪畫考》,《法國學者敦煌學論文選萃》,北京:中華書局,1993 年 12 月;《法國敦煌學精粹》第 3 冊,2011 年 4 月。

羅伯爾·熱拉-貝扎爾、莫尼克·瑪雅爾合著,耿昇譯《敦煌幡幢的原形與裝潢》,《法國學者敦煌學論文選萃》,北京:中華書局,1993 年 12 月;《法國敦煌學精粹》第 3 冊,2011 年 4 月。

莫雷蒂《莫高窟北區考古挖掘》,《亞洲藝術》總第 67 卷,2012 年。

派翠西亞·莫特、伯希和《中亞使命之行》,《荒漠傳奇:璀璨再現——敦煌藝術大展》,臺南藝術大學出版,1994 年 3 月。

沙怡然著,郭麗萍譯《謙遜的供養人與菩薩王者——16 至 19 世紀内陸亞洲藏傳佛教繪畫俗家信衆畫像研究》,《國外藏學研究集刊(第一輯)》,2017 年 10 月。

蘇遠鳴、耿昇譯《敦煌佛教圖像劄記》,《法國學者敦煌學論文選萃》,北京:中華書局,1993 年 12 月;《法國敦煌學精粹》第 3 冊,2011 年 4 月。

蘇遠鳴著,耿昇譯《敦煌石窟中的瑞像圖》,《法國學者敦煌學論文選萃》,北京:中華書局,1993 年 12 月;《法國敦煌學精粹》第 3 冊,2011 年 4 月。

魏普賢著,耿昇譯《劉薩訶與莫高窟》,《中國敦煌吐魯番學會研究通訊》1985 年第 3 期;《法國學者敦煌學論文選萃》,北京:中華書局,1993 年 12 月;《法國敦煌學精粹》第 2 冊,2011 年 4 月。

基金項目:本文係敦煌研究院院級課題"法國敦煌學研究的歷史與現狀"的階段性成果,編號:2020－SK－YB－4。

《敦煌學大辭典》書儀辭條的修訂

吳麗娛（中國社會科學院中國歷史研究院）

趙大瑩（國家圖書館古籍館）

書儀是敦煌文獻中重要的一類，數量衆多，品類豐富，内容獨特。更重要的是，唐宋以前的書儀在傳世史料中保留下來的很少，人們是因敦煌文獻的發現才對書儀有所認識和研究，從而得知書儀乃是含有能夠全面反映政治、經濟、文化、民族關係、婚喪、禮儀、習俗等内容豐富的社會生活史料，因此敦煌書儀的存在和發現有著特殊的意義。20 世紀 50 年代王重民先生發表《敦煌古籍敘録》，已收入知名書儀多篇。① 數十年來，中國大陸和中國臺灣、日本學者陸續對敦煌書儀進行深入的發掘與研究。大陸學者對書儀的研究雖不是最早的，但 20 世紀八、九十年代以來在周一良、周紹良、姜伯勤等先生的指導和啓發下，對於書儀的録校、分類以及相關的專題討論卻是最爲系統深入和全面的。《敦煌學大辭典》的書儀部分就是在學者深入研究的基礎上完成的。以下根據我們對辭典修訂工作的參與實際，就書儀辭條的兩次製作和修訂情況予以總結和説明。

《敦煌學大辭典》自 1985 年起籌備編纂，至 1998 年由上海辭書出版社出版，歷時 13 年，是敦煌學研究的里程碑。辭典以圖文並茂的形式，系統地總結了敦煌學的研究成果，其 6 925 條辭條内容，爲衆多研究者提供了豐富而全面的研究信息和資料，爲敦煌學研究的持續發展奠定了堅實的基礎。

趙和平先生是《敦煌學大辭典》的主要編纂人之一，撰寫了包括學術史和書儀等内容在内的 400 餘條 10 萬餘字的辭條。其中書儀部分是 50 條。趙先生在書儀研究方面成果卓著，經過多年扎實、細緻、嚴謹的工作，基本上完成了各類敦煌書儀的録校和編訂，展現了書儀的全貌和歷史變化。他的書儀研究成果，吳麗娛在《趙和平和他的書儀研究》一文中已作出全面的總結和評價，包括基本完成了各類書儀的録校和編訂，展現了書儀的完貌和發展動態，内容分類清楚、準確，注意突出了各類書儀的不同，後來即使有發現，大體亦未超出這一範圍，在遵從前人的整理校勘的慣例基礎上，建立了書儀整理校勘的規範，充分應用文獻學以及特別是歷史學各方面的知識解讀書儀，在前

---

① 王重民《敦煌古籍敘録》，北京：商務印書館，1958 年。

人研究之上取得了更大進展突破等。① 榮新江先生認爲《敦煌寫本書儀研究》與《敦煌表狀箋啓類書儀輯校》兩書“幾乎囊括了全部敦煌寫本中的書儀抄本,也附錄了吐魯番出土的寫本書儀,成爲以後書儀研究最基本的資料,任何書儀研究論著都無法逾越這兩部奠基性的著作”。② 郝春文先生亦評價爲“對敦煌寫本書儀的整理和研究是這個課題的一座里程碑,後來對敦煌寫本書儀的整理和研究都只能在他奠定的基礎上展開”。③

據趙和平先生在《敦煌表狀箋啓書儀輯校》自序中的統計,他最後甄別出的敦煌書儀類寫卷共“一百餘號,得四十餘種”。④ 這些成果在《敦煌學大辭典》的書儀辭條中都有所反映。具體而言,其書儀部分收入的辭條包括以下三方面:

一是對敦煌書儀總體數量、類型、內容組成和性質等的概括説明。

以“敦煌書儀”爲總名,説明“百餘號”書儀由朋友書儀、吉凶書儀和表狀箋啓書儀三種類型組成。並大體總結各類書儀的卷號總數及品種、起源(如《朋友書儀》與《月儀帖》關係)、內容組成(如《吉凶書儀》吉、凶兩部分所收儀目和文範)、形態(如作爲官場應酬文字而存在表狀箋啓書儀)、存世情況及敦煌本流傳的最早和最晚年代、流行時間等,由此可以對各類書儀加以比對,産生總體的印象。

二是對三類書儀各自卷號、形成、沿革及內容、特色的分類介紹。

對朋友書儀、吉凶書儀和表狀箋啓書儀爲題做分類介紹,並不是對已有之總體介紹的重複,而是對三類書儀現存卷號、表現形態以及內容特色的分別説明。如《朋友書儀》與西晉索靖《月儀帖》和唐人真草兩體《月儀帖》形式相近,以十二個月安排,主要由作爲時候用語的“十二月相辯文”(按此有誤,當作“辨秋夏〔春冬〕年月日”)及敘朋友往來的往返信劄範本兩部分組成。而《吉凶書儀》則在説明卷號種類之外,還介紹了其中見於著錄及不見於著錄的重要書儀名稱,以及作爲綜合類書儀,包括“言著書緣起及書儀流變”的序,和表狀箋啓公務往來官牘文範、門風禮教、節日慶賞、婚禮儀注、親族往來及朋友往來書疏等信劄文範,以及天子至庶人及朋友凶儀往來書牘、凶禮儀注、五族或九族服圖,各種凶儀信劄範文及冥婚儀式等。並總結此類書儀作爲唐五代官宦之家各種公私活動、吉凶往來之規則和書牘文範,是居官居家所必

---

① 吳麗娛《趙和平和他的書儀研究》,《敦煌吐魯番研究》第二十卷,上海:上海古籍出版社,2021 年,第 13—20 頁。

② 榮新江《守正創新治殘簡 尊師重道理遺篇——懷念趙和平師兄》,《敦煌吐魯番研究》第二十卷,第 7—12 頁。

③ 郝春文《哭和平》,《敦煌吐魯番研究》第二十卷,第 1—6 頁。

④ 趙和平《作者自序》,趙和平輯校《敦煌表狀箋啓書儀輯校》,南京:江蘇古籍出版社,1997 年,第 1 頁。

備,有較高文獻價值,及較多保存歷史、社會文化生活等資料的特色。至於表狀箋啓類書儀,除了説明保存的卷號以及無統一原書題、多數爲官場應酬文字的特徵外,還總結了此類書儀具備歷史學、文獻學以及文學三方面的重要價值。

三是對已發現書儀篇名、卷號、寫本書寫與裝幀形式、製作流傳年代(或具體時間年月)、抄寫者及歸屬,以及内容和來源背景的逐篇介紹。

這類詞條是對敦煌發現的每一種書儀的單獨介紹,在趙和平收入辭典的50 條書儀辭目中佔 46 條,除了《朋友書儀》已在分類目録中做過歸納之外,其他兩類的單篇書儀都在内,幾乎涵蓋了彼時已經發現的全部書儀。其中既有見於著録的如杜友晉《吉凶書儀》、鄭余慶《大唐新定吉凶書儀》、劉燁《甘棠集》與《記室備要》等較大型中原書儀,也有不見於著録甚至無名的《刺史書儀》(擬名)、《靈武節度使表狀集》(擬名)、《靈武節度使書狀集》(擬名)、張敖《新集吉凶書儀》等,還有出自敦煌歸義軍官衙内部、作爲口頭用語,被稱爲《諸雜謝賀》或《雜相賀〔語〕》之類的小册子,這些書儀均以原名或擬名爲辭目。由於除卷號的統計和説明,都有圍繞其年代和定名、現存狀態、性質和分類歸屬(即注明屬三大類之中的哪一類)、所含篇目、表狀形式、所涉人物和歷史事件、所收書範特徵等的客觀説明,可以使讀者對不同敦煌書儀的内容特色有全面的瞭解和認知。

以上三個方面,實爲對書儀全貌加以歸納的三個層次,從總敘到分類,再到單篇書儀;通過這樣的安排,將敦煌書儀從總體到個別全都網羅在内。而每一部分之間劃定所屬及分門別類的體例,也反映了辭條之間的體系性與關聯關係的特點,展現出知識索引的工具屬性。書儀辭條在這樣的框架下,注意分類的清楚與準確,突出了各類書儀的不同。不同時代的書儀在文體、書式和語言方面的特點逐一作出説明,體現出文本之間的差異化特徵,從而呈現出書儀在不同歷史階段的發展變化。而趙和平先生在書儀研究方面所重點利用的歷史學與文獻學方法,也在辭條的撰寫中有所體現,展現出敦煌書儀在唐史研究諸方面的資料關鍵與研究價值。這些辭條不僅反映出趙先生對整理校勘規範處理的嚴謹態度,也展示了當時對敦煌書儀研究動態的全面把握。由於趙和平先生的分類層次和内容組成突出了敦煌書儀文獻的特點,因而已經爲初步認識書儀建立了基礎和綱目。當然受研究條件及早期認識的局限,也存在一些問題和疏誤,特別是缺乏對相關書儀所設儀目、專用名詞和知識的介紹,有待作出彌補和修正。

2019 年,受郝春文先生和趙和平先生本人委託,在《敦煌學大辭典》的修訂項目中,由我們兩人共同負責書儀辭條部分的相關工作。距離大辭典的編纂已有近 20 年,期間敦煌寫卷的整理和研究工作有了長足的進步。以敦煌書儀而言,學界的研究已有不少進展,包括校錄和補充書儀,考訂書儀性質與史事,進而探討書儀的源流及各種書儀之間的關係,以及利用書儀材料研究唐代禮制、民俗與社會生活,①甚至通過書儀研究敦煌歸義軍政權與晚唐五代中原朝廷交往和政治關係等論題方面皆有推進,這都爲辭條的修訂和完善提供了基礎和條件。我們的修訂原則是既要充分尊重和保留前人的貢獻和成果,也要能夠跟上時代的步伐,盡可能反映新的研究面貌和深度,吸收新的研究成果。所以總的做法是在保留前人已定的格局基礎上,進一步豐富其内容和層次,同時糾正以往的錯誤和不足。具體修訂工作涉及以下方面:

一、關於條目的保留及增補的概況和總數

在敦煌書儀辭條修訂的過程中,首要的是條目的確定。此次經過討論,最終在原來 50 條辭目基礎上,保留了 47 條、修訂 3 條、新增 28 條。其中修改辭目 22 條 8 770 字。新增 28 條 10 818 字。原來的辭條條目基本保留,在此基礎上進行條目名稱及其内容的修訂和增補。

二、新增條目的品類及增補原因、性質和歸屬

新增辭條一部分爲辭典首次編纂未能收入或近年新發現的書儀,其大都可歸於上述第三類之單篇書儀。如屬於吉凶書儀也即綜合類書儀,有《删定儀諸家略集》(P.2616v)、《祭文書範》(擬名)(P.4043)、《祭文集》(擬名)(P.3213v)三件。其中《删定儀諸家略集》卷内"黄門侍郎盧藏用儀例一卷""通例第二""四海吊答第三"的儀目,部分與《新定書儀鏡》重合,故被作爲《新定書儀鏡》的寫卷之一。現根據其卷内容爲凡例集合,以及在《新定書儀鏡》尾題前後插抄之位置,斷定爲另卷。而祭文在綜合性的吉凶書儀中本與告哀、吊答書等均爲凶禮書式,故單一的《祭文書範》和《祭文集》也應作爲書儀看待,這也是爲了保證書儀書式的完整。

表狀箋啓類書儀新增《謝語(擬名)》(臺北"中央圖書館"藏敦煌卷子119v)、《雜謝賀表狀,中書門下狀》(S.5566)、《書信稿(擬名)》(P.4997)、《書狀集(擬名)》(P.2992v)、《後晉李崧表狀文抄(擬名)》(S.4473)等五件。其中《雜謝賀表狀,中書門下狀》有完整書狀六件,應爲被遺漏的典型表狀類書儀,其中披露的重要史實與晚唐咸通年間河北滄州及節度使渾偘有關。P.4997《書信稿》雖僅爲殘破一紙,卻是近年發現之曹議金與後唐宰相通信之

---

① 參見杜海《敦煌書儀研究述評》,《史學月刊》2012 年第 8 期,第 113—123 頁。

書狀底稿,是歸義軍政權與明宗朝交往之明證。P.2992v《書狀集》則收有曹議金致回鶻可汗書、曹元深致回鶻宰相書和朔方軍節度使張希崇與回鶻書三件,似來自檔案材料,目前以其書疏性質,仍暫作書儀處理。

三、書儀分目及相關語詞增補

在以上條目之外,我們還根據書儀特點,增加了《敦煌學大辭典》原來没有的一類條目,包括兩種情況。一種即從各類書儀總結出的反映不同禮儀和書疏形式的分目、細目。這類分目我們依據重要程度增加了《吉凶凡例》《年敘凡例》《四海書儀》《婦人書儀》《僧道書儀》《内族書儀》《外族書儀》《起居儀》《起居表狀》《起居書啓》《賀謝儀》《箋表》《賀謝表狀》《賀謝書啓》(附賀謝語)《告哀書》《吊答書》《喪服圖》《口吊儀》《吊慰儀》等總計 19 條。條目的名稱多數根據《書儀》原有的儀目,但有些儀目,如内族、外族、四海書儀及婦女、僧道書儀等,原來分在吉書儀和凶書儀兩部分,收入辭條時則予以合併。少數條目如《賀謝儀》《起居儀》《吊慰儀》都是考慮書儀與現實禮儀的共同應用而設。至於每一種條目中又有表狀、書啓等不同名目,也是爲了區分書儀使用的等級。

此外,考慮到書儀本身的用詞用語,我們將《箋表》用作爲向皇帝賀謝的主標題,而將《賀謝表狀》作爲副標題,從而也首次解答了"箋表"一詞在書儀和存世文獻中的辭義和用法。而由於這類條目事實上在書儀總體的三個類别之外,所以等於增加了一個具體分目、細目的層次,這也是本次修訂所做的重要補充之一。

第二種是與書儀有關的知識類辭條。事實上包括以上"年敘""起居""箋表"等條在内,都涉及書儀中的一些專有知識和專門用語。這類用語,我們還收入了能夠反映不同書體的《單書》《複書》《别紙》等條目,這些對於理解中古書儀的形式和應用都有重要的意義。

四、辭條之名稱及内容的修改和補充

此次修訂,對於辭條名稱加以修改的數量不多,其中 S.1725 原名《書儀》,改爲《唐前期書儀》,仍根據趙和平的判斷。P.4024 與 P.3681 原均作爲綜合類書儀單獨存立,現與 P.4002、Дх.1055、P.4042 等共五個卷號合爲《唐早期吉凶書儀》。S.5613、P.4050 與 Дх.1458 等,原定名《吉凶書儀》,現更名《晚唐吉凶書儀》。P.2968 原擬名《沙州歸義軍致甘州狀稿》,現改名《慕容歸盈致沙州書狀》。P.2945 原名爲《歸義軍狀稿》,改爲《歸義軍節度兵馬留後書狀稿》。名稱的修改都出自對書儀年代和内容的再斟酌。

對於辭條内容的修改分爲兩種情況，一種僅是對原條目文字内容的修改和增補。這類條目數量較多，如《敦煌書儀》《朋友書儀》（S.5472、S.5660、S.6180等）、《吉凶書儀》（類）、《書儀鏡》（S.329 和 S.361 綴合）、《新定書儀鏡》（P.2619v、P3637、P.3849 等）、忻州刺史《文儀集》（P.5550+P.5547）、《書儀》（S.1725v）、《新集吉凶書儀》（P.2646、P.2556、S.2200 等）、《新集諸家九族尊卑書儀》（P.3502v 等）、《晚唐吉凶書儀》（S.5613、P.4050 與 Дx1458 等）、《刺史書儀》（P.3449+P.3864）、《靈武節度使表狀集》（P.3931）、《靈武節度使書狀集》（P.2539v）《新集雜別紙》（P.4092、S.5623）《書儀》（P.3906）、《書儀》（P.2996）、《書儀》（S.4374）、《書儀》（P.3721v）等多件。

對這類條目，大都只是視情況增加和補充有關書儀内容特色的説明，間或也有修改。如《朋友書儀》以前的認識是建立在認爲是唐前期許敬宗所作的基礎上、用了"中心内容是敘離別之情""文字優美，多數是遠在西陲的遊子所寫"的含混説法。經過重新研究不但修正了書儀的結構組成，且根據書儀中有關西北邊塞風土的描寫，認爲《朋友書儀》是通過從事運輸的黃河役卒的船中水上所見及思鄉情結，反映自晉北到關中及朔方的役卒生活場景，也反映出六城代北水運綫的重要性，在性質上已被改造爲一件關中地方版的書儀。從書儀中不少地名出現在天寶以後和中晚唐推斷，"書儀的年代應當在晚唐五代，更可能是在這條水運對其有著生命綫意義的後唐之際"。

又如《書儀》（S.1725v）原條目根據其中八首書啓"伏承天恩加榮命"等詞語，"均顯示出朝廷對各地方官吏有直接影響的事實，與安史之亂後，中晚唐及五代時地方中低級官吏出自藩鎮自行辟署不同"，得出"故此卷可能成於唐前期"的結論。但此類書啓與晚唐張敖《新集吉凶書儀》和五代《新集書儀》中藩鎮常用謝、賀書啓名目、用語非常相似。並且其中"賀至歲啓"一語用"晷運推移"而不是唐前期常用的"晷運環周"，正符合鄭余慶《大唐新定吉凶書儀》所説唐後期用語的特色，故判斷此書儀應屬於唐後期。

忻州刺史《文儀集》（P.5550+P.5547）補充了書儀現存及可以推知的儀目。因爲書儀出自地方官之手多在中唐以降，且將"内外官啓"放在内外族吉書之前，這樣的形式已體現出後期書儀重官場往還的特色，同時忻州在代北，爲李克用治下，故將此條原來"作者活動在中唐以前"的推斷，改爲"書儀産生於晚唐五代的可能性更大一些"的結論。

《靈武節度使表狀集》（P.3931）所收錄之表狀書疏内容、形式及數量前人已考察清楚。修訂時主要就其來源、運用及所涉諸方關係予以補充。指出其中的狀、啓和別紙等反映了同光之際通過靈武節度使引領回鶻朝貢的史實及雙方之往還。揭示了後唐新建之際，已派遣使臣至朔方，企圖"北和冒頓，西揭大宛",實現招誘蕃戎的計劃和活動;與靈武派遣使者配合,要求回鶻不得阻礙歸義軍朝貢的事實,以及靈武與關内道相鄰藩鎮的往來及因共同利益而相互關照的關係。此外又從書儀中所附五臺山遊記提到莊宗與明宗與印度高僧的交往,判斷書儀的時間下限應在明宗朝。

《靈武節度使書狀集》(P.2539v)承襲了原辭條對書儀中收件人的敘述及寄件者爲靈武節度使的推斷,但否定了寄件者是靈武節度使張希崇一人的結論,並從殘存書狀的寫作年代大多在天成三年(928)以後至長興年間,整卷書儀的完成不晚於長興四年(933)的情況,認爲書狀"涵蓋韓洙、韓璞、康福、張希崇任使時期而分别出自其人授意。反映了明宗朝靈武節度使已受命,試圖通過曹議金聯絡于闐和西州回鶻朝貢中原,以及靈武在韓洙死亡後與涇州的交往,及被朝廷借機收歸權力前的狀況"。

《刺史書儀》(P.3449+P.3864)前人對册頁裝的原卷數量及排列狀況,以及各種書範的形式組成已介紹得十分詳細,我們的補充旨在説明書儀中《與馬司徒》一首的主人公馬司徒的身份是曾在明宗長興中任河西節度使,"其人曾多次任刺史,應與《刺史書儀》的製作及被攜至敦煌有關"。

《新集雜别紙》(P.4092、S.5623)一條,在卷子的書寫和現存狀態方面基本沿襲前人,但更加細緻,並補充了所存行數,在介紹"别紙"的定義上也有所不同。另外相對原辭條,首先比較了關於 P.4092 和 S.5623 兩卷年代的先後,認爲 S.5623 應早於 P.4092,且 P.4092 可能抄自 S.5623。其次介紹了本件書儀"月旦賀官"與"知聞往來别紙"兩部分的用途和形式特色。其三是在原辭條已對作者馬判官的相州幕僚身份及其函件往來所涉朝廷官員及河北道諸州節度使、幕僚等已有所説明的同時,强調書儀"是以河北相、魏之地爲中心的書信集成,反映了河北地區在後唐時期的重要戰略地位及其交往關係"。其四是明確書儀"全卷年代可考的别紙時間多在天成四年至長興元年(929—930)之間",認爲卷子有不少可補史之處,"可反映後唐明宗之際對河北藩鎮的政策及河北地區的變化"。其五是結合《刺史書儀》中出現的馬司徒,提出《新集雜别紙》中幾首關於"司徒"行徑的别紙,爲解決《新集雜别紙》的來源及在敦煌出現的原因提供了綫索。

另一種則是針對原條目分析判斷史實的不準確或錯誤重新改寫。例如 P.2945,原條目根據狀尾結銜有"權知歸義軍節度兵馬留後使 厶乙狀上",及上某"相公"狀中有"庶幾孤孽,全有濟托"語,判斷此時歸義軍節度兵馬留後使新喪父,收件人疑指靈武節度使張希崇、曹元德或曹元忠,撰寫時間在 10 世紀 40 年代初,由此斷定此卷中《涼州書》的收件人爲涼州留後李文謙。但我們則根據本件書儀由八首書狀和别紙組成,應爲一次發出的情況,認爲書狀"中心意思是表明歸義軍即將派遣使團與使臣同行赴京城,同時拜託靈武節度使及其屬下涼州僕射共同關照和協助。疑收書人爲曹議金,致書對象爲韓洙,時間爲曹氏歸義軍尚未與中原朝廷建立關係的後唐同光元年前後"。

又如 P.2968 原來的判斷是"所記爲歸義軍進奉之人滯留甘州,希望給予'管領'的書狀,疑爲曹議金時期所擬"。但重寫後的條目則明確了收書人、致書人的身份以及書狀年代,"從司徒、司空二者並稱,以及瓜州隸屬沙州,且共同派遣使團進奉的關係,可判斷收書人司徒、司空應爲沙州節度使曹元德及副使曹元深,致書人爲瓜州刺史慕容歸盈,時間在曹元德繼曹議金任使的 935—939 年之中"。

又 P.3100v 原條目以書儀賀狀中有"承蒙相公神威"之語,且歸義軍時期,唯曹元忠曾加官同平章事可稱"相公",認爲應撰於曹元忠時。但根據此狀自稱邊鎮和"孤城迴磧",故而歸義軍節度使不能是收書人而是致書人,再根據歸義軍與周邊關係和朝貢需要,"相公"只能是靈武節度使,歸義軍節度使則以曹議金可能性最大,故重寫條目據此加以校正。

五、新增或修改之辭條對於近年學界新成果的吸收

對於書儀卷號、組成、定名的重新核對,乃至對於書儀内容、性質、目的的正確解讀都有賴新研究成果的推進。就恢復書儀寫卷的構成和原始面貌而言,最典型是研究者對 P.3681、P.4002、Дx.1055、P.4042 和 P.4024 等五個書儀散卷所做的拼接與綴合,使之合爲一件綜合性書儀。[①] 與此同時,也理順了幾個寫卷自身的構成和内容,並因此糾正了與其相關的如 P.2616v《删定儀諸家略集》作爲單卷書儀定名及其與《新定書儀鏡》的關係。另外張小豔《敦煌書儀語言研究》一書整理的《敦煌書儀寫卷目錄》,也是增補和修改書儀目錄的參考。[②]

至於書儀辭條無論是名稱、年代、内容的增補修改抑或重寫,主要是借助近年的研究成果進行。特別是關於書儀的成書年代以及與朝代史事的關係,更是以新的研究成果和觀點爲解讀的基礎。如《朋友書儀》、忻州刺史《文儀集》、P.3931《靈武節度使表狀集》《靈武節度使書狀集》《新集雜別紙》以及 P.2945、P.3100、P.2968 等都對原來辭條有較大修改,有些甚至完全否定了原來的看法和結論,都是吸收和引用了近年的新研究成果和結論而完成的。

因此總的來看,我們的工作主要也可總結爲下列三項:

---

① 黃亮文《P.3681、P.4002、Дx.1055、P.4042、P.4024 五件書儀寫卷的綴合與探討(上、下)》,《敦煌學研究》2007 年第 1 期,第 108—128 頁,第 2 期,第 238—255 頁。
② 張小豔《敦煌書儀語言研究》,北京:商務印書館,2007 年,第 30—35 頁。

1. 對一些新書儀卷子的發現，以及條目、名稱、卷號和篇目組成的修正。

2. 增加了書儀某些儀目和相關名稱、知識的介紹，可認爲是建立了相關書儀組成和知識内容的二級條目。這方面目前也許仍不夠豐富和完備，將來還有待補充。

3. 吸收新研究成果，特別是對所收入的書儀辭條的年代、性質和内容作了重新鑒別，修正了以往的一些錯誤看法和描述。這一項由於涉及對卷子中某些史事的認識，所以有些結論目前仍然存在質疑及爭議，但辭條儘量展示出更有力的證據，使之較過去的説法有所進展和提高。

總之，我們對書儀的辭條新訂做了以上一些工作，相信隨著時間的延續和研究的深入，學者們對敦煌書儀的認識將不斷提高，而《敦煌學大詞典》的修訂也將受到檢驗，這是學術研究不斷進步的必然，也是必須面對及可以預期的未來。

《敦煌學國際聯絡委員會通訊》稿約

　　一、本刊由"敦煌學國際聯絡委員會""中國敦煌吐魯番學會"和"首都師範大學古文獻研究中心"共同主辦,策劃:高田時雄、柴劍虹;主編:郝春文。本刊的內容以國際敦煌學學術信息爲主,刊發的文章的文種包括中文(規範繁體字)、日文和英文,每年出版一期。截稿日期爲當年 3 月底。

　　二、本刊的主要欄目有:每年的各國敦煌學研究綜述、歷年敦煌學研究的專題綜述、新書訊、各國召開敦煌學學術會議的有關信息、書評或新書出版信息、項目動態及熱點問題爭鳴、對國際敦煌學發展的建議、重要的學術論文提要等,歡迎就以上內容投稿。來稿請寄:上海市徐匯區桂林路 100 號上海師範大學歷史系陳大爲,郵政編碼:200234,電子郵箱:chendw@ shnu.edu.cn。

　　三、來稿請附作者姓名、性別、工作單位和職稱、詳細地址和郵政編碼以及電子郵箱,歡迎通過電子郵件用電子文本投稿。

圖書在版編目（CIP）數據

2024敦煌學國際聯絡委員會通訊／郝春文主編；陳
大爲副主編. -- 上海：上海古籍出版社，2024.8.
ISBN 978-7-5732-1249-8

Ⅰ. K870.6-55

中國國家版本館 CIP 數據核字第2024XT0284號

2024敦煌學國際聯絡委員會通訊

郝春文　主編

陳大爲　副主編

上海古籍出版社出版發行

（上海市閔行區號景路159弄1-5號A座5F　郵政編碼201101）

（1）網址：www.guji.com.cn

（2）E-mail：guji1@guji.com.cn

（3）易文網網址：www.ewen.co

上海惠敦印務科技有限公司印刷

開本787×1092　1/16　印張14.5　插頁4　字數253,000

2024年8月第1版　2024年8月第1次印刷

ISBN 978-7-5732-1249-8

K·3651　定價：88.00元

如有質量問題,請與承印公司聯繫